岩　波　現　代　文　庫

排除の現象学

赤坂憲雄
Norio Akasaka

学術 462

岩波書店

目　次

はじめに　いま、暮れなずむ黄昏の異人たち……1
陽だまりの老人は異人である(1)　現代版・姥棄て伝説(3)
少年たちが老人を襲う時(7)　汝の隣人は汝自身である(11)

序　章　さらば、寅次郎の青春……15
棺桶のなかの寅次郎(15)　寅次郎はパンツを脱がない(17)
植物的異人としての寅次郎(19)　寅次郎という古さびた生の様式(22)

第一章　学校／差異なき分身たちの宴……27
――いじめの場の構造を読む
学校に追われる子どもたち(27)　冗談関係あるいは全員一致の暴力(37)
教室のなかの異分子たち(42)　抽象化または規則なきゲーム(48)
強迫的なるものとしての学校(59)　供犠という分身たちの宴(66)

排除にむけたあらたな差異の発見(80)
差異の戯れとしてのファッション(87)

第二章　浮浪者/ドッペルゲンガー殺しの風景……91
——横浜浮浪者襲撃事件を読む
浮浪者とはだれかという問い(91)　市民たちの浮浪者狩り(97)
野にある異人たちの風景(104)　交易の不在としての浮浪者(109)
浮浪者という禁制の鏡(116)　境界とその侵犯者たち(120)
かぎりなく日常化された供犠(129)

第三章　物語/家族たちをめぐる神隠し譚……137
——イエスの方舟事件を読む
供犠の現場としての物語(137)　神隠し譚という内なる眼差し(141)
神隠しをめぐるいくつかの物語(147)
マス・メディアのなかの物語(154)　拡散する家族たちの風景(159)
イエスの方舟という異界(171)　妖術師または供犠という主題(179)
コムニタスとしての方舟(187)

第四章 移植都市（ニュータウン）／鏡の部屋というユートピア …………… 191
——けやきの郷事件を読む
いま逐（お）われる異人たち（191） カオスを排除した移植都市（196）
ニュータウンという危うい日常（205）
ユートピアとしての鏡の部屋（211） 親密な関係世界への回帰（220）
全員一致にあらざる供犠（227）

第五章 分裂病／通り魔とよばれる犯罪者たち …………… 237
——精神鑑定という装置を読む
舗石の下の異人たち（237） 通り魔が分裂病と出会う場所（241）
外部としての精神分裂病（251）
精神分裂病⇅了解不能性⇅動機なき犯罪（256）
負の物語の産出メカニズム（261） 物語を拒む犯罪者たち（268）

第六章 前世／遅れてきたかぐや姫たちの夢 …………… 275
——1/2の少女マンガを読む
ここではない、どこか（275） 前世への旅または自殺ごっこ（278）
ダライ・ラマの転生（281） 定型としての転生の物語（285）

異界と交信する彼岸の人(290)　少女らの転生譚のはてに(295)
たそがれのかぐや姫たち(303)

終　章　失われたヒーロー伝説 …… 307
丁稚どんはどこへ行ったのか(307)　異形のヒーローたちの黄昏(310)
乞食と祭りの失われた都市にて(314)　シンちゃんをめぐる風景(324)

補　章　『童夢』を読みなおす …… 327

あとがき …… 345
筑摩書房版あとがき …… 349
ちくま学芸文庫版あとがき …… 353
岩波現代文庫版あとがき …… 355

カバー装画＝堀　浩哉「漂泊」

はじめに　いま、暮れなずむ黄昏の異人たち

陽だまりの老人は異人である

たとえば、公園の陽だまりのベンチに腰を降ろし、老人がひとり、ときおり大事そうに短くなった煙草をくゆらせながら、眺めている。そこは正午まえの、団地のなかの児童公園ということにしておこう。

幼い、よちよち歩きの子どもらが砂場やすべり台のあたりで戯れ、遊んでいる。老人が眼をほそめ、無心げに眺めやっているのは、むろんその幼な児たちだ。老人の脳裡を去来するのが、ありし日の幽かな思い出のかけらなのか、あるいは遠い街にいて、年に一度正月にしか会えぬ孫娘の愛らしい姿なのか、それはわからない。童心にかえる、という月並みな表現に異を唱えることもためらわれるような、こののどかな時間(ひととき)が老人はとても気に入っている。

ところで、すべり台の蔭のベンチに群れる女たち(むろん子どもらの母親だ)が、しきりに暗く尖った視線を投げてよこすことに、老人はまるで気付かない。

今日で五日目になるわよ。

やあね、何してるのかしら。

どこの年寄り？　油断できないわよ、近頃は、年寄りだって……。

そういえば、ほら、この間も老人ホームかどこかで……。

ああ、あった。三角関係のもつれで、七十八歳の老人が七十二歳の老人の胸を、庖丁でね。

やあね。最近は、年取ったって、老人同士であるっていうし……。

あら、泣いてる。あたし、気味わるいし、そろそろ帰る。

その声に促されたように、起ち（た）あがり、母親たちはそれぞれの子どものところへ足早に寄ってゆく。母と手をひかれた子らの姿は、たちまち消え失せ、公園の陽だまりに、老人がたったひとり取り残される。


老人と幼な児たちのいる、微笑ましく牧歌的であるはずの光景が、ここではなぜか異様な事件への予兆をはらんだシーンへと変容させられている。見慣れぬ、団地のそとから這入りこんできたにちがいない老人は、この、のどかな午前の児童公園の陽だまりの底では、異臭を漂わせるえたいの知れない異物であり、〈異人（ストレンジャー）〉なのだ。老人は知らぬ間に、いつ狂気をほとばしらせるかわからない〈異人〉として、母と子の共生空間から忌まれ、排斥されている。

現代版・姥棄て伝説

忌まれているのは、団地のそとの老人ばかりではない。団地という、小さなコンクリートの箱のなかに棲む核家族の内側からも、老人たちはしだいに排除されようとしている。排除と書いたが、あまり正確な表現とはいえない。核家族とよばれるわたしたちの現在的な生の場所が、老人を親和力をもって包容する空間ではありえなくなっている。それがいま、社会の表層にまで露出しようとしているということだ。

老人とはかぎらない。長期療養の必要な病人、重度の身体障害者、登校拒否や家庭内暴力の子ども……など、いわば、核家族は生きること・老いること・病むこと・そして死ぬことといった、もっとも直接的かつ自然的な家族としての営みの多くを、みずからの手で全うすることができない。それは外部の他者にゆだねられ、依託される。各種病院・施設・サービスから、福祉・ボランティア・教護施設・「戸塚ヨットスクール」、そして葬儀屋にいたるまで、いやおうなしにこうした代理産業は核家族の内部に浸透し、家族に固有の領域といったものをいっそう侵しつつある。

核家族のなかの老いのかたち――。排除される老人たちの風景が、新聞の社会面の片隅にころがっている。

たとえば、新宿にある都婦人相談センターに、六十五歳の老売春婦が送られてくる。売春でこのセンターへ来るほとんどが常連だが、この老女は違った。初めてで、家庭もある。嫁と一日中家にいるのが苦痛で、そとに出て働きだした。ひょんなことから体を売るようになる。浅草、一回六百円だった。バス代を払い、残ったお金で孫に菓子を買って帰った。どこかでパートかなにかで働いて、土産を買ってくるのだ、と家族は思っていた(『朝日新聞』一九八三・一〇・二五「都市の肖像」)。

おそらく、男に性を売ることなどからは無縁な、ごく平凡な人生であったにちがいない。それが、嫁との軋轢にたえかねて、街に出ては一回六百円の淋しい売春をかさねるようになるには、どのような生の転回があったのだろうか。それとも、女子中高生や主婦らをまきこんで、もはや根暗いイメージをおびることもなく、日常のさりげない営みと背中合わせに売春のおこなわれる(らしい)この時代には、老女がおそすぎた春を売ぐことに、なんら特権的な時間の切断(=転回)は必要とされないのだろうか。

しかし、いずれではあれ、この老女にとって家族がそれほどに居心地のわるい場所と化していることだけは否定できない。家族の内側に身をおきながら、心的にはかぎりなく忌まれ排斥されている老女の存在の空白を埋めてくれる、もっとも手軽な方法として、たぶん売春がえらばれている。たまたま街の雑踏のなかで、自分の体を性的なものとして眺める男の眼差しと出会ったとき、新鮮な驚きに身を貫かれつつ、老女はみずからの孤独と飢えを満たす方法をみいだしたのかもしれない。家族の内部では、だれひとりからも必要とされず、いっさいの存在理由を奪われている老女が、そこではたしかに激しく求められ、必要とされている。相手がたとえうす汚れた異臭を漂わせる男たちであるにせよ、六十五歳の春を売ぐ代価がたったの六百円であるにせよ、たいしたことではない。おそらく、どんなかたちにおいてであれ自分を必要とする存在があったということこそ、決定的であったのだ。わたしのこうした想像が、どこまで老女の真実に触れえているかはわからない。が、その身体を裏側から浸している空虚感の際限もない深さだけは、たしかなものに感じられる。

また、こんな風景に眼をこらしてみるのもいい。たとえば、湘南の海につづく平地にひろがる五十数棟の団地群。その、二十年近く潮風にうたれて傷んだコンクリートの壁の内側に、家族に置き去りにされ、独りぼっちになったいく人もの老人たちが住んでいる。新しい家を手に入れ、家族一同、長かった団地住まいからようやく脱出してゆくとき、老人はひとり、団地の部屋に取り残される。壁のなかに、老人たちの塗りこめられた時間があることを、だれも知らない。

三号棟の七十一歳のおばあさんは、五階の部屋にひとり暮らしている。三年前、家族が隣の市に家を建て出ていったとき、残された。五階建てだが、エレベーターがない。半年前から、膝に水がたまるようになった。雨でも降りつづくと、最上階の部屋で、かごの鳥のように身動きもならない。食べるものにもこと欠く。……五号棟の七十二歳のおばあさんは、半年前、家族が同じ市内の分譲地に家を買って出てゆき、ひとり残された。初めのころ、気落ちしてボケの状態になってしまった。そとに出ないし、食事も作らない。めっきり痩せた。……同じ棟の七十七歳のおばあさんは、すでに五年間ひとりで暮らしている。三カ月前、トイレで倒れた。意識がもどってから、病院に自分で電話し、救急車をたのんだ。……二十一号棟の三階に、ひとりで住んでいる八十二歳のおばあさんは、日がな一日、窓のしたの十字路を通りすぎる人を見ている。今日はあの人が歩いてた、白足袋はいとった。たまにそとに出ると、知り合いにうれしそうにそんな立ち話をする。……八号棟のおばあさんは、五年前、駅でころんで大ケガをした。一年ほどの療養生活後に帰ってくると、同居していた娘一家は知らせのないまま転居し、だれもいなくなっていた。炊事も思うにまかせず、とうとう思いあまって市役所の老人福祉課に電話した。それが、置き去りにされた老人たちが周囲に発見された、最初だった（『朝日新聞』一九八二・一・一「家族の風景」1）。

発見されたからといって、どうなるものでもない。元々、家族の内部に老いを受容する場所がないがゆえに棄てられた老人たちには、行き場所はない。だれが好きこのんで、自分の親をひとり置き去りにするだろうか。脱出していった家族は家賃を払い、生活費も送ってくるのだ、という。おそらく、血の繋がった息子や娘たちが老いた親を棄てるまでには、それぞれに長い泥沼にも似た葛藤の前史があったはずだ。しかも、子どもらが同じ市内や隣市に新居を構えていることは、けっしてそれがたんなる姥棄てではないことを暗示している。

街に出て売春をくりかえしていた老女のいる家族の風景と、この、ひたすら寒々しい現代の姥棄て伝説のあいだには、質的な断絶はない。二つの家族は、一方が老いという時間の疎外・排斥をかろうじて家族の内側に囲いこむことで隠蔽し、他方がそれを隠しきれずに露わな現実として外化してしまった、という違い。あるいは、二つの老いは、一方が存在の空白を埋めるために街なかを彷徨し春を売ぎ、他方が衰えた身体をかかえて壁の内側に閉じこもっているほかはない、という違い。いずれ、核家族のなかに占める老人たちの場所は、かぎりなく狭い。

少年たちが老人を襲う時

こんな事件がつい最近あった。

横浜市港北区で、六月ごろから、歩行中の老人が少年三人組に襲撃される事件があいついで起こった。逮捕された少年は、無抵抗の老人を殴って気晴らしをしたかった、と十件ほどの犯行を自供しているという。

帰宅途中の六十一歳の会社員は、三百メートルほど尾行され、不安になって公衆電話から自宅に連絡しようとした途端、いきなりボクシンググローブをつけた手で顔や腹を殴られ、一週間のケガをした。路上でぜんそくの発作に見舞われ、息苦しくなって立ちすくんでいた六十二歳の男性は、なんで顔を見るんだ、と突然殴られた。七十歳の男性は少年たちに追いかけられ、踏切の遮断機をくぐって振り切ったものの、さらに七、八百メートル追いかけられた末に襲われた(『朝日新聞』一九八六・七・一二)。

やはり横浜で、少年たちが公園や地下街で寝ている浮浪者をつぎつぎに襲って、十数人の死傷者を出した事件を想起させる。ともに、少年たちの遊び感覚にひとしい暴力のはけ口として、無抵抗の弱者がえらばれていることに関心をひかれる。気晴らしのために、社会のもっとも弱い部分である老人や浮浪者が狙われる。

なぜ、弱者が狙われるのだろうか。二つの事例がいずれも、少年たち自身がうけた暴力を直接的な契機としていることに注意したい。他者によって暴力的にひとたびは征服された弱い少年たちが、その仕返しを企てるとき、当の相手ではなく、無関係な自分よりさらに弱い人々を対象に暴力を発散させる、という構図。この時代には、あたかも弱いことが悪の象徴と化している感すらある。

老人を標的とした少年たちの暴力の、さらに荒涼としたこんな事件も思い出される。「学童ら独居老人襲う」と題された記事は、以下のようなものであった。

福岡市と福岡県粕屋郡内の中、小学生ら二十三人が、七十五歳の病弱の独居老人を七カ月間にわたり三十七回も脅し続け、唯一の収入の老齢福祉年金から計二十五万円余りを奪い取っていたことがわかり、福岡・東署は四日までに、全員を強盗と恐喝の疑いで補導した。無抵抗の老人を刃物で脅したり、縛りあげて金を要求、老人は怖くて警察にも届けられなかった。遊ぶ金がなくなると老人宅を襲っていた集団犯行に教育関係者らもショックを受けている。〈略〉

調べでは、今年一月、AがBさん宅に雪をぶつけたことを注意されたことから、Aら二人がBさん宅に押し入り、「雪を投げたのはおれではない。おとしまえをつけろ」といって、手の指を広げさせて、指の間に包丁を突き刺すなどして脅し、現金二万円を恐喝した。その後も、金がなくなると数回にわたって、仲間を連れてBさん宅に行き、金を奪っていた疑い。

Aから「Bさんなら脅せば金を出す」という話を聞いた同級生や卒業生、以前の知り合いなども犯行に加わるようになり、二人から五、六人のグループを作って、入れ代わり立ち代わりBさんから金を取り上げていた。少年らの犯行は七カ月間に三十七回にのぼり、同署はそのうちBさんを後ろ手に縛りあげ馬乗りになって腹をなぐったり、ひもで首をしめるなど悪質な四件については強盗事件として立件する方針。

Bさんには妻子がなく、独り暮らし。神経痛のため足が不自由で、月約七万円の老齢福祉年金を唯一の収入源にしている。少年たちは年金が支給される日を見計らって襲っており、年金の半分を奪われたBさんは庭で作った野菜を頼りに細々とした生活を強いられていた。持ち合わせの金がない時は隣の人から借りて少年たちに渡していたという。しかし、少年らから「警察に言ったら命はないぞ」と脅され、暴力団のようで怖くて届けられなかった、という。また、近所に親類や知人はなく相談もできずにいた。

(『朝日新聞』一九八二・八・四)

この老人は近所に親類や知人がいないばかりか、遠方にも頼りになる人はおそらくいない。隣近所からも孤立しており、悩みを相談できる他者がいない。密閉された心理状態におちいっているために、隣人に金を借りにゆきながら、少年たちの犯罪を告げることすらできない。佐藤通雅が『〈教育〉の現在』に、こう書きとめている——〃この索漠とした状態がわれわれの胸にこたえるのは、家族構造がどんどん崩壊していった後に生ずる極北の様を、まざまざと見せつけているからである〃と。わたしたちはだれしも、核家族が解体の末にたどるにちがいない極北の風景をまえにして、言葉を失う。

孤独の境涯を生きざるをえない老人を、徒党をくんだ子どもたちがサディスティックに責め苛む。苛まれる老人は救いをもとめて、悲鳴をあげることもできない。団地のコンクリートの壁の内側に塗りこめられた老人たちの孤独の深さに、たしかにつうじている。家族からの疎外ないし排除という位相にあっては、横浜の青空生活の浮浪者たちも、ほとんど同じ孤独を舐めているはずである。

汝の隣人は汝自身である

なぜ、少年たちは無抵抗な老人をことさらえらんで襲撃するのか。少年たちは老人の弱さ・醜さ、そして異質な匂いや雰囲気に苛立ち、老いそのものを抹殺したがっているかのように攻撃をくわえる。身近に老人たちと接し、人生の黄昏が闇に閉ざされてゆく光景をかたわらから看取る経験をもっていたならば、かれらは老人が弱い存在だからといってボクシンググローブで殴りつけたり、わずかな生活資金を脅し取ったりするだろうか。少年たちはおそらく生身の老人を知らない。仮りに家族のなかに老人がいたとしても、老いという異和をはらんだ時間を排斥する地点に成立する核家族、そこで体験される老いとは、ひたすら弱く醜悪で嫌忌されるべきものであるはずだ。核家族は老いを疎外し、排除する。その排除の身振りを模倣＝反復しつつ、少年たちは路上の老人を、一人暮らしの老人を襲撃するのだといってよい。

核家族は猥雑なるものすべてを排斥する、老い・病い・死・異常性……。もっとも微小な均質集団と化した家族は、その内側に異質な複数の時間の流れを包摂することができない。老いとして顕在化している二つの時間の衝突・葛藤は、均質な核家族のアイデンティティにとっては、どれほど和解しがたい、解決不能の課題であることか。

家族ばかりではない。まるで遊園地の鏡の部屋（ミラー・ルーム）をおもわせるような、気味のわるい異域がしだいにひろがっている。世界のそこかしこで、たがいに交通を拒みながら〝鏡の部屋〟の建設にいそしむ人々の群れ。乾いた槌音が雑踏する街区にこだまし、人々は知らぬげに歩をはやめてゆきすぎる。誰（た）がために鳴るか、虚ろな槌の響きに耳をそばだてる者はいない。

閉ざされた〝鏡の部屋〟の、繭の内部にも似た温もりから身を剝がし、鏡の破れめからそっと外部（そと）なる世界を覗いた年若い少女は、怖気をふるって跳びすさる。そして、呟く。学校は怖い、街は怖い、世界は怖い、……見知らぬ他人たちが命を削るから。今の子どもはおそらく三十年前の子どもよりも、外界を敵意にみちたものと感じている、そう呟くひとりの精神科医の声が聴こえる。

〝鏡の部屋〟を支配しているのは、汝の隣人は汝自身である、という不可視の原則である。異質なるもの・予測しがたいもの・偏奇したもの、などをあらかじめ排除することによって、均質なコスモス空間としての〝鏡の部屋〟は創出される。もはやそこには、同じ名前をいただき、同じ貌と服装をし、暗号にそっくりな同じ言葉をしゃべる一群の人々しかいない。

都市とはあきらかに、異質なるものが排斥されず、異質なままに稀薄な関係世界のはざまを漂いつつ包摂されるような、開かれた空間であった。ムラ社会を典型的な〝鏡の部屋〟のひとつとすれば、都市は〝鏡の部屋〟からもっとも遠い場所であった、ともいえる。しかし、たとえば移植された都市であるニュータウンには、そうした都市的日常はない。むしろ、そこにあるのは、直接的な触れあいの可能な範囲をこえることなく親密な関係世界に閉じてゆこうとする志向であり、異質なる人々＝〈異人〉が異質なままに、共生してゆく途は拒まれている。あるいは、異質なるものにむけて開かれた吸収性の高い空間であった都市の内部でも、ニュータウンとよく似た現象が起こりつつあるようにみえる。都心部で八十年代になって頻発しはじめたワンルーム・マンション建設に反対する住民の動きに、それは象徴的に露出している。そこでは、家族をいとなまない独身者たちが、主たる排除の標的とされている。

〝鏡の部屋〟、それゆえ、汝の隣人は汝自身であるという視えざる原則に支配された空間。その〝鏡の部屋〟へと、閉ざされた繭状の関係世界へとひたすら回帰してゆこうとするわたしたち自身の内なる風景、そのいくつかに、いま眼をこらしてみることにしよう。

序章　さらば、寅次郎の青春

棺桶のなかの寅次郎

ふいと思いたって、映画『男はつらいよ』を近所のビデオ・ショップで借りてくる。それがなぜ、『男はつらいよ』シリーズの、ちょうど第四十作目にあたる『寅次郎サラダ記念日』でなければならないのか、とりたてて意味はない。寅次郎の変容の跡を見たいとおもった。ある予感はたしかにあった。この、怖ろしい速度で変態（メタモルフォーゼ）を遂げつつある二十世紀も終わりちかくに、寅次郎はなお、けなげに時代と添い寝しつづけているのか。もはや愛すべき寅次郎の青春は、過去のものになっているのではないか。

『寅次郎サラダ記念日』というタイトルはむろん、俵万智の『サラダ記念日』にひっかけたものである。八十年代半ばすぎの、寅次郎と一冊のベストセラーとの出会いは、なにかを産み落としえたか。そこでは予期にたがわず、お馴染みの物語、つまり寅次郎という名のはみだし者をめぐる排除／歓待の物語が、いよいよ円熟にして凡庸の度合いを加えつつ、擦りきれた懐メロのレコード盤よろしく反復されていた。寅次郎はやはり変わっていない、頑ななまでに変化を拒み、それゆえに時代そのものによってひどく孤独な、うつろな場所に置き去りにされている。ひそかな予感は無惨なまでに的中した。そのときのわけもない寂しさと、意外にもうろたえた自分を隠そうとはおもわない。わたしは映画『男はつらいよ』の、無責任なファンのひとりではあったのだから。

寅さんは旅先で、ひとりの美しい女医と知りあう。柴又に久し振りにもどった寅さんのもとへ、子どもを連れた女があらわれ、再会した二人のあいだに淡い恋心が芽生える。しかし、例によってひたすら淡い関係のままに、女は去ってゆく。二人を結びつけた老女の死が、寅さんと女のうえにつかの間の再会のときをもたらすが、寅さんは逃げるように姿を消す。枝葉を切りはらって、ひどく乱暴に粗筋をいえば、そんなところだ。

映画『男はつらいよ』は、フーテンの寅さんという愛すべき道化を主人公として、濃密な人間関係の残る下町を舞台にくりひろげられる人情映画として仕組まれ、そのような映画として受容されてきた。そこに、この最長記録を誇るらしいシリーズの、大衆的な人気の秘密も隠されている。つまり、『男はつらいよ』はことばの正確な意味合いにおいて物語であり、みずからの物語としての自明性をけっして疑うことのない、物語のなかの物語であるということだ。

わたしたち観客は誰ひとり、『男はつらいよ』によって裏切られたり、深い失望や傷を蒙らされたりすることがない。幕が降ろされ席を立つ観客の誰しもが、かすかに湿り気をおびた安堵に浸されているはずだ。映画を観る前／観た後のはざまには、いっさいの変容も変身も変態も存在しない。かぎりなく無にひとしい映画体験、といってもよい。

国文学者の松田修はかつて、定型詩とは棺桶言語だといささか暴力的に言い放ってみせたが、それにならって棺桶映画というジャンルを創ることにしようか。棺桶に片足を突っこんだ映画が、たしかに氾濫している。わたしはくりかえすが、『男はつらいよ』という映画が嫌いではない。しかし、それがまさしく棺桶映画として愛好されているという事実は否定すべくもない。

寅次郎はパンツを脱がない

フーテンの寅次郎は性的イムポテンツにちがいない、そう、わたしはいつからか確信するようになった。生半可はむろん承知しつつ、精神分析の知識をもてあそんで、寅さんは幼児期における心理的ないし性的な外傷(トラウマ)のゆえに、成人してからもまともな人間関係、ことに女性との身体に仲立ちされた関係をつくることができないのだ、と妄想をたくましくしてみる。それが妄想であるのか否かの判断は、結局のところ、観客ひとりひとりに委ねられている。投げだされた作品の前には、作者であれ監督であれ、もはや誰ひとりとして特権的な解釈者にはとどまりえないはずであるからだ。

わたしもまた、そうした非特権的な解釈者のひとりであることはいうまでもない。いずれにせよ、わたしの記憶のなかで、寅さんがセックスをしている場面は皆無であるし、それを暗示する場面すら、ひとつとして想いうかばない。フーテンの寅はけっしてパンツを脱がない……のである。いわれなき確信であるにせよ、寅さんは不能か、極度の女性恐怖症の童貞でなければいけない。

たとえば、『寅次郎サラダ記念日』にはこんな場面がある。駅のプラットホームで、寅さんは別れぎわに、三田佳子扮する美しい女医さんにこう囁かれる、「寅さんといると、自分が女だということを思い出すの」と。誰だって、とくにそんな僥倖に恵まれたことのない大方の男たちのひとりであればなおのこと、どぎまぎして、なすすべもなく車中に美女を見送るほかないのかもしれない。しかしながら、老女の死によって二度目の再会を果たしたとき、しなだれかかる女を袖にして姿をくらます寅さんは、どう見てもマトモではない。

これはもう、寅次郎はみずからの性的不能が露見するのが怖さに、女の前から逃亡したのだ、と断定するにしくはない。すくなくとも寅さんが、みずからが性的不能者であることを押し隠すためにか、それとも傷つきやすい自我とやらを守り抜くためにか、どうしたって生々しい、女性との性の関係を忌避しているということだけは否定しがたい。

『サラダ記念日』では、なんとも念の入ったことに、生身の女の肉体の前から逃亡する寅次郎のうしろ姿に、「旅立ってゆくのはいつも男にて　かっこよすぎる背中見ている」という歌がかぶせられるのだ。あきらかに、それは嘘だ。わたしたちは去りゆく寅次郎の背に、性的不能者の、また生活破産者の、まさしく流浪するフーテンの癒しがたい哀しみをこそ読み取らねばならない。

さらに、『男はつらいよ』という物語の全体を、こんなふうに裏返してみることも可能であるかもしれない。つまり、美しい女との出会いも別れも、いっさいが性的不能者にして、生活破産者である寅次郎の紡ぎだした白昼夢のごときものであるとしたら、と仮定してみることだ。大いにありうることだ、とわたしはおもう。そうすれば寅さんの行動の不可解さは霧散し、すべてに合点がゆき、了解しやすいものになるだろう。とはいえ、『男はつらいよ』が性的不能者の哀しみの唄であり、白昼夢であったとしても、そんなことは誰ひとり気付くことも認めることもしないだろう。そんな残酷な映画を笑いころげて観る自分を、優しい観客たちは許容できないだろうから。

植物的異人としての寅次郎

物語は、ことに棺桶と化した物語はいつだって、わたしたちを取りまく現実の一部ないし全体を隠蔽する装置である。あらゆる物語は、意識的にか無意識的にか、現実を抑圧し、組み替え、そして巧みに隠蔽するはたらきを有するということだ。

『男はつらいよ』という物語が隠蔽している現実とは、いったい何か。ひとつは、すでに語ってきたように、寅さんが実は性的なイムポテンツであるということだ。そして、いまひとつは、下町を舞台とした人情映画という表層の物語のしたに、ひとりのはみ出し者をイケニエとした供犠（くぎ）の風景が横たわっている、ということである。

フーテンの寅次郎は、映画のなかではたしかに、ユーモアあふれる愛すべき道化的主人公である。しかし、現実には、寅次郎は家郷を逐（お）われたはみだし者、つまり、下町という人間＝共同体にうまく馴染めず、そこに定住の場を確保することに失敗して出奔した逸脱的な異人にほかならない。跡取り息子である（らしい）にもかかわらず、家を捨て共同体を去り、テキ屋のタンカ売（ばい）をしながらさだめなき放浪生活をつづける寅さんは、それでもけなげに、誇らしげに「葛飾柴又、帝釈天で産湯をつかい……」と、みずからを追放した共同体への忠誠と愛を語りつづけるのだ。

こんな笑いを誘う場面が反復される。寅次郎はときおり忘れた頃に、ふらっと柴又へ帰ってくる。店の門口に立った寅さんの姿を眼にして、だれか家族か店の者がきまって深い溜め息とともに呟く、「帰ってきたか」と。むろん、無事を確認した安堵の声だ。観客もまた、つられて安堵の笑いを洩らす。声も笑いもひたすらに優しく、寅次郎という道化にたいする愛が、映画の内／外でひそやかに確認される瞬間である。だが、その声や笑いははたして、ほんとうに優しい愛に満たされているか。毒のない笑いを誘う牧歌的な表層の物語の底には、酷たらしい、もうひとつの物語＝現実が隠されているのではないか。

疑いもなく、映画『男はつらいよ』は、フーテンの寅という名の異人をめぐる怖るべき排除の物語である。映画の表層からは隠されているとしても、寅次郎の身体には、幼少年期からの血まみれた苦い記憶が数も知れず蓄積されているはずだ。寅次郎は生まれついての、排除を宿命づけられた異人である。にもかかわらず、『男はつらいよ』は徹頭徹尾というべきか、あくまで下町の美しい人情映画に仕立てられている。下町という人間共同体、その仮構された親密なる世界から逐われ、放浪の境涯をえらばざるをえなかった異人の怨念や毒は、かぎりなく稀薄にされ、ひとりのアブない異人を優しげに抱擁してみせる下町＝共同体こそが、ひそかなる絶対者の座を占めるのだ。そうして一編の愛すべき道化の物語はできあがる。だからこそ、『男はつらいよ』は大衆的な人気を博してきたのだということは、否定しがたい。

はみだし者の寅次郎は、つかの間家郷へと帰還し、やがてまた死にいたるまでの流浪の旅へと出立してゆく宿命（さだめ）を背負い、その宿命に忠実であるかぎりにおいて、家郷の人々にあたたかく迎えられ、受容されもするのだ。いわば、フーテンの寅次郎はひたすらおとなしい、植物的異人としてのみ、この下町の人情映画の主人公であることを許されているのである。これが、隠蔽された現実のもうひとつの貌(かお)といえるだろうか。

寅次郎という古さびた生の様式

優しげに植物的なはみだし者を抱擁してみせる下町＝共同体も、そして、性的不能者にして生活破産者である寅次郎の、したたかにネジのはずれた振る舞いに笑いころげる観客も、ほんとうは怖るべき残酷な存在なのだ。道化の笑いの裏側に秘め隠された、深い諦念と哀しみの貌をおもえばよい。が、フーテンの寅さんには哀しみの表情は似合わない。寅さんにはいわば、舞台を降りることそのものが許されていないのだ。

たとえば、わたしたちは寅次郎が、あの美しい女医さんと結婚して、遅ればせに子どもをもうけ、幸福な家庭生活をいとなむ姿といったものをけっして想像することができない。より正確に言葉をえらぶならば、寅次郎にはそうしたマトモな市民がたどる人生コースが許されてはいない、ということだ。許していないのはむろん、下町＝共同体であり、わたしたち観客である。

寅次郎は性的な不能者である、と書いた。もしかすると、寅次郎を不能か童貞のままにおしとどめているのも、共同体と観客の意識せざる暗黙の強制であるのかもしれない。

寅さんがラブホテルの回転ベッドのうえで、女のやわらかい体に、その武骨な指を這わせている姿など、わたしたちは断じて想像することができない。寅次郎はセックスを禁じられ、生涯にわたる純愛と失恋を課せられた存在なのだ。性的不能はだから、寅さんがかろうじて世の中に受容されるための、淋しげな植物的擬態であるともいえるにちがいない。性を禁忌として封じられた寅次郎の内面に想いを届かせてしまった観客には、もはや無垢なる笑いの優しさはありえないだろう。

それにしても、寅次郎は年老いた。生身の女の肉体に触れることを禁じられたままに、いたずらに年老いてしまった。痛ましくもそうおもう。まだ寅さんが青春の残り香を漂わせていた頃、わたしたち観客は、それがけっして許されぬことを承知しつつ、いつか寅さんの恋が報われる日が訪れることをどこかで期待し、また忌み怖れていたのかもしれない。しかし、もはや寅次郎の青春は終わった。甥っ子の恋の助っ人が似合うようになった寅次郎がこの先、老いらくの恋に走る気配はありそうにない。むろんのこと、相手が誰であれ結婚して子どもをもうけ、マトモな市民としての生涯を終える姿など、想像するべくもない。

『男はつらいよ』という物語の根っこが、これほどまでに浮かされてしまったのは、この定型をもった物語が現実へとつながるヘソの緒が、知らず知らずのうちに断ち切られていたためだろうか。たしかにフーテンの寅次郎という生の様式は、そこはかとない郷愁を帯びていた。しかも、神話世界のなかの道化のモドキではあるにせよ、寅次郎の演じる生のかたちには、ある抜き差しならぬリアリティが濃密にはらまれていた。この男には、この生きざましかありえない、という不可避な感じは、物語にたいして強い説得力の源泉となるはずだ。

フーテンの寅次郎という生の様式をもうひとつの現実として受容する、そうした感性の胎盤が、たとえひとかけらではあれ観客のなかに残されているときには、『男はつらいよ』の物語としての輝きが消えることはない。おそらく、わたしたちの時代そのものの加速度的な変態こそが、いつしか『男はつらいよ』を古色蒼然とした場所に追いこんでいったのだ。致命的な足枷(かせ)は、『男はつらいよ』という映画が現在進行形をえらんできたことであろうか。現在進行形で語られるかぎり、時代と添い寝し、あるいは拮抗しつづけねばならぬことは自明なことだ。

テキ屋という職業、また漂泊や放浪といった生存の形式は、たぶん急速にわたしたちの日常の生に根ざしたリアリティを、それゆえ不可避な感じを失いつつある。郷愁やロマンをかきたてる力を喪失しつつある、と言い換えても同じことだ。そして、なによりそれと対をなす、たとえば寅次郎という名の異人を排除／歓待する共同体、ことに下町という親密なる人間のきずなに守られた世界が、すでに根底から崩れてしまったことが決定的だろう。この時代の変容こそが、『男はつらいよ』の物語としての緊張感とリアリティを奪ったということで、それ以外ではない。

郷愁にみちた漂泊の生活も、愛着と憎悪にひき裂かれた人間＝共同体も、寅次郎の青春とともに過去のものとなった。わたしたちの時代はいま、どこへ向かおうとしているのか。混沌とした乳色の視界の果てに、やがて何かが浮かびあがるだろう。いずれであれ、漂泊／共同体という、どこまでも対をなす古さびた風景のかなたに、あたらしい時代の像は結ばれるはずだ。それだけははっきりしている。わたし自身はただ、古さびた風景の最期をひとり見届けたいと、ひそかに願うばかりだ。

さて、寅次郎の青春に訣（わか）れを告げるときがやって来たようだ。いささかの惜別の思いをこめて、呟くことにしよう。さらば、寅次郎の青春……。

第一章　学校／差異なき分身たちの宴
——いじめの場の構造を読む

もはやそこには、みな同じ名前の、同じ服装をした一群の人々しかいない。
（ルネ・ジラール『暴力と聖なるもの』古田幸男訳）

学校に追われる子どもたち

ふと思いうかんだ光景がある。

中学時代のことだ。わたしをふくめた数人の少年たちが、三階の窓から運動場のほうを眺めている。ひとりの背の高い少女が、校舎前の小径をとおりすぎてゆく。かたわらの少年が突然、大声をあげる、「おい、○○だぜ。ほら、見ろよ」。わたしたちはいっせいに少女に視線を向ける。少女の横顔は遠眼にもわかるほどに、虚脱したような暗さを漂わせている。

たしか隣のクラスだったその少女は、「ブスの○○」とよばれていた。かわいらしくも美しくもなかったが、とりたててブスともいえない少女がなぜ、執拗に「ブス」と嫌悪され、触れることはおろか近寄ることすら忌避されたのか、わたしは知らない。学年中に「ブス」として知れわたり、すれちがうたびに顔を大袈裟にしかめられ、身を避けられていた少女の内面をおもったことは、ただの一度もない。

いま思いかえすとき、少女にとって、数十人、いやたぶん百数十人の男子生徒たちのそうした眼差しの集団暴力は、どんなに耐えがたく、どんなに残酷な打撃をあたえていたことか。暗澹とした思いに衝かれる。あきらかに、その集団暴力の包囲網の一端をにないながら、中学生のわたしはついに、一度もそれを暴力(またはいじめ)とは認識できなかった。それゆえ、罪悪感などかけらも浮かぶことはなかった。

近頃しきりに、わたし自身の周囲から、また雑誌やテレビといったマス・メディアのむこうから、これまで息をひそめて耐えつづけてきたいじめられっ子たちの肉声が聞こえてくる。意識にのぼることなく記憶の闇に沈んでゆくはずであった、その、ひとりの少女をめぐる光景を呼び醒ましたのは、じつは、そうした子どもたちの声をころした呻きや悲鳴であった。あの少女もおそらく、呻き声をあげながら、匿名化された眼差しの暴力と孤独にたたかっていたのだろう。

事例(1)　中三女子

私は学校へ行きたくないと思うことがしばしばあります。運動場を歩いていると、同級の男子のほとんどが私の方を見て、「柴デブ、柴デブー」とTV番組の音楽に合わせて歌っていました。教室に入ると、「あっ、柴デブ、おえー」と言われました。私の姓が「柴尾」で太っているから「柴デブ」と簡単にあだ名がつけられていました。言われる度に、胸が締めつけられたみたいに苦しいのです。つらいです。わかりますか、私の気持ちが。

（『朝日新聞』一九八五・一二・一〇）

いじめを倫理や道徳のレヴェルから断罪するのはたやすいが、子どもたちの現実にたいしてはほとんど無効であるといってよい。子どもたちのいじめが多く、学校を現場として再生産されつづけるかぎり、学校という場にそくして問題は読み解かれねばならない。が、そうであるとしても、子どもたちの現実はひとつの純粋培養された光景として、わたしたちの世界そのものの現実を映しだす鏡となっていることを忘れてはならない。

＊

たとえば、ひとりの登校拒否児は、入院している病院の赤電話で何度も一一〇番しようとする。「学校に追いかけられている、助けて！」と。にもかかわらず、かれはいまでも復学をあせっている。全身がすっぽり学校におおわれている感じなのです、と病院のカウンセラーは言う。

日本中の子どもたちがひとり残らず、朝のある時刻になると、いっせいに学校へむけて行進を開始する。午前から午後にかけての、明るい時間のほとんど大半のあいだ、街中から子どもの姿は消える。この畏怖すべき光景があたりまえとされるとき、たとえば、吐き気をこらえつつ子ども部屋のベッドにもぐりこんでいる子どもや、路上に金縛りにあったように立ちすくんでいる子どもは、異端のスティグマを押される。登校拒否症という病い。

その、みずから学校を拒んだはずの子どもたちが、じつは学校とその価値規範にもっとも深く囚われ身動きならなくなっているらしいことを知るとき、子どもたちの内的現実に占める学校の比重は予想をはるかにこえて大きい。子どもたちは学校以外に生きる場所を知らず、自明性の光に包まれた学校というモノに疑いの眼差しを向けることを許されていない。こうした子どもたちの内なる風景を、わたしは学校の内面化とよんでみたい気がする。

陰湿ないじめが自殺や殺人をもたらした事例が、数多く報告されている。かつて、これほどまでには学校の内面化がすすんでいなかった時代には、教室での共同的な疎外・排除がひとりの子どもを自殺や殺人へ追いやるなどといった事態は、想像することもできなかったのではないか。学校が子どもたちの生活、および心的状況に占める比重は、いまとは比べようもなくささやかなもので、学校以外の場所にいくらでも逃げ道がみいだせたのだ。自殺や殺人によってしか、ひとつの共同性のドラマが幕を降ろすことができない。これはたしかに、異様な現実ではあるが、現代の子どもたちの未熟さ・残酷さ・耐性の欠如などをあげつらってすましうる問題ではない。

小学校にはいり中学校をおえるまで、一定の年齢段階にある子どもたちが全員、しかも丸九年間という長期にわたって、学校以外にはまったく生存の途をとざされている。それはたえて疑われることもない自明なことがらとされるが、そのゆいいつ許された場所で、生きがたさの極限にまで追いつめられてしまった子どもは、それでも登校の義務という枷(かせ)を解かれない以上、自殺や殺人、あるいは登校拒否といった非常手段に訴えるしかないのかもしれない。

警察庁の実態調査によれば、一九八四年に、いじめにからんで小学生一人・中学生六人の合わせて七人が自殺している(『朝日新聞』一九八五・四・一九)。

- 中二男子　生まれつき目が不自由なため「身体障害者」といっていじめられ、学校の体育館で首を吊った(静岡・一月)。
- 中三男子　同級生から金をせびり取られるなどで自殺(山形・一月)。
- 中一男子　内向的でおとなしく、同級生からののしられ自殺(埼玉・四月)。

・中三男子　同級生から怠学癖を理由に口汚くののしられ自殺(福島・七月)。
・中三男子　おとなしく内向的で、同級生からからかわれて自殺(石川・一〇月)。
・中一女子　友人とけんかをし、仲間はずれにされ自殺(千葉・一一月)。
・小四男子　内向的でクラスのいじめられっ子になり、それを苦に自殺(静岡・一一月)。

七人という数字が文字通りに氷山の一角であることは、あらためて指摘するまでもない。その後、いじめによる自殺者はあきらかに増加傾向にある。それはたぶん、これまで「いじめによる」という認定を拒まれ曖昧に処理されてきた事例が、逆に、かすかないじめの影がみいだされればただちに「いじめによる」自殺と断定されるようになったことに示される、状況の側の変化に多くを負っている。かれらの死がほんとうに「いじめによる」自殺なのか、それは実際にはだれにもわかりはしないし、むしろ、子どもであれ大人であれ人が死をえらぶことに特権的な理由など存在するともおもえない。残された人々が探しもとめる自殺の理由はいかなるものであれ、いずれは生き残った者たちにこそ必要とされる解釈の鋳型にすぎないことは、自明である。

一九八五年にはいってから報道された例を、いくつか拾いあげてみる。

事例(2)　中二女子

茨城県水戸市で、中学二年の少女が「ウソをついてごめんね」「もういじめないでね」などという遺書を残して、首吊り自殺した。何度も筆箱を盗まれ、教科書に「あほ」「ばか」「あんたなんか死んじまえ」などと落書きされ、級友たちから徹底的にシカト(無視)されるなど、いじめに苦しんでいた。少女は小さな約束破りとウソを厳しく責められ、死へと追いつめられていった。一年の夏にこの中学へ移ってきた転校生であり、母子家庭であった。母親は担任に相談するが、「何もしてくれなかった」という。当時、この中学は県内でも有数の荒れた学校で、いじめや教師への暴力などは日常茶飯事であったらしい。少女の担任も校内暴力の被害者であった。

(『朝日新聞』一九八五・一・二三ほか)

事例(3)　中三男子

福島県いわき市で、中学三年の少年が自宅近くの山小屋で首吊り自殺をした。少年にたいするいじめは、トイレ内で床磨き用の硬いタワシで顔をこすられ傷だらけになる・チェーンや鎖ガマで顔などを殴られ紫色に腫れ上がる・金を持って来いとかバイクを盗んで来いとか脅される・雑草を喰べたり洗剤を飲むことを強要されるなど、その実態は暴行事件といってもよいほどひどいものであった。家族はたびたび学校に相談したが、「とりあってくれなかった」という。

（『朝日新聞』一九八五・九・二七ほか）

事例(4)　中二女子

東京都大田区で、中学二年の少女がいじめを強制され、マンション十階から飛び降り自殺をした。残されたノートには、学級内のいじめの様子や本人がそれに巻き込まれ悩んでいたことが書かれてあった。「私はA子とB子に子分になるように言われた。逆らえなかった。二人にある子をいじめるよう言われたが、私には出来ない。こういうことをなくしてほしい」などの趣旨が書かれ、最後は「ごめんなさい」と結ばれていた。この中学では、ほかにもいじめによるらしい自殺があり、暴力事件の続発する荒れた学校であるといわれる。（『朝日新聞』一九八五・一一・二一ほか）

いじめられっ子が、さらに弱い者へ攻撃の矛先を向ける例も多い。事例(3)のいじめっ子たちは、校内ではむしろ弱い立場のいじめられっ子に属していたらしい。学校でいじめられるうっ憤晴らしに、高校生二人が帰宅途中、小・中学生に殴る蹴るの乱暴をしたうえ、現金をまきあげていた（『朝日新聞』一九八五・一一・八）。通学電車内での高校生の刺傷事件も、いじめられっ子同士のうっ憤晴らしの「いじめごっこ」のすえに起こったといわれる（『朝日新聞』一九八五・一〇・二四）。

逃げ道のないぎりぎりの場所に追いつめられたいじめられっ子が、ついに逆襲に転じるケースも最近目立つようになった。いじめぬかれてきた被害者のいじめられっ子が、ある日忍耐の極限で加害者へと転じる。圧倒的な力関係を一挙にくつがえすために、それはいきおい過激なものとならざるをえない。いずれも、気が弱くておとなしい子どもという共通性が、これら被害者でもある加害者にはみられる。

事例(5)　中二女子

いつも同級生から仲間はずれにされてきた少女が、いじめっ子の家に忍びこみ、ライターで火をつけて全焼させた。少女の犯行とみられる放火事件が、ほかにも十件ほどあるらしい。小柄で性格がおとなしかったため、小学校二年の転校の直後から、靴を隠されるなど同級生にいじめられてきた。少女は調べにたいし、悔しくて、いじめっ子たちの家に火をつけたと話している。　（『朝日新聞』一九八四・七・一〇）

事例(6)　高一男子二名

大阪の高校一年生が顔や頭を金物でめった打ちにされ、目を突き潰されたうえで河に投げこまれるという、残忍なかたちで殺害された。犯人は同級生の二人で、「日ごろからいじめられていたので、仕返しに殺そうと相談してやった」と自供している。二人は授業中、教室内で自慰をするよう強要されたり、自転車を盗むことを命令されたり、またしばしば殴られるなどのいじめを受けており、数人の教師に訴えたがとりあってもらえず、「自分らで解決するしかない」と殺害を決意したらしい。

（『朝日新聞』一九八四・一一・一二ほか）

こうした日頃のいじめにたいする直接的な報復行為に走るケースは、傷害や殺人をめぐる事件として、劇的に表面化することが多い。類似の事件としては、古くは六十年代末のS学園首切り事件が思い出されるが、七十年代の終わり頃からときおり新聞の社会面を飾るようになった。いじめっ子の給食に毒物を混ぜた、教室でいじめっ子に散弾銃を発砲した、いじめっ子の家に忍びこんで頭をバットで十数回殴りつけた、庖丁で寝ているいじめっ子の頭に切りつけた……など、枚挙にいとまがない。内向的な子どもたちが、日常的ないじめに耐え、抑えつづけてきた憎悪や不満を爆発させるとき、それは悲劇的な事件として顕在化させられる。いじめが周到に計算し尽くされたうえで長期にわたって陰湿に行使される暴力であるのにたいし、いじめへの反撃は一回限りの、突発的な暴力として噴出せざるをえないのである。

学校・教室・塾……、子ども集団のあるところ、なんらかの形でいじめが起こっているといってもいいすぎではないほど、いじめは日常茶飯事化している。とはいえ、そのこと自体はことさら言い立てるべきことがらではない。むしろ、人間が集団を形成する現場では、子どもであれ大人であれ、いじめに類した排除現象が日々生起しているはずであるからだ。

いじめにまつわる共同性のドラマは、日本中の教室の片隅にはどこにでも転がっているが、自殺・殺傷・放火などの事件によって幕を閉じるケースは、そのごく一部といってよい。おそらく、登校拒否・心身症・家出または転校・退学というかたちで、事件をかろうじて回避するのが、大部分のいじめられっ子たちの自衛行動であるにちがいない。

冗談関係あるいは全員一致の暴力

いじめは子ども社会にはよくあることだという言い方は、一面では真実であるが、その苛酷なまでのエスカレートぶりを眼にするとき、そう言ってすますわけにはいかないことを思い知らされる。現在のいじめの特異さをしめす、いくつかのことがらがある。いじめはもはや一対一のケンカではなく、一人対集団（の全員）というかたちでおこなわれる。そして、この集団的ないじめは非常に長く、陰湿にじめじめとつづく。いじめはおそらく、いま根底から変容をこうむりつつあるのだ。

いじめっ子はほんの遊びのつもりなのに、いじめられっ子はその軽い冗談をうまく受け流せないために、いっそう深みにはまってゆく。こうした、いじめっ子(冗談)／いじめられっ子(真面目)の構図が、ごく一般的に認められているかにみえる。実際いじめっ子たちとその周辺の子どもたちは、しばしばそのように語る、「こっちは冗談なのに、あいつすぐマジになるんだよな、つい面白くってさ」などと。

文化人類学にいう、「冗談を言いあう関係」を思いだしてもよい。それは、ふたりの人間のあいだの関係であり、慣例として一方が他方をからかう、または慰みものにすることが許されるし、あるときにはそうすることが必要とされる関係であって、そうされる側は腹をたてることがないように求められる。その関係は相互に置き換えが可能なこともあれば、一方通行的に固定していることもある。言葉をかえれば、「冗談関係」とは友情と敵意が奇妙に混じりあったものであり、それには重大な意味がこめられているのではなく、深刻に受けとってはならないという不文律がある。そこには、見せかけの敵意と真の友情があるのである。

いじめ現象について考えるとき、この「冗談を言いあう関係」はたいへん示唆に富んでいる。いじめといわれる現象のなかには、たしかにそうした「冗談関係」と判断してよいものがふくまれる。ひとりの少年が役割として、道化の座をひきうけ、集団のほかの者たちにからかわれ、慰みものにされつつ、集団を基底からささえる装置となっているといった例がそれである。かれがなにかの事情で去ったとき、残された者たちは、言葉にはならぬ空虚さの底で、その道化少年が自分たちにとってどれほど大切な存在であったかを知るはずである。かつて、どんな教室のなかにも、そうした役割としての〈道化〉を演じる子どもがいたような気がする。そこにあったのは、「冗談を言いあう関係」と呼んでさしつかえない、見せかけの敵意と真の友情との混ざりあった不可思議な光景であったことだろう。

「冗談関係」のもとでは、からかわれる側はそれに腹をたてたり、深刻に受けとってはならない。いじめっ子たちは、自分たちのいじめ行為を、このような黙契のうえになりたつ「冗談関係」の一種と主張しているようにみえる。腹をたて深刻にめげるいじめられっ子は、それゆえ、ゲームの規則を理解しない頑固者として嘲笑され、いっそういじめを誘発するのだ、といったふうに。

だが、おそらく現実はそんないじめっ子の主張を裏切っている。むしろ、いじめっ子はたいていの場合ひどく生真面目で、およそ遊びの精神とは縁遠い心理状態のなかでいじめ行為にはげんでいる。いじめが猛威をふるっている場は、それだけ集団のアイデンティティが不安定であり、危機にさらされているとかんがえてよい。いずれにせよ、いじめっ子たちといじめられっ子のあいだには、冗談を媒介にした、見せかけの敵意と真の友情の混ざりあった関係など成立してはいない。

現在のいじめに特異なことに、いじめが一対一ではなく、一人対集団（の全員）というかたちでおこなわれるという現実がある。つまり、いじめはきわめて厳粛に、全員一致の意志にささえられた供犠として執行されている。いじめられっ子は、集団のアイデンティティの危機を救済するためにささげられる生け贄（スケープ・ゴート）なのだ。

事例⑺　中学生女子

関西のある中学校で、スポーツクラブに所属する少女が、七人のクラブ仲間から十日間にわたって、連日執拗ないじめを受けた。少女は逃げ場のないところへ追いつめられたすえに、手首を切って自殺を企てたが、未遂に終わった。学校側の作成したマル秘報告書によれば、いじめの光景は以下のようなものであった。

一人がAに何か言う。全員「そやそや」
Aが反論する。全員「チガウ、チガウ」
Aが何か言う。全員「ウソばっかり」
Aが弁解する。全員「開き直って……」
A、沈黙。全員で唱和「しんきくさい」「ウジウジしてんね」
A「クラブやめます」。全員「逃げるのか」
A、助けを求めようとする。全員「チクったのか」

このいじめは、自殺未遂の翌朝、母親が学校に駆けこむことで、ようやく教師らの知るところとなった。少女は最後まで、学校に知らせることを拒んだ。

（『朝日新聞』一九八五・七・二三）

鮮やかなまでに、一人対全員といういじめの現在に特徴的な構図が見てとれる。いじめる側がひたすら全員一致の意志を体現する匿名の存在であるのにたいし、いじめられる側は特定の一人の子どもである、という構図。しかも、この事例からは、いじめっ子の置かれているのが、いわゆるダブル・バインド（二重拘束）的状況であるらしいことが窺われる。犠牲者には反撃も避難も、あるいは弁解も沈黙も許されない。進むことも退くことも禁じられた宙吊りの場所に追いつめられ、生け贄の少女はその身を責め苛まれねばならない。近寄ることを拒絶されつつ、去ることを禁止されるというダブル・バインド的状況のなかで、少女は自分の存在そのものを消去しようと試みるほかなかったのである。

いわば、いじめが「冗談関係」としてではなく、全員一致の暴力のつらぬかれる供犠の庭と化しているところに、いまの子どもたちをとりまく状況の変化を読みとるべきなのである。もはや、それは遊び＝ゲームというにはあまりに苛酷な、抜きさしならぬ限界状況のなかに演じ、くりひろげられる負の祝祭といってよい。

わたしたちはこの全員一致の、排除のための暴力をこそいじめとよぶ。いじめに関するマスコミの報道を仔細に眺めてみれば、そこには人間相互の交通(コミュニケーション)のひとつの形態ともいえる昔ながらのいじめと、全員一致の暴力ないし供犠としてのいじめが混在しているのがわかる。後者の供犠としてのいじめこそが子どもたちの現在を解析するための、有効な手がかりであることはいうまでもない。わたしたちは基本的に前者のいじめを対象から除外する。暴力のない社会が存在しないのと同様に、コミュニケーションの一形式としてのいじめと無縁な集団もまた存在しない。これは人間のいとなむ共同性そのものの自然にねざしている。この種のいじめの考察は、いじめが子どもの世界から根絶やしにされることはありえない。そのかぎりで、いじめが子どもの世界から根絶やしにされるが、ここでのわたしたちの関心からは逸脱している。

教室のなかの異分子たち

いじめの標的とされる子ども(いじめられっ子)には、一般的な像(イメージ)がある。たとえば、性格の暗い子・わがままな子・自己主張の強い子・ひとりで遊んでいる子・体が弱い子・小さい子・太っている子・すぐいじけて泣く子・動作の鈍い子・汚らしい子・偏食の子・ぜんそくの子・難聴の子・鼻のわるい子……などを、いじめられっ子の典型的な像として拾いあげることができる。

こうした子ども社会の否定的アイデンティティを体現する者たちは、大人社会のある種落ちこぼれのヒナ型というべき側面を有している。そして、より直接的には、それらの子どもたちは、学校という場における一定の普遍性をおびた負性を刻印されている、といわねばならない。

学校という場にはりめぐらされた不可視の規範（コード）に、齟齬をきたし、あるいは上手に身を寄り添わせることができない一群の子どもたちがいる。かれらは教師によって陰に陽に疎外され、さらに級友たちによって馬鹿にされ白眼視され、いじめの標的とされる。

わたしは通信簿に、「体操着に着替えるのが遅くてみんなを困らせています」と書かれた小学二年生を知っている。ひどく屈折した表現であるが、それだけになおさら教師の子どもにむけた眼差しがよく透けてみえる。この、学校が強いてくる均質の時間にうまく適応できない子どもに手を焼き苛立っているのは、ほかならぬ教師その人であり、級友たちは教師を範としてそれに同調しているにすぎない。その子はたまたま頭がよく腕力も強いために、いじめられっ子になることをまぬがれているが、おおむねこれらの子どもはいじめの標的とされる運命にある。

いじめる＝いじめられる関係は、集団的な力学のもとに形成されてくる。多くの場合、いじめの場はクラスのリーダーを中心として、その対極（または教室の周縁部）にいじめられっ子がいる構図をもって描かれる。

ことに小学校の場合には、リーダーの背後に教師の影が見え隠れしている。着替えの遅い子をふくめて、宿題を忘れる子・勉強のできない子・食べるのが遅い子といった、教師の指導にしたがわなかったり、ついてゆけない生徒にたいする、教師自身の苛立ちの眼差しは、敏感な子どもたちによって鋭く察知される。子どもたちは全能の権力者である教師の意向に、全身で同調する。体操着に着替えるのが少々遅いくらいのことが、どれほどの「悪」であるというのか。しかし、そんな外部の常識は通用しない。そこでは、許しがたい「悪」のシンボルとされる。クラスのリーダーを中心に、「悪」の体現者へむけたいじめの包囲網が形造られてゆく。それは、当の教師が意識するかいなかにかかわりなく、教師自身の隠された意向によって組織されるものである。

事例(8)　男子

小学二年生のころ、担任の女の先生がクラスの生徒たちの前でしばしば、「この子、くさいわね」「ちゃんと毎日お風呂入ってんの？」と言った。同じ服を二日着てゆくと、「ちゃんと洗濯してもらってんの？」保健室の先生を呼んできて、「この子、くさくありませんか？」と聞く。級友たちは「くさい、くさい」と囃(はや)したてる。学校の帰りに毎日みんなに待ち伏せされて、ランドセルごと振り回された。

（『朝日新聞』一九八五・一〇・二六）

反抗的な子・手のかかる子・問題をおこす子など、教師が無意識のうちに異分子とみなしている子どもを排除することは、子どもたちにとっては教師への迎合であると同時に、子どもたちの集団内部からの異分子の摘発ということでもある。みなと少しでも違った行動・違った様子をしている子どもは、容赦なく制裁し、排斥しようとする集団心理が、そこには働いているかにみえる。

しかし、子どもたちをめぐる状況はもう半回転ほどよじれて、奇妙に歪んだ光景をあらわにしている。もはや、たんに性格・身体ないし家庭における負性を刻まれた子どもたちだけが、いじめられっ子にえらばれるわけではない。教師に疎外される子どもが標的になりやすいと同時に、まったく逆に、教師に可愛がられひいきされている（と子どもたちには見える）子どもが標的となるケースもまた、よくみいだされるのである。

事例(9)　女子

小学校のとき、先生にひいきされている子を、ひいきされていない子が団結していじめていた。試験の点数が自分よりずっと悪いのに、通信簿の成績は良い子がいたりすると、ほかの子が五、六人まとまって、その子をシカトしたり、変なアダ名や悪口を言ったりした。

（『朝日新聞』一九八五・一〇・二六）

ひとりの現場教師の報告によれば、以前は体や家庭のハンディキャップを見つけていじめていたが、最近はむしろ、プラス面でみなと違う子どもにいじめが集中する傾向がみられる。まじめな子が「いぶり」(いい子ぶりっ子の略)とののしられたり、美人の子・いいマンションに引っ越した子・勉強のできる子がいじめられる例も多い、という。共同化された疎外や排斥の矛先が、正・負いずれであれ、集団のなかのある種逸脱した部分に向けられていることがわかる。

実際のところ、いじめられっ子という役割は特定の子どもが負わされるものではなくなっている。極端にいえば、いかなる生徒もその役割からまったく無縁でありとおすことが不可能な状況、いわば「明日はわが身」という不安の日常化が、相互のいじめ行為を陰湿な根深いものとしているのである。

いじめの標的は、もはや特定のだれかではない。誤解を恐れずにいえば、だれでもいいのだ。状況の恣意が犠牲者を決定する。いじめはほんとうに些細なことからはじまる。ピアノができることで目立つ、料理がうまいと教師にほめられる、風邪で鼻水をたらしている、授業中おならをする……、そんな理由になるとも思えぬようなことが、いじめの絶対的な理由となる。クラスのだれか数人が、「あいつ、近頃ムカツクぜ」と囁きかわした瞬間に、いじめはすでにはじまっている。風邪で休んだ翌日から、いじめられっ子にしたてあげられた例もある。風向きが変わったのだ。理由なきいじめ——。

典型としてのいじめられっ子は、しだいに姿を消しつつある。さきにあげたいじめられっ子像も、たぶんに流動的・相対的であり、けっして絶対的な基準ではない。平均値からの隔たり・偏奇をゆいいつの基準として、子どもたちは教室のなかの自分の位置（アイデンティティ）をはかりつつ、いじめられっ子を抽出する。たとえば、性格のより暗い子どもが標的にえらばれやすいと同時に、逆に、明るすぎる子どもは「めだちたがり」「ウソっぽい」などと標的にされるかもしれない。あるいは、気が弱くすぐいじけて泣く子が標的にえらばれやすいと同時に、逆に、我が強く自分を押しだしすぎる子どもも標的となりやすい。平均値から、とにかくプラスの方向にもマイナスの方向にも偏奇しすぎないこと、それがいじめから身を守る、子どもたちのギリギリの処世術となっている。

ただ、小学校におけるいじめ体験をつうじて、多くの場合、中学校に上がるころにはいじめられっ子に特有のパーソナリティのようなものができあがっている。そうした独特のパーソナリティはみずからいじめを誘発し、招き寄せがちであるし、たいてい周囲のめざとい子どもたちによって鋭敏に嗅ぎつけられる。いじめられっ子としての忌まわしき過去は、瞬時にして子どもたちの情報網を駆け抜ける。かれらは格好の標的とされる。あるいは逆に、中学校入学を機会に、一気に関係をくつがえすべく積極的にいじめっ子（突っぱりグループの一員など）へと成り上がることをえらぶ子どもたちも、少数ながらいるようだ。

学校はいま、子どもたちにとって、大人社会以上に神経をすりへらし、たえずピリピリしていなければならない世界であるのかもしれない。いじめられないためにはどうすればいいか——と問われて、目立たないこと・他人と違うことをしないことと答える子どもたち。たえず、教師やクラスのリーダー(ボス)の顔色をうかがい、目立たないように、気分を損ねないようにと、無意識に行動を規制しなければならない子どもたちの現実は、わたしたちになにを語っているのだろうか。

抽象化または規則なきゲーム

子どもたちのいじめの方法が多様化している。ここにも、以前のいじめとは質的に断絶したものがみいだされる。ほとんど学校という場にあって許される限界まで、いじめのテクニックは高度化し、巧妙になっているようにみえる。

ただ注意しておきたいのは、いたずら(冗談関係)かいじめ(全員一致の暴力)かを弁別する指標は、その行為自体がはらんでいるわけではないということだ。その場を構成する性格だけが、いたずらといじめに一線を劃する指標となりうる。たとえば、時には性的好奇心をほのかに満たしてくれる愉快な遊びであるスカートめくりも、特定の少女を標的にくりかえされれば、強烈な性的辱しめとしてのいじめにほかならない。無視ですら、時には裏返された相手への愛情表現であることは、思春期の、ことに少女たちのあいだで往々観察されるところである。

小学三年生の少女にくわえられた、次のような凄惨ないじめのヴァラエティに富んだ光景を想いうかべてみたい。遠足の弁当に砂をかけられる・三つ編みにした髪の毛をバラバラにされる・髪をハサミなどで刈りとられる・カッターナイフを手に教室内を追いまわされる・給食袋やマスクなどを捨てられる・つねられ蹴られアザだらけになる・食事中にほかの子の食べ残しを皿のうえにばらまかれる・給食が配られなくなる・机と椅子が教室から持ち去られる・ロッカーに押しつけられ左耳上に五センチの傷を負わされる・滑りやすい床のうえに立たされ左右から足をひっぱられる……。たぶん、いじめの実態はこれだけには尽きない。が、十歳足らずの少女がたったひとりで背負わねばならぬ不条理(理由なきいじめ)の重荷は、これだけで十分わたしたちにも納得されるはずだ。

いまいじめは、たんなる子どもの心身にくわえられる暴力にはとどまらない。その子にだけ給食が配られなかったり、教室から机と椅子が持ち去られたりすることは、なにを意味するのか。教室における日常的な営みから疎外され、少女はついに、教室からその生きる場所を剝奪されようとしている。たとえ、それが無邪気ないたずらにすぎない(——そうは思えないが)としても、少女が全員一致の暴力によって追放ないし抹殺されようとしていることは、否定しがたい。机と椅子を教室外にほうりだされた少女は、だれにも話せぬ心の痛みのために三十八度の熱を出した、という。(『東京新聞』一九八三・二・一八)

いじめがエスカレートしてゆくとき、犠牲者とされた子どもは、落ちついて授業を受けることも、休み時間に安心して教室や廊下にいることもできない状態に追いつめられる。さきの少女は、いつ襲われるかわからないので、たえず壁を背にして廊下をカニのように横歩きしていたという。給食すら配られなかったり、階段わきの昏がりでひとり食べることを余儀なくされたり、さらに、トイレで安心して用をすませることさえ不可能となる(トイレの隙間からなかの女の子の仕草を実況報告する「トイレ放送」!)。

その結果、いじめられる子どもたちは、教室内はおろか学校という場そのものに居場所を失ってゆく。かろうじて保健室に避難し、また職員室の前をうろうろせざるをえない。表情が乏しく暗くなり、無口になることから、情緒不安定や神経性胃炎などの心身症状、そして、ついには登校拒否へと陥ってゆく。むろん、その過程や結果はさまざまであり、一律に語ることはできないが、そのどれもが、追いつめられた子どもたちが自分を守るためにとる自衛手段であることはまちがいない。

*

ゴミ・バイキン・シラミ・ブス・バイドク・コジキ・人間のクズ・厄病神……など、いじめっ子たちが犠牲者に投げつける、こうしたアダ名にはたしかに一定のパターンがある。汚いもの・不潔なもの・臭いものなどへむけた、強迫的な忌避感にねざしているものがほとんどである。

実際に、そのいじめられっ子が不潔であるかどうかには、関わりがない。ボサボサの髪に、のび放題の爪と泥だらけの手足といった、身のまわりの整理や清潔にはまったく無頓着な、ハックルベリー型の子どももまれにはいるかもしれない。しかし、多くの標的とされる子どもは、ごく普通に清潔さをたもつことに気を使っている。にもかかわらず、かれらは「汚い、臭い」と囃したてられ、ゴミやバイキンとアダ名される。

そこでの言葉、つまり侮蔑語は、もはや意味スルモノと意味サレルモノが対応していない。かれらは現実に汚らしく不潔であるから、「汚い、臭い」と嫌忌されるわけではない。まず、排除という現実がある。それを漠然と根拠づける呪文のようなものとして、「汚い、臭い」という侮蔑語が発せられる。そのさい、集団で呪文のように唱えることに重要な、秘められた意味がある。それによって、はじめて「汚い、臭い」という言葉は生々しいリアリティを獲得する。排除というたったひとつの現実にむけて、いっそう集団的に敵意が組織され駆りたてられてゆくことになる。

あるいは、ほんのわずかな差異を刻印されて子ども集団の周縁を浮游する者たちは、しばしば「ムカツク！」という、やはり判で押したような拒絶の言葉を投げつけられる。それはおそらく、異物に接したときのかすかな吐き気・肌のあわだちといった不安の、身体生理レヴェルに翻訳された表現である。「臭い」「汚い」などの侮蔑語もまた、身体生理レヴェルの不快感の表明である点では、よく似ている。とはいえ、これとてそれ自体は必ずしも現在の子どもたちに固有の表現とはいえない。とくに思春期の少女たちの異物忌避の態度など、いまにはじまった現象ではない。それが少年たちをも巻き込んで、際限もない強迫的な光景を呈しているところに、現在的な特異性はある。

わたしたちの戦後史のなかで、衛生観念がどのように変化してきたかを問うことは、興味深いテーマである。試みに、日常の生活圏から放逐されていった、または放逐されようとしているモノたちの歴史をたどってみればいい。ノミ・シラミ・ダニ・ネズミ・寄生虫・ハエ・蚊・バイ菌・汚物・ゴミ・悪臭・汗の匂い・口臭・騒音……など。高度経済成長期をへて、わたしたちの生活環境はかぎりなく清潔となり、透明化した。いま、わたしたちは自分にはわからず、他人にしかわからない(とCMが囁きかけてくる)自己の身体の発する臭いを追放する段階まできている。この時代の子どもたちには、泥まみれの汚らしい野性味あふれる子どものイメージなど、所詮似合いはしない。子どもばかりではない。教師もまた、子どもの体が異臭を発していないか神経を尖らせる(事例⑻)。中学の校則には後述するが、整髪は月一回・洗髪は週二回以上などと、「汚い、臭い」

モノの追放にたちあがるものまで登場する。

なぜ、シラミやバイキンであって、ハエやゴキブリではないのか。昭和二十年代後半に生まれたわたしですら、シラミとノミの区別がつかないのだから、四十年代・五十年代生まれの子どもたちが、シラミを生々しく体験したことなどあるはずがない。シラミは高度に抽象的な存在であり、バイキンと同様、いまではある種の象徴的な記号としてしか流通していない。ハエや蚊、いまもなおわたしたちの衛生観念に果敢に抗いつづけるゴキブリならば、まだしも身近な現実であるだろう。子どもたちが侮蔑語として、ゴキブリではなくシラミやバイキンを、すなわち現実感のより稀薄な、より抽象度の高い言葉＝記号をえらんでいることは、暗示的であるといってよい。

しかも、もっともよく侮蔑語として登場するバイキンが、ひとつの愛らしいキャラクターとして子どもたちに受容されているという、もうひとつのグロテスクな現実がある。子どもたちの使う下敷きやペンシルケースに描かれた、バイキン(BAIKIN-KUN)の姿を眼にするとき、不思議な思いにひき裂かれる。その子どもたちが、だれか級友を「汚い、バイキン！」と罵る場景を想像してみる。バイキンにまつわる両義的な光景。わたしたちは、たとえそれが半分は資本の演出であるとしても、無邪気(イノセンス)と無気味(グロテスク)がわかちがたく混在する子どもの世界に、しばし思いをはせねばなるまい。

バイキンはなかば死語であり、それゆえ、空虚な浮游せる記号と化している。その空虚さゆえに、バイキンはいじめられっ子を痛めつける鞭にも似た武器となり、また子ども向け商品のキャラクターとして愛好されるのである。

いじめが抽象化している、ともいえるかもしれない。あるいは、いじめの間接化ないし透明化といってもよい。

＊

東京の多摩のある中学校で実施されたアンケート調査によれば、いじめの内容は、三年男子が①からかう ②物を隠す ③無視 ④いやみ・陰口 ⑤殴る・蹴るの順で、女子が①いやみ・陰口 ②無視 ③仲間はずれ ④からかう ⑤押す・たたくの順であった、という(『朝日新聞』一九八五・一一・五)。都教育委員会の調査結果からも、ほぼ同様の傾向が浮かびあがる。小中高をつうじて、上位を占めているのはいずれも、言葉での脅しやいやがらせ、仲間はずれや無視、冷やかしやからかい、物をとる隠す汚すといった、心理的な苦痛をあたえるいじめであり、殴る蹴るなどの身体的な苦痛をもたらすいじめは上位に入りはするが、意外に多くはない(中高へ上がるほど増加する)。

無視やシカト・物を隠す汚す・いやみや陰口・仲間はずれ……。これら好んでえらばれるいじめのテクニックは、それがいじめの行為者を特定のだれと決めることが困難か不可能である点で共通している。あえていえば、犠牲者をとりまくみんななのだ。悪意の所在はかぎりなく不透明で、明確には見定めがたい。悪意は全員一致の意志の蔭に身を隠した匿名のみんなのうえに、曖昧に散らばり、漂っている。それゆえ、一人の反撃を決意したいじめられっ子の少女は、いじめっ子たちの家を一軒一軒捜して放火して歩かなければいけなかった(事例⑸)。

教師には絶対といっていいほど、いじめが見えない。子どもたちが見せないからである。教師に見えるようないじめをするほど、いまの子どもたちは幼稚な存在ではない。仮りに教師に目撃されたとしても、子どもたちはちゃんと言い訳を用意している、「ふざけていたんです」「ほんの冗談です」「プロレスごっこです」と。いじめられている子どももたぶん、いじめの激化を恐れてか、またはそれだけが自分に許された哀しい役割であるという諦めのゆえに、同意することだろう。教師ははぐらかされた思いで首を傾げながら、すごすごと引き下がらざるをえない。教師に見える場所でいじめがおこなわれているとすれば、それは教師の無力さへの挑発とかんがえておいたほうがよい。

いじめが不幸な事件として表面化するとき、きまって家族側から教師や学校が「何もしてくれなかった」という非難が発せられる。子を喪い傷付けられた親の感情としてはごく自然であるけれども、親自身にいじめが、それゆえ子どもという存在が見えないのと同様に、教師にも見えないのだということは知っておかねばなるまい。

身体にくわえられる暴力ならば、身体で反撃することもできる。言葉による暴力ならば、言葉でやりかえすこともできる。しかし、子どもたちが「シカト」とよぶ集団的な無視は、眼にはみえず、間接的であるために、反撃するいっさいの手段があらかじめ封じられている。その意味では、かんがえられるかぎりで、もっとも残酷な排斥行為であるにちがいない。おそらく、このシカトという名のいじめが表舞台に登場したときから、いじめは根底から変容しはじめたのである。

シカトは一対一の場面ではたいした効果をもたない。一人対集団という不均衡を背景とするとき、はじめて有効な手段でありうる。いわば、もっとも高度に象徴化された全員一致の暴力のかたちが、シカトなのである。

あるとき風向きが変わり、唐突にシカトははじまる。登校して仲間に話しかけても、だれも返事をせず、口をきいてくれない。休み時間に遊びに加わろうとしても、仲間に入れてくれない。給食もみなから離れて、一人とらねばならない。教室にも校庭にも、学校中のどこにも居場所がない。こんなことなら殴られているほうがよっぽどマシだ、そういじめられっ子はひとり淋しく呟く。かれは透明人間なのだ。

シカトはどこまでも間接的であり、抽象的である。この、直接手をくだすこともなく、きわめて効果的に犠牲者を抹殺することができる集団暴力は、場のそとにある者には見えにくく、気付かれることもまれである。場を構成する子どもたちも、めったに外部に洩らすことはしない。シカトの対象となり、教室内でのあらゆるコミュニケーションを断たれた子どもは、どこにも居場所がない状況に追いこまれる。精神的には抹殺されていながら、それに対抗する手段はない。ひたすら耐えつづけるほかはない。来る日も来る日も、この蛇の生殺しに似た責苦はつづく。たぶん、犠牲者がみずからの「非」(目立ちすぎたこと・だれかの気分を損ねたこと、など)を悟り、恭順の意をあらわしたと認められるときまで。しかし、その確かなときを知ることは、だれにもできない。シカトという名の規則なきゲームは、あくまで気まぐれであり、風向き次第で移ろってゆく。

子どもたちがそうした共同的な排斥行為を「村八分」(ハブ・ムラハチ)と称するようになったのは、いつであったか。封建遺制として埋葬されかけていた村八分なる言葉を、自分たちの状況の表現として使うことを思いついた子どもたちの邪悪な知恵には、舌を巻かざるをえない。

村八分は本来、村落共同体の掟を破ったことにたいする制裁処置であった。村落内に住むことは許されたが、火事と葬式以外はいっさい他の村人との交渉が断たれた。共同作業をする義務を怠った場合などの、成文化した村の規範にたいする違反ばかりではなく、村一般のこと・多数のいうこと・人並のことといった、村落内のいわば暗黙の常識に近いような規範にたいする違反も、村八分の対象とされたことは注目に値する。いずれにせよ、それは共同体からの逸脱行為または逸脱性にむけた制裁処置なのである。おそらく子どもたちの「村八分」は、教室内における逸脱性をおびた者への全員一致の意志にもとづく制裁である点では、驚くほどムラ社会の村八分と共通している。

水戸の少女(事例(2))が、約束を破ったこと・ウソをついたことを執拗に追及されたことを想起してもよい。そうしたごく些細な違反や逸脱が、徹底した仲間はずれの理由とされたことは、それがやはり共同性を維持するための秩序メカニズム=「村八分」であることを象徴している。学校という空間がムラ化しているというべきだろうか。共同体(ムラ・教室)の均質化と異人の排除、という主題。

とはいえ、子どもたちがいじめを「村八分」とよぶのは、村八分という語のもつ残酷でサディスティックな響きのためであるにちがいない。この古風な死語にひとしい言葉は脱色され、たったひとつの排除という現実をいろどる象徴的記号となっている。村八分の対象とされた者(イエ)は、集団内部にありながら、共同体の庇護のおよばぬ社会的な真空地帯に孤立無援に投げだされた状態におかれた。教室という、ある秩序のヒエラルキーをもつ場から、「村八分」されたいじめられっ子は、やはり集団内部にありながら、あらゆるコミュニケーションを断たれて孤立無援のままに、不条理としかいいようのない排除という現実にひたすら耐えることを強いられる。

八十年代の、この学校の内面化が限界まで進められた社会では、すべての子どもが学童・生徒という役割から無縁であることを許されない。この役割はしかも、かれらの存在をほぼ全的に包摂しているかにみえる。その、もっとも具体的な子どもたちの生きる現場である学校（教室）で「村八分」されることは、それゆえ子どもに存在自体の抹殺にひとしい打撃をあたえてしまうのである。

強迫的なるものとしての学校

民俗学で「異常人物」と称する一群の人々がいる。常民の社会では尋常平凡が支配し、わずかな異常や偏奇も衆人の注目をひくことが多かった。そうしたなんらかの逸脱性をおびた者は「異常人物」として、共同体のなかに特異な位置を占めた、という。あるいは、常民社会にはまた、共同体のアイデンティティを維持してゆくために、たえまなく異質なるものを告発し排斥する装置（メカニズム）である「憑きもの信仰」があった。村落内部の成り上がり者や、富裕なよそ者などが、憑きもの筋として攻撃されることが多かったらしい。

常民社会とはかぎらず、ひとつの閉ざされた秩序空間は、かならず異常人物や憑きもの信仰によく似た異人排除の装置を秘めている。わたしたちの現在の課題であるいじめの問題は、そうした民俗学上のテーマにも通底する、排除の構造という主題のひとつの変奏として読み解くことが可能である。

学校はきわめて閉鎖的な、あえていえば社会から隔離された秩序空間である。学校という制度あるいは教育そのものが、強迫性をその本質としているが、学校のいまをすっぽり覆い尽くした強迫性の緊縛衣は、学校のそとにあるわたしたちの想像をはるかに越える力で子どもたちを呪縛している。たとえば、学校とは常民(よい生徒)という凡庸さをある種強迫的に再生産しつづける場である——と定義してみたい誘惑に駆られる。

偏食をなおすということで、給食を全部食べさせることを原則にしている学校がよくある、という。食べ物にたいする好みは、いうまでもなく千差万別である。同じメニューであっても、体調次第でおいしく感じられたり、そうでなかったり、風邪をひいていたりすれば、味が濃すぎて半分も食べられないといったこともありうる。そうした嗜好の個人差や体のコンディションといった条件を無視して、全員がひとしなみに配られた給食のすべてを毎日、しかも美味だとおもって食べるように強要されるなど、学校以外の場所では絶対にありえない奇怪なことである。しかし、給食を全部食べるよい生徒を強迫的に再生産することを使命と心得ている学校の内側では、その奇怪な原則はたえて疑われることがない。

念のために言い添えておくが、偏食をいけないとするのはひとつの強迫的な価値観にすぎない。人類はその誕生以来、自然条件に規定されてのことではあるが、偏食を常態としてきたのであり、偏食が負性をおびて「問題」視されるようになったのは、たかだかこの数十年のことでしかない。

くわえて、偏食が大人の場合には見過ごされ、子どもの場合にのみ「問題」としてクローズ・アップされるのは、それがなにより教育(つまり社会的訓育)の「問題」であるからだ。偏食をなおすことが、あたえられたものをつねに万遍なくすべて食べることへと置き換えられていることに、注意したい。味覚という感性は斥けられ、偏食は悪であるとする道徳的な観念がえらばれている。教育の現場ではあらゆる観念がそうであるように、この偏食＝悪という観念もまた、ある奇妙な強迫性をおびつつ流通させられる。

こうして、給食を全部食べることができない子どもはわるい生徒として指弾され、格好のいじめの標的とされてゆく。学校という強迫的な場そのものが、いじめを産出する土壌として問われねばならない。子どもたちのいじめは、そのほとんどが学校(ことに教室)を舞台として起こっているという、忘れられがちな現実も想起しておきたい。

事例⑽　中二男子

千葉県柏市の中学校で、ひとりの長髪の生徒をテーマに、担任がクラス全員に作文を書かせた。校則で定められた髪形を守らないことへの「反省を求める」狙いからであったが、「死ね」「変質者」「不潔」「卑怯だ」……といった個人攻撃のどぎつい表現が随所にあった。担任からこれらの作文を読まされた少年は、さらに級友たちからは「なぜ切らない」と詰問され、自分の机や椅子を教室外に放り出されるなど「村八分」的な仕打ちを受け、ショックで一カ月半近くも学校を休んだままでいる。

「お前は何てバカなんだろう。ヘマばかりしてるし、不潔だ。体操服も破けているし、髪の毛は伸びほうだい、まるで病人のような感じ……」とまで作文に書かれた、床屋嫌いの少年の髪は、校則の限界よりわずか一センチほど長いだけであった、という。

（『朝日新聞』一九七八・一〇・二六）

この事例からは、すでに七、八年が経過している。その間に、こうした校則の強迫的な細分化と肥大化がいっそうすすんできたことは、日弁連の調査などで明らかにされている（『朝日新聞』一九八五・一〇・一六ほか）。

その一部を拾ってみる。朝会での気をつけはつま先を四十五〜六十度開き、礼は上体を約三十度傾け静かに起こす、集会はレコードの合図で五十九秒以内に集合する。挙手については、右四十五度右ななめ前へ、つま先をそろえる、あるいは、右腕を約七十度前方に挙げ、五指をそろえて手のひらを前へ向ける、など。男子ズボンの腿の太さは、ウエストサイズ二〜三センチ刻みに十七種、すそ幅も六種に限定し、ベルト通しの数七〜九本。スカートのひだは二十四本で、二十六本は禁止。男子は頭に手をのせて、指の間から髪が五ミリ以上出たらダメ。整髪は月一回、洗髪は週二回以上。天然パーマの場合は、天然パーマであることを証明できる写真を親が届け出る。廊下は一列または二列で歩行し、無駄話はしない。清掃は無言でする（「黙働」なる奇妙な熟語まで用意されている)。通学用の自転車の色は男子が黒、女子は白。……

われわれの社会は強迫的なものを大気のごとく呼吸しており、家庭と学校とを問わず教育なるものはとりわけ強迫性の緊縛衣を上手に着せようとするアプローチに満ちみちている。整列、点呼にはじまり、忘れ物調べと学校の日々は続く。

(中井久夫『分裂病と人類』)

*

一九七九年に養護学校が義務化され、あきらかな差異をかかえた子どもとそうでない子どもとの分離が、公然とおこなわれるようになった。このことはいじめの問題をかんがえるとき、きわめて重要なエポック・メーキングな出来事として頭におかれるべきだ、とわたしは思っている。それはいわば、秘め隠されてきた排除の構造が、市民社会の表層へ浮上してきていることを象徴するような事件であった。念のために言い添えておけば、養護学校の義務化というできごとは原因であると同時に、結果である。均質化をもとめる効率至上主義的な、市民社会を生きるわたしたち自身のある要請と選択の結晶であったといってもよい。いずれ制度と心理の両面において、それは教育の現場に大きな影を落としている。新聞の社会面にいじめをめぐる記事が載りはじめたのが一九七八、九年であることは、たんなる偶然なのだろうか。

子どもたちは誕生以来、○カ月健診や○歳児健診といった関門をへて、入念に心身状況をチェックされる。なんらかの障害をかかえた子どもは公的に登録され、学齢期にたっしたすべての子どもを対象とする就学時健康診断によって、いわゆる特殊学級や養護学校へと振り分けられる。

したがって、子どもたちは小学校に入学する以前に、すでにある選別チェック過程をつうじて、その心身の逸脱性を削ぎおとされている。学校は学齢期にある子どものすべてに開かれているわけではない。「健常児」という規格にあった子どもたちだけが、学校の門をくぐることを許されるのである。

入学と同時に、子どもたちはいやおうのない競争の渦中にたたされる。学科の成績競争はむろんのこと、学校から家庭にまたがる日常生活のあらゆる場面にわたって、熾烈な競争がくりひろげられる。教室の壁にところせましと貼られた競争表や点検表。個人ごとの表・班ごとの表。漢字の点取り表・計算問題の点取り表・自由研究の実績表・宿題の点検表・読書冊数の競争表・忘れ物点検表・机やロッカーの整理整とん比べ表・ハンカチや爪の清潔検査表・給食の点検表……。いささか漫画的であるが、大便(ウンコ)の点検表まであるらしい。朝出ると5点・家に帰ってからは3点・出なかったら0点。朝出るウンコがなぜよいのか問われることはない。ここでも個人差は無視され、画一的な価値基準が強要される。わたしの知っている小学六年生は、一時間の授業で何回手をあげて、何回指されたかをメモ帳にそれぞれ書きとめ、教師に提出させられていた。授業を落ちついて聞き理解する余裕など、まったくなくなるだろう。さすがに、この競争は長続きしなかった模様だ。

靴箱の踵が一直線に並んでいるかどうか、定規で細心に測っている検査係の少年のうしろ姿を思い浮かべてみるのもよい。気の遠くなりそうな光景である。そこに、強迫神経症的な、という形容詞をかぶせるとしても、けっして大袈裟ではなかろう。たえず子どもの競争心を刺戟して、持てる能力を最大限にひきだすために、それらの競争は役にたつと信じられている。競争のもたらす効果については、そのとおりかもしれない。しかし、その前提となる価値基準が自明のものとして疑われることがないことは、とても怖ろしい気がする。

学校という場にあっては、あらゆる活動の場面で一定のスピードと一定のレヴェルを維持するようにもとめられる。それができない子どもは、教室および学校を浸している均質的時間を乱す「お荷物」的存在として、疎外される運命にある。ことにグループ間の競争をさかんにおこなわせている教室では、お荷物とされた子どもの立場は悲惨である。成績のわるい子・動作の鈍い子・忘れ物が多い子といった、グループ間競争にとってマイナス要因をもたらす子どもは、鋭く忌避される。あいつさえいなければ、という集団心理がいじめの母体となる。グループ内のいじめはやがてクラス全体に波及し、もっともわるい生徒が、「クラスの名誉を傷つけるダメなやつ」としてさらに苛酷ないじめの標的とされる、という構図がある。

こうしたたえざる競争の渦中にある教室では、多くの場合、生徒間の秩序ヒエラルキーは流動的であり、相対的である。あらゆる序列が、いつ引っくりかえるかわからぬ不安定なもので、それぞれの子どもの教室内に占める位置(アイデンティティ)は微妙に揺れうごいている。自分より高い序列にあるものには、集団による激しい嫉妬というかたちで排除にむかい、逆に、低い序列のものには、共同化された蔑視や疎外というかたちで排除にむかうのは、ある意味では当然である。この序列の上方と下方にむけた排除、つまりいじめは、子どもたち自身の教室内におけるアイデンティティ確認の作業でもあるところに、問題の根深さの一端がひそんでいる。

供犠という分身たちの宴

学校という規格化された時間の流れにのれないと予想される子どもは、小学校へあがる以前にチェックされ、特殊学級や養護学校へと振り分けられる。そして、就学後に学校という軌道から逸れてゆく子どもが、普通学級から排除されたすえに辿りつくのも、それらの学級や施設なのである。学校は制度として、たがいに補完しあう陰陽二つの部分に分断されているといってもよい。

いわば、学校はいま、あきらかな差異を背負った子どもを排除することによって、かぎりなく閉ざされた均質的時空を形成しているのだ。言葉をかえれば、学校という場から周到に、異質なるもの・偏奇したもの・不透明なものがとりのぞかれている、ということでもある。

事例⑾

埼玉県の大利根町で、親が亡くなるか行方不明になるかして残された子どもたちのための養護施設がオープンしたが、町内から「迷惑施設だ」として反対する動きが高まり、町長も入所する子どもたちの住民登録拒否の姿勢を打ち出した。反対派は、「この子らが地元の小・中学校に通学するようになると、教育環境が悪化する」「親のない子が来ると、非行問題が起こる」などを理由にあげ、施設の認可取り消しと退去を要求している。

（『朝日新聞』一九八五・七・一九ほか）

同種の事件は全国各地で起こっている。この事例において、当初の「子どものための施設なら」という協力的な受け入れムードが、施設の子どもたちが自分らの子どもと教室で席を並べる可能性があると知ることで、反対の姿勢へと一変したらしいことは大変興味深くおもわれる。異物は異物として、秩序の周縁部に静かに共存することを許されない。異物は子どもによって、教師によって、親によって学校の外部へと放逐される。

そこには、もはや絶対的な、また可視的な差異は存在しない。差異の喪失という状況。学校がこれほどまでに激越な競争原理につらぬかれる社会となったのは、じつは、絶対的な差異によって隔てられていない子どもたちによる、微細な差異の競いあいゲームがそこに演じられているからである。偏差値という、微細な差異をできるかぎり押しひろげ可視化する道具が有効性を発揮し、もてはやされる。

差異の喪失状況。それゆえ、たえざる差異の逆転・置換という移ろいやすい状況を負わされた子どもたちは、あらゆる役割関係を固定的に維持することができず、いわばたがいに分身として振る舞わざるをえない。いじめる＝いじめられる関係もその例外ではない。今日のいじめっ子は明日のいじめられっ子であるかもしれぬ、不安にみちた差異の喪失状況のなかで、子どもたちのだれもが相互暴力におびやかされ、翻弄されている。微細な差異をおびて学校という場を浮游する、分身のようによく似た子どもたちが、だれが標的にえらばれるのか、予測がつかぬイケニエ・ゲームの渦中に戦々兢々としつつ、ひたすらイケニエにはなるまいと精魂かたむけ立ちまわる姿が浮かぶ。

以前はいじめをとめようと試みるか、静観するかしていた大多数の生徒たちが、いま

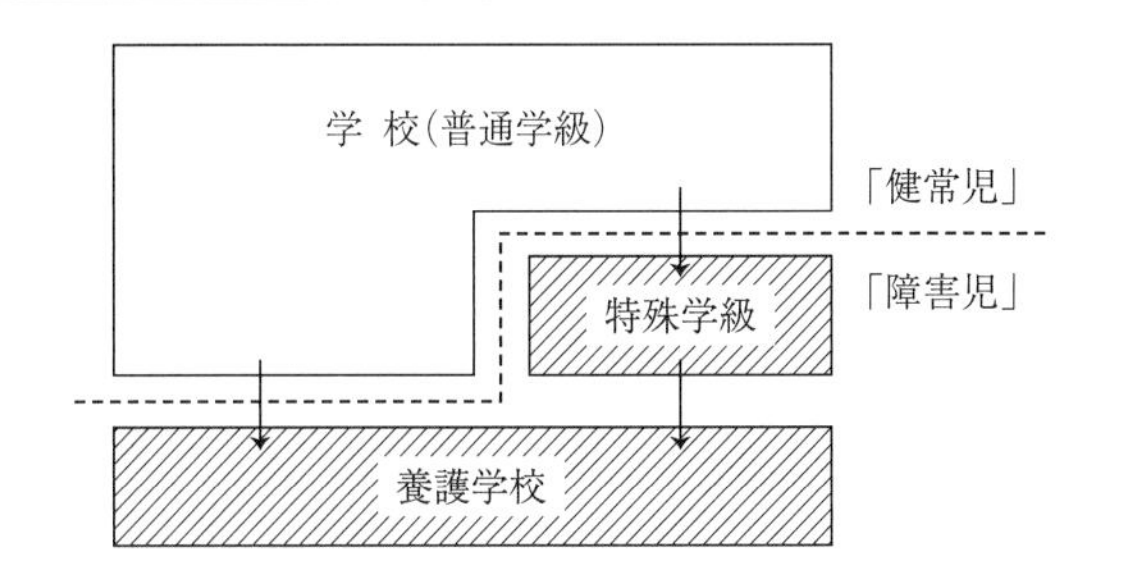

矢印→は排除の方向を示す．つねに一方通行的な運動であり，逆の移動はほとんど不可能である．人為的にひかれた境界線----の下方，特殊学級・養護学校は，学校(普通学級)からの排除の受け皿の役割をはたしている．

二つの学校

はいじめっ子の側に積極的に加担する。いじめの場への参加を拒むことは、あらたな犠牲者の座をみずからえらびとることを意味するのだ。いじめを強制されて自殺した少女の例(事例(4))は、いじめへの加担を拒むことが、ある場面では子どもにとって命がけの選択と化してしまうことすらあることを示しているのだろうか。

この、いじめられっ子の周辺にいる不特定多数の子どもたちの存在が、ある意味では、いじめの構造の隠された要石(かなめ)となっていることは注意されてよい。かれらといじめられっ子のあいだには、ほんのわずかな差異しか存在しない。つまり、かれらはいじめられっ子という役割のにない手としていつ指名されるかわからぬ、恒常的な不安にさらされている。自分以外のだれかがいじめられているあいだは、かわいそうではあるけれども自分は安全であり、つぎに自分にジョーカー(いじめの犠牲者の座)がまわってきたら大変だ、という意識が強い。こうしてかれらは積極的に助けることはおろか、教師や親に相談することすらしない。ときには、たとえ親友であってもいじめの輪に参加せざるをえない。それまで仲のよかった子どもが急にいじめの側に転じた話は、よく聞く。

ひたすらジョーカーをひかないためだけにいじめの積極的な加担者となるケースは、予想以上に多いはずである。いじめる＝いじめられる関係はひどく不安定なものだ。その、気まぐれな移ろいやすい現実を痛いほど知っている子どもたちは、だれか自分以外のものが犠牲者でありつづけることによってしか、自己の安定したアイデンティティをたもつことができないのである。

*

いじめは供犠である――。この、くりかえし述べてきた主題を鮮明に浮かびあがらせるために、わたしたちはここで供犠そのものの構造を抽出しておく必要がある。わたしたちが依拠するのは主として、フランスの人類学者ルネ・ジラールあるいは今村仁司である。この供犠論はスケープ・ゴートにかんする、また排除された第三項にかんする理論的考察として読むことができる。

差異は秩序の安定条件である。ところが、秩序の危機においては、差異化のメカニズムは崩壊して、対他的同一化または模倣が一挙に噴出する。パニックなどはその典型である。突出した模倣欲望の働きによって、ひとびとは、たがいに模倣しあうのだから、互いに同質化する。それが、「分身」状態である。分身化とは、差異の消去である。差異の消去とは、秩序の崩壊である。しかし、分身のリアルな状態は、カオスと暴力への没落である。分身は、集団自身の分裂状態であるだけでなく、個人のレベルでも分裂状態である。自己とその影への分裂、そしてオリジナルとコピーとの殺戮のしあい、あるいはどちらが本体か分からなくなるような人間の妖怪化、これが模倣欲望がリアルにひきおこす帰結である。

（今村仁司『批判への意志』）

秩序は差異の体系のうえに組みたてられている。差異が消滅するとき、成員たちは模倣欲望の囚人（とりこ）となり、たがいに模倣しあい均質化してゆく。いわば、分身の状態。この分身化こそが、差異の消滅のさけがたい帰結のかたちである。そのとき、秩序は安定をうしない、カオスと暴力の危機にさらされる。自己とその影、あるいはオリジナルとコピーが殺戮劇を演じはじめる。このような分身の普及、憎悪を完全に相互交換しうるものにするいっさいの差異の完璧な消失は、全員一致の暴力の必要かつ十分な条件となる。

> ほんの少し前に、個別的な無数の葛藤、互いに孤立した敵対する兄弟の無数のカップルがあったところに、再び一つの共同体があらわれる。それは、単に構成員の一人がその共同体に吹きこんだ憎悪の中で、完全に一つになったものである。異なった無数の個人の上に分散された一切の悪意、てんでんばらばらに散っていた一切の憎悪は、爾来、ただ一人の個人、贖罪の牡山羊の方に収斂してゆく。
>
> （ジラール『暴力と聖なるもの』）

差異の消滅。この秩序の危機にさいして、ひとつの秘め隠されていたメカニズムが作動しはじめる。全員一致の暴力としての供犠。分身と化した似たりよったりの成員のなかから、ほとんどとるに足らぬ徴候（しるし）にもとづき、ひとりの生け贄（スケープ・ゴート）がえらびだされる。分身相互のあいだに飛びかっていた悪意と暴力は、一瞬にして、その不幸なる生け贄にむけて収斂されてゆく。こうして全員一致の意志にささえられて、供犠が成立する。供犠を契機として、集団はあらたな差異の体系の再編へと向かい、危機はたくみに回避されるのである。

学校ないし教室という場は、それが秩序をなす空間であるかぎり、たえまない差異化のメカニズムにささえられている。差異の体系のうえになりたつ、といい換えてもよい。

そして、くりかえし述べてきたように、いま学校からは可視的な差異を刻まれたものたちがことごとく追放されている。子どもたちはきわめて微細な差異をおびつつ、学校とその周辺を浮游しているのである。子どもたちはあきらかに模倣欲望に囚われている。平均値から、プラスの方向にもマイナスの方向にも偏奇しすぎないこと。異質なものをできるだけ削ぎおとし、たえず級友たちといっしょであること（＝対他的同一性）を確認しつづけること。追いつめられた子どもたちがえらびとる処世術は、かれらをかぎりなく分身化してゆく。

学校を舞台として、たがいに分身と化した子どもたちが演じている陰湿ないじめという名の劇（ドラマ）は、自己と影・またはオリジナルとコピーのあいだの殺戮劇であるのかもしれない。みずからの影に怯え、影を憎み、影の殺戮にはげむ子どもたち。それが、いじめという名の供犠の基底に横たわる、子どもたちの隠された現実の姿であるといってよい。

このことは裏返せば、学校という秩序が相互暴力とカオスの嵐のなかで、ある種崩壊の危機に瀕していることを意味する。おそらくは、小学校のクラス集団が、仲間というより極度に緊張した孤独な群集にみえてくるという、現場をあるいた複数の記者たちの感想も、同じひとつの現象をさしている。今村のつぎの言葉を想起してもよい。――〝共同体の成員たる諸個人が群集化するとき、それは、原理上、社会関係と共同体の秩序の危機の徴候である。アモルフな流動的群集が、模倣欲望による分身化によって登場するとき、何らかの形での社会関係の危機が醸成されているのである〟(『排除の構造』)。

小さなウソや約束破りがときに、執拗ないじめの契機となるのは、そうした些細な違背行為が子どもたちのかたちづくる共同性を根底から脅かすものであるからだ。現代の子どもたちの共同性はきわめて脆弱で、不安定なものであり、強迫的な規則=掟によってしか維持しがたいものと化している。そこには安定した秩序も、ヒエラルキーも存在しない。子どもたちはその共同性を、たとえば給食を食べる順序を仲間で統一するといった掟によってかろうじて守ることしかできない。

あきらかな差異によって隔てられることのない、分身化した子どもたちは、模倣欲望にもてあそばれながら、とぎれることのない相互暴力(いじめのさやあて)の渦中にまきこまれている。自己と影との小さな殺戮の劇が、一過性の単発ドラマとして、教室のあちこちで演じられつづける。いじめる=いじめられる関係が固定したものでなく、しばしば逆転し、いじめられる対象がくるくる変わるといった、現在のいじめに特異な光景は、差異の喪失状況、つまり分身化と相互暴力の段階に対応している。日本中のあらゆる学校、あらゆる教室のなかでは、こうした光景が日常的にくりひろげられているにちがいない。

そこでは、たとえどれほど際限もない小競りあいがくりかえされるとしても、いじめという「問題」が顕在化することはない。差異の消滅・分身化・相互暴力……、そこに

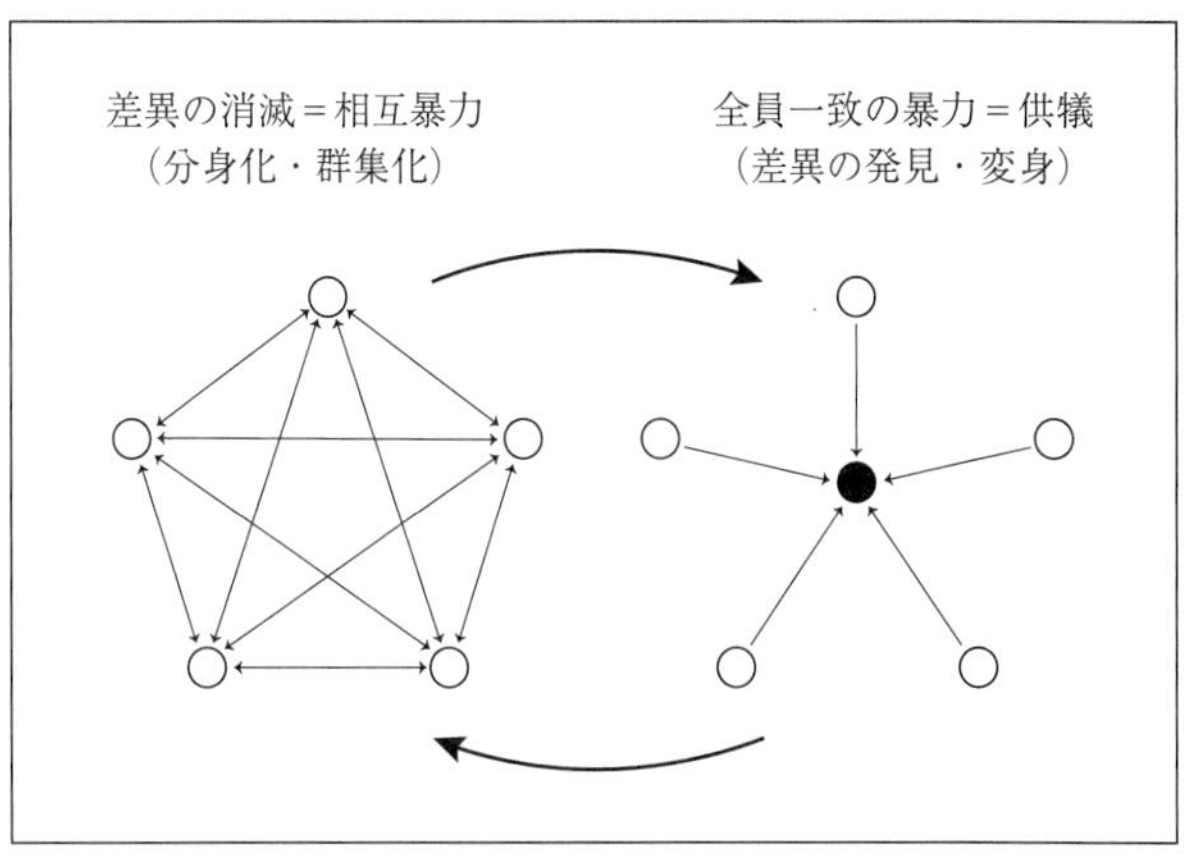

いじめの場の生成・更新のプロセス

生起している現象の基層をなすものに、眼をこらす大人はいない。きたるべき供犠のための条件がととのい、集団的な供犠としてのいじめがはじまる前段階にあることに、気付く大人もいない。

やがて、犠牲者の役割を恒常的にひきうけさせられるものがあらわれ、供犠としてのいじめは開始される。子どもたちと日常的に接している教師や親の視野から、それでもいじめは巧妙に隠蔽されている。大人たちが事態の深刻さを知るのは、たいていの場合、ケガや登校拒否などの突出した状況にいたりついたときでしかない。いじめという「問題」が、このときようやく学校の表層に浮かびあがる。

いじめのさやあての段階から、特定の犠牲者をえらびだして集団的にいじめる段階へ、という場面の急転回。差異の喪失状況から、差異のヒエラルキー再編へむけたスケープ・ゴート儀礼への転回、といい換えてもよい。自己と影との殺戮劇はいっそう熾烈に燃えさかり、陰湿に、際限もなく演じられつづける。たった一人の生け贄を、全員一致の意志において秩序の周縁部へ排斥することにより、教室はつかのまの安定を恢復する。だが、この生け贄が登校拒否・転校・自殺などによって役割を放棄したならば、瞬時にして、ふたたび教室は差異の喪失＝相互暴力状況のなかに転落してしまう。姿や形のまったく酷似した分身たちのなかから、犠牲者をくりだすための、規則なき生け贄えらびゲームが再開される。

いじめがこうして厳粛なる供犠の庭であるかぎり、子どもはだれ一人そこから逃れることを許されない。しばしばいじめに加担することを消極的にであれ拒んだ者が、裏切り者として制裁され、いじめのあらたな標的に指名されるのは、そのためである。子どもたちはだれしも、骨身に沁みてそれを知っている。供犠は全員一致を原則とする。この全員一致の原則を犯す者は、集団の秩序そのものへの違背行為をおこなう者であり、鋭い忌避の対象とならざるをえない。

いじめを倫理の位相から裁きうるとかんがえる人々、あるいは、いじめなど子ども社会には昔からあったことだという先入見を捨てきれぬ人々には、いじめの場の現在をつらぬく深層構造が見えていない。子どもたちはいじめが倫理的には「悪」であることを知りつつ、いじめを構成する場自体のはらむ圧倒的な強制力の前になすすべもなく、翻弄されている。また、いじめはたしかに昔からあったが、ここまで場の強制力が全的にあらゆる子どもたちを呪縛し、際限もない相互暴力と生け贄ゲームの渦中に追いつめている時代は、たぶん八十年代の現在をおいてほかにない。

いじめを語る少女らの会話に一度でも耳をそばだてたことのある者は、その異様なほどの無邪気さを幽かな戦慄にも似た思いとともに記憶しているはずだ。ある種畏怖の念すら覚えているかもしれない。それは、子どもたちの共同性の規範力(＝禁制)にぴったり寄り添っていることからくる自然さであろうか。少女の意識は、供犠をささえる内なる眼差しにまったく同化している。いじめはいけない、といった共同性の外部から聴こえてくる声は、すこしも少女の意識の深みには届かない。共同性に違背することの恐怖が共同性そのものを成立させているという構図は、あたかも共同体的な心性のかかえこむ禁制をめぐる光景に酷似している。だとすれば、少女の無邪気さとは、たとえば共同体の定住民たちが憑きもの信仰とよばれる排除メカニズムにけっして疑いをいだかず、自然かつ自明な現象として受容しているような心的水準に対応しているといえるかもしれない。

＊

子ども時代の記憶を掘りかえしているうちに、こんな光景に出会う。小学校五年生のときのことだったろうか。教壇のそばに、わたしを含めた七人の生徒が曳きだされている。あなたもやったのか、と女教師の声……。はい、でも、力はいれませんでした、と隣の少年。教室内に小さなざわめきの輪が生まれる。女教師は今度はわたしのほうに顔を向けて、あなたもやったのか？　……はい。そう言ったきり、わたしはでも、と続くはずの言葉を呑み込んでいる。教室中あちらこちらから、非難の色合いを鮮明にしつつざわめきの声がひろがってくる。

記憶の昏がりに沈んでいた夢のようにあわい出来事。しかし、それは疑いもなくわたしの精神史に刻みつけられた小さな外傷（トラウマ）である。女教師と同級生たちによって、わたしたちは裁かれ指弾されている。わたしたちの班で起こったいじめが表面化した結果であった。その教室では、熾烈な班競争がくりひろげられていた。すべての場面でグループ単位に優劣を判定された。グループのなかに、たとえば動作の鈍い子・勉強の不得手な子・忘れ物の多い子などがいた場合、確実にほかの班に遅れを取る。いやおうなしに、そうした子どもは班の「お荷物」的存在となる。わたしたちの班の少女A子がそれであった。絶対的な独裁者であった班長のB子を中心として、どのようないじめがA子に加えられたのか、具体的な記憶はない。わたしたちが非難されたいじめについても、ほとんど思い出せない。ただ、班の全員が順番にA子をぶつかつねるかしたものであったような、かすかな記憶がある。わたしたちは教室中の非難を浴びた。倫理的な非難であった。A子のようなハンディを負った仲間を寄ってたかっていじめるなんて――。むろん、抗弁の言葉などありはしない。あなたもやったのか？　はい、でも……。わたしが呑み込んでしまったそれに続く言葉は、なんだったのだろうか。でも、力は入れませんでした、そう言ったのは隣の少年であったかもしれないし、わたし自身であったかもしれない。たしかに、その少年もわたしも少女の頬か二の腕に指先を触れるか触れないかという程度の、形ばかりの暴力しかふるわなかった。たぶん、それもそのとき一回限りのことだ。とはいえ、B子たちが恒常的にA子に加えていたにちがいない（……みごとに記憶から欠落している）いじめを眼にしながら、わたしを含めた三人の少年がなすすべもなく、ただ見守っていたこともまた事実だった。わたしたちはB子の眼の届かぬ場所では、十分にA子に優しかったはずだ。それなりに正義感に燃える少年たちでもあった。けれども、わたしたちはB子という独裁者が象徴的に体現している場の力に抗うことはできなかったし、それどころか時には消極的な参加を強いられていたのだろう。それがあるとき、事件として顕在化したのである。

　非難一色に塗りこめられた同級生たちの眼差しを背にうけながら、でも……、とわたしが呑み込んだ言葉はいったいなんだったのだろうか。記憶のけっして鮮やかとはいえない破片を再構成しながら書きすすめるわたしの前に、その問いは行き場もなく宙ぶらりんに浮かんでいる。

むろん、いまとなっては想像を巡らしてみることができるだけだが、たとえばそれは、場自体のはらむ強制力あるいは共同性がいやおうなしにおびる規範力にむけた、幼いおののきと畏れのような感情であったかもしれない。共同性のもつ不可視のヴェクトルを仮りに禁制とよぶとすれば、十一歳のわたしが直面していたのは、どれほど未熟なものであれ、禁制に抗うことの困難さという厳しい現実であったような気がする。

供犠としてのいじめ。全員一致の暴力＝供犠のメカニズムとは、あらゆる共同性が秘め隠している禁制のもっとも抗いがたい、根源的なものといえる。それゆえ、いじめという名の供犠に背をむけることは、一人ひとりの子どもにとってはかぎりなくきつい課題であるはずだ。幼いおののきと畏れに身を震わせることなしには抗いえぬ、共同性の深部に横たわる供犠、としてのいじめ……。

排除にむけたあらたな差異の発見

いじめは昔から子どもの世界にはよくあることだ——という、ひとかけらの真実をふくんではいる先入観をカッコにくくる労を惜しむとき、現在のいじめの実相はけっして見えてはこない。いじめ現象の裏側には学校がある。学校という場をはなれては、いじめ自体が成りたたない。それゆえ、逆にいえば、わたしたちはいじめという問題（フィルター）を透かして、いまの子どもたちの世界、とりわけ学校という場そのものの解読作業へとむかうことができるのである。

　子どもたちがみずからの時間を根こそぎ学校に奪われているかにみえる、この学校に浸された時代。その最大の指標は、差異の喪失という状況にある。そこでは、たがいに分身と化した子どもたちが、他者のうえに異人（イケニエ）の表徴を探りだすことにひたすら精魂傾け、いつ果てるともしれぬイケニエ・ゲームの囚人（とりこ）となっている。差異がないがために、このゲームはどこまでも陰湿な、仁義なき戦いの様相を呈することになる。

　たとえば、そこに、可視的なあきらかな差異を刻印された子どもを置いてみればいい。かつて上福岡市であった在日朝鮮人少年の自殺は、それを残酷なまでにわたしたちの面前に突きつけた。子どもたちはこぞって、あきらかな差異をスティグマとして負った子どもにいじめを集中させるだろう。そのとき、かれらは自分に跳ねかえる不安をいだくことなく、喜々として全員一致の暴力にはげむことができるのである。

＊

　一九七九年九月九日、二学期が始まってまもない日曜日の朝、ひとりの空手着姿の少年が、街一番のお城のような美しいマンションの屋上から飛び降り自殺した。少年の死の背景には、苛酷なまでの集中的いじめがあった。現在ほどいじめの実態が知られていなかったこともあり、マスコミをつうじて事件の輪郭にふれた人々は、いじめがひとりの少年に死をえらばせたという事実に戸惑い、衝撃をうけた。

上福岡市立三中一年六組・林賢一。父は在日朝鮮人二世、母は日本人。在日朝鮮人というスティグマを負った少年は、小学校の四年ごろからいじめられるようになり、中学に進んでからは、いっそう激しい集団的ないじめの標的とされる。六月十八日の夕方、少年は「H、O、Wなどにいじめられて、学校に行くのがいやになって、生きているのもいやになりました。ぼくは自殺します」と書き残して、家を出る。しかし、自殺は未遂におわる。帰宅した少年の全身は、恐怖による汗のために水に漬かったようにびしょ濡れだったという。

その自殺未遂は、両親の懇願にもかかわらず、担任教師の口から不用意に洩らされ、少年は早速、「自殺っ子」「死にそこない」などと呼ばれるようになる。ほかに、少年は「カベ」「モヤ」「雑巾」「乞食」などとアダ名されている。いじめはおさまることなく、いよいよ熾烈になってゆく。毎日のように、人気(ひとけ)のない美術室や昇降口に連れだされ、集団暴行をうける。ときには、隣のクラスのいじめられっ子と「決闘」させられ、まわりをとり囲んだ十数人の生徒に、「クソ林死ね!」と囃したてられた。ある生徒はのちに、「林をいじめるのが楽しみで昼休みが待ち遠しかった」と語っている。

夏休みが明けると、クラブをさぼったという理由で、少年の所属する卓球部を中心にしていじめは極限までエスカレートする。自殺の二日前、少年は昇降口で卓球部員たちによって激しいリンチをうける。のべにして七十回以上は殴られ蹴られた、という。

この事件については、すでにいく度も新聞や雑誌に報道されテレビ番組も制作され、単行本も二冊刊行されている。時間の経過からいっても、もはや事実としてそこに付け加えるべきことを発掘するのはむずかしい。ここでは、いくつかの公にされた資料をもとに、わたしたちの異人論の文脈から、事件を照射する手がかりがえられればよい。

林少年にたいするいじめは、まさに全員一致の暴力そのものであった。均質化がすすんでゆく教室空間にあって、在日朝鮮人という表徴はあきらかなスティグマである。学校側の否認、ないし隠蔽工作にもかかわらず、いじめの背景となったのは在日朝鮮人にたいする民族差別であることが、少年の両親とジャーナリストらによってあきらかにされてきた。複数の少年たちが、はっきりそのことを口にしている。少年を自殺へ追いやった日本人中学生たちは、しかし、差別意識にこりかたまった特殊な子どもたちではない。おそらく、かれらはごく当たりまえの日本の子どもたちの潜在意識を表出してしまったにすぎない、とわたしにはおもえる。

わたしはつき合っている子どもたちの口から、「チョン校」という言葉が侮蔑の響きとともに吐かれるのをいく度となく聞く。何人もの、年代も、地域も異なる少年や少女が「チョン校」(朝鮮人学校)にむけた敵意と排斥の眼差しを共有していることを知るとき、わたしは愕然と胸を衝かれる。

それはじつは、わたし自身の体験とも無縁ではない。中学生であったわたしは、朝鮮人学校がどこにあるのかも知らなかったし、民族服をつけた朝鮮人の生徒たちを見たこともなかった。にもかかわらず、わたしのなかには「チョン校」にかんする、ある鮮明なイメージがあった。粗暴・野蛮・無気味……という負のイメージ。それはたぶん、多くの男子生徒が共同化しているイメージであったにちがいない。六十年代後半は、朝鮮人生徒にたいするリンチ事件が多発した時期であったから、リンチを正当化するための情報が意図的に流されていたのかもしれない。

それにしても、六十年代後半に中高生であった少年たちを浸していた、粗暴で野蛮な朝鮮人の生徒たちという負のイメージが、すこしもかわらず日本の子どもたちのあいだに受け継がれ、在日朝鮮人にたいする差別意識として、たえまなしに再生産されつづけていることは否定しがたい。朝鮮人の生徒にむけた怖れの感情があるかぎり、その裏返しである攻撃はくりかえされる。もし級友に在日朝鮮人の子がいたならば、日本中のすくなからぬ数の教室で、上福岡の中学で起こったのとほとんど変わらぬいじめの状況が反復されるにちがいない。根拠のないたんなる夢想ではない。現実にも、かれらの受難劇が日々起こっていることを、わたしたちは知っているのである(たとえば、『朝日ジャーナル』一九八二・五・一四の金賛汀の報告をみればよい)。

もっとも明瞭な差異をおびた少年が消えたあと、一年六組周辺のいじめをめぐる状況はどのような変化をしめしたか。ひとつのエピソードがすべてを語ってくれる気がする。それは、クラスのもう一人のいじめられっ子であった少年にまつわる挿話である。告別式の翌日、この少年は学校の帰り道、同級生に追いかけられて「今度はおまえの番だ、死ね!」と脅かされている。そうして、林少年亡きあと、あらたないじめの標的として指名された少年は、神経性の胃炎のために二週間も学校を休み、入院することを余儀なくされている。この少年は結局、学年のおわりに転校していったらしい。

いじめっ子たちと、かれらを暗に擁護する教師や親はしばしば、いじめはいじめる側が悪いのではなく、いじめを誘発するいじめられっ子自身が悪いのだと主張する。しかし、それは転倒した論理にすぎない。あきらかな差異の具現者が存在するから、いじめが起こるわけではない。むしろ、差異はあらかじめ存在するのではなく、そのつどあらたに発見され、つくられるのである。むろん、排除というたったひとつの現実にむけて。

在日朝鮮人である林少年という異質なるものが、苛酷ないじめを誘いこんだわけではない。発見された差異がここでは、たまたま林少年のおびる在日朝鮮人という異質性だったのであり、いじめを必要とする場の構造そのものが林少年を、そして第二・第三の「林少年」を生け贄へと祀りあげているのである。

「今度はおまえの番だ、死ね！」と級友を脅かした少年が、体は大きいけれどアンバランスにひょろ長く、運動神経が極度ににぶい子どもであったという事実には、関心をそそられる。おそらく、この身体的なコンプレックスに悩んでいた少年もまた、級友たちによってそれを差異として発見され、いじめられる側に転落する危機感をたえずもっていたのではないか、という気がしてならない。かれはだれか自分以外のクラスメートが、ジョーカー＝「林少年」というカードを持っていることではじめて、自己の安定をたもつことができる。この少年もまた、「今度はおまえの番だ、死ね！」と宣告されるかもしれぬ不安に苛まれているのだ。差異の喪失状況のなかでは、子どもたちのだれもがこの少年と似たりよったりの不安定な場所におかれているとかんがえられる。

かつて隣のクラスのいじめられっ子として、林少年と「決闘」を強制されたこともあった生徒は、いじめの事実をジャーナリストにしゃべったために集団リンチにあっている。それ以来、この生徒は口を閉ざし、マスコミの訪問に怯えきって身を隠すようになった。子どもたちが事件にむけて、沈黙の共同体を組織していったことが知られる。外部に事実を洩らした生徒への制裁は、むろん、かれをスケープ・ゴートとする、あらたな全員一致の暴力としての供犠の再生産だったのである。

差異の戯れとしてのファッション

わたしたちはくりかえし、学校という場における差異の喪失状況について語ってきた。差異の消滅・分身化・相互暴力……が、きたるべき供犠の前提となる。しかし、じつは差異の喪失とは、あくまで外部からの眼差しのなかに浮かびあがる光景である。学校という場の内部に囲いこまれている子どもたちにとっては、さまざまな差異しか存在しない。差異の乱反射こそが、かれらの体験するゆいいつの現実である。

> 体系の内部から見れば、さまざまな差異しか存在しない。逆に外部からは、同一性しか存在しない。内部からは同一性が見えないし、外からは差異が見えない。〈略〉この体系の解明のためには、内部からと、外部からの両方の見方の融合を土台にしなければならない。
>
> （ジラール『暴力と聖なるもの』）

たとえば、何年か前に街でよく見かけた、少女たちのセーラー服にそっくりなマリンルックの流行にふれながら、斎藤次郎がこんなことを述べている、――〝友だちと同じようなもので、なおかつ微妙に変化しているファッションを探すのは、時代の空気を共有しながら、自分自身を独自なものとして時代に登録することである〃(『朝日新聞』一九八四・八・一三)。ファッションや流行にうとい大人たち(わたし自身もふくめて)には、画一的な、なんとも没個性的なものにみえる服装が、本人たちの磨ぎすまされた美意識にとっては微妙な差異をはらむものとして体験されている。いわば、かの女たちはかぎりなく微細な差異の戯れをたのしみつつ、たがいの洗練されたファッション感覚を競いあっているのだ。時代の空気を共有しながら、なおかつ自分自身を一個の差異をはらむ存在として時代に登録することは、氾濫する商品というモノに模倣欲望を刺戟され、たえまない分身化の危機にさらされている子どもたちに残された、数少ない自己表現のかたちのひとつであるのかもしれない。

　外部からの眼差しには、差異の喪失・分身化としか映らぬ光景が、子どもたち自身にとっては差異の乱反射として体験されている。微細な差異と無限に戯れつづけるだけの感受性をもちあわせぬ子どもは、微妙にほかの子どもたちの共有する場(時代の空気といってもいい)から逸脱してしまう。場の雰囲気をこわし、こわしていることに気付かぬ子どもは、ほかの子どもたちを苛立たせ、鋭く忌避される。

　わたしたちはいずれ学校という場(トポス)のそとに、子どもという範疇(カテゴリー)のそとにいる。わたしたちが外部であり、外部にあるかぎり、学校という場を浮游する子どもたちの同一性はよくみえるが、かれら一人ひとりを隔てている差異はみえてこない。それはわたしたち自身の場と範疇がもたらす、避けがたい帰結である。方法的な限界ということもできる。そして、この場合、内部とは言葉をいまだ十分には獲得していない子どもたちであり、その眼差しであるところに、特異な困難さがひそんでいる。

第二章　浮浪者／ドッペルゲンガー殺しの風景

――横浜浮浪者襲撃事件を読む

排泄物はその悪臭のために私たちの胸をむかつかせるのだ、と私たちは考える。しかし、排泄物がもともと私たちの嫌悪の対象となっていなかったら、果たしてそれは悪臭を放っていたろうか。〈略〉嫌悪と嘔気の領域は、全体的に見て、この教育の一つの結果なのだ。

（バタイユ『エロティシズム』澁澤龍彦訳）

浮浪者とはだれかという問い

横浜の浮浪者たちの惨劇の日々から、はやくも三年あまりが過ぎ去ろうとしている。わたしたちの時代のあらゆる事件は、ほんの数カ月もたてば風化し、忘却される運命にある。鮮明な印象などたちまちにして色褪せ、多くは痕跡すら残さずきえてゆく。むろん、横浜の事件も例外ではない。

あの、無気味な時代の訪れを告知するかのような事件の記憶はしかし、体のどこかにオリのように沈澱している気がする。横浜浮浪者襲撃事件とは、わたしたちにとって何であったのか。この問いのまえに、だれしもがおそらく途方に暮れ、語るべき言葉を喪失している自己に気付くほかはない。あいまいなままに日常から遠ざけ、いつしか記憶の闇に埋もれてゆくことを願っている。わたしたちはあの白昼夢に似たできごとを受容し、内面化することができず、ただ忘却のときを待ち望んでいる。

たとえば、秘め隠されているべき排除の構造が、あれほど生々しく社会の表層に露出してしまった瞬間を知らない。それは、市民社会の表面(オモテ)の倫理とは真っ向から衝突する、禁じられた情景である。露出してくる排除の構造と風化してゆく市民的倫理とのはざまに、なすすべもなくひき裂かれ、わたしたちは事件そのものを既成の解釈カテゴリーに包摂できずにいる。

隠された現実としての排除の構造を露わにさせたという意味では、浮浪者を襲撃した少年たちは神話のトリックスターないし道化に似ている。トリックスター＝道化とは、社会の表層から隠蔽されているものを人々の眼前に曳きずりだし、秩序の仮面のしたからカオス(無秩序・混沌)を湧出させる者である。

「道化」が一種の代行行為によって人々を解放するということは、これまでもしばしば注目されてきた。「道化」の行う見世物は、反語の表現すべてを、他に抜きんでた神聖破壊の力に転化する。この力には、何人もいかなる物も抗しえない。「道化」の過剰な行きすぎた行為は、ありうべき最も厳しい検閲をも破壊し、時には猥雑さと「野生」の暴力の限界にまで行きつく。こうして「道化」は、個体の内部に潜む、社会によって飼いならされたエネルギーを現実化する「心理学的な儀礼の偉大な司祭」と呼ばれえたのである。　（バランディエ『舞台の上の権力』渡辺公三訳）

むろん、少年たちを〝心理学的な儀礼の偉大な司祭〟などと称揚するわけにはゆかない。破壊のはてに創造へと途をひらくことのできない少年たちは、道化であって道化ではない。ひたすら淋しい道化＝トリックスターたち。

十人の少年たちが疾風のように駈けぬけたあとの、見世物のステージには、息絶えた浮浪者が三名、重軽傷を負って呻き声をあげる浮浪者が十数名、無惨ななりでころがっている。市民的意識の検閲を突きやぶり、カオスと野生の暴力の限界にいたりついたトリックスター少年たちは、意に反して、拍手喝采を浴びることもなく、ひそかな共感の笑いに包まれることもないままに、逮捕され、やがて全国の少年院や教護院へと散りぢりに送られてゆく。そして、道化芝居とも残酷演劇とも知れぬ見世物の幕はあいまいにひき降ろされた。

「人を殺したってこと、どう思う?」

少年はびっくりしたような顔をした。そして急にひざを揺すり、体を動かした。意外なことを聞いたというふうだった。答えは、「人を殺したって? ………わかんない」というものだった。

(青木悦『やっと見えてきた子どもたち』)

トリックスターという名の英雄になり損なった少年の呟き声が、うつろに耳に響く。人、を殺し、た、って?……わかんない。この少年が実感できないのは、浮浪者も「人」であるということなのか、それとも「殺した」という生々しい現実なのか。

たとえば、青木のこの著作は、後者の視点からの、たいへんすぐれたルポルタージュでありえている。少年たちは、人間を生命(いのち)あるものとして実感できない。あるいは、生命(いのち)にたいする感受性がひどく稀薄になっている、といってもよい。死はおろか、傷付き傷付けられるということが、まるで劇画やアニメの世界のできごとのように、痛みや悲哀をともなうことがない。〝こういう子供たちが現実に育っている。今に、大人の弱い層から子供たちに襲われていく時代が来るのではないか、そういう恐怖感を私は抱いていた〟と、青木は語っている。青木の眼差しは、事件の、それゆえ時代のある深部にたしかに届いている気がする。

しかし、わたしたちはここでは、あえて前者の、浮浪者も「人」であるという自明であったはずの事実が、もはや自明ではなくなっているらしいことにこだわりたい。現代における排除の構造の読解をめざすかぎり、それは方法的な必然といってよい。


「なぜそんなに〝浮浪者〟が憎かったの？」

私は聞いた。

「〈略〉くっさくてさあ」

「くさいって、そんなにイヤ？」

「いやだね。くさいのは許せないね」

そういうとき、彼の目は、ほんとに「許せない」と思っているらしく、キラッと強く光って、心の中の怒りを表現していた。

（青木・前掲書）

あるいは、

「できるだけ早く、死んだ人におわびしたい」と少年は語った。が、間もなく、同じ口調で「浮浪者は変なにおいがして汚いので嫌いだった」と顔をしかめた。

（『朝日新聞』神奈川地方版、一九八四・二・一八）

キー・ワードはあきらかに、「臭い」「汚い」といった、ある種の色合いをおびた否定語である。子どもたちがいじめの場で、標的(いじめられっ子)を抹殺するための言葉としてしきりに発するものでもある。そこでは現実的な匂いや不潔さではなく、異物に接したときのかすかな不安や怖れが、そうした嗅覚や視覚にじかに触れてくる不快感の表明としての、「臭い」「汚い」といった特定の否定語をまねき寄せているかにみえる。

浮浪者はしかし、それらの排除のための空虚な記号にすぎない「臭い」「汚い」といった属性を、現実的に身にまとった人々である。この、ひたすら清潔で無色・無臭の世界を志向してきた戦後数十年の歴史のなかで、ゆいいつ「臭い」「汚い」存在でありつづけているのが、浮浪者なのだ。

戦後社会にとり残された可視的異物としての浮浪者を襲う、異貌の子どもたち。少年たちが現実の場に演じてみせた光景は、むしろ、わたしたち市民の内奥で日々くりひろげられている排除の情景が、虚構という名の安全弁をとりはらわれ、鮮明な像を結んだにすぎないのかもしれない。少年たちが浮浪者にむけた眼差しの酷薄さ・非情さと、わたしたちはどれほど無縁であることか。地下道のかたすみに寝ころがっている浮浪者を横目に、関わりにならぬために大きな弧を描いて遠巻きにゆきすぎる、市民の一人ひとりが、意識するといなとにかかわらず、浮浪者という名の異物を排除し、ときには殺害している。横浜浮浪者襲撃事件とは、市民たちの内なる風景である、という視点を欠落させるわけにはゆかない。

少年たちの浮浪者に投げる眼差しを包んでいる、わたしたち市民の眼差しをこそ、解剖台にのせてみたい。すなわち、少年たちの視線と行為によって映しだされた、わたしたち自身の視線と行為をこそ、解読の対象としてゆかねばならない。

浮浪者とはいったいだれなのか。市民社会と浮浪者との関係は、いかなる位相にあるのか。横浜の事件から透けてみえる現在(いま)をつらぬく排除の構造を、どのように把握したらよいのか。こうした問いを射程におさめつつ事件の解読へとむかいたい。

市民たちの浮浪者狩り

横浜浮浪者襲撃事件は、わたしたちの日常から隔絶した、もしくは孤立した光景ではなかった。情況にまつわる比喩や象徴としていっているのではない。浮浪者を襲撃する遊びは予想をはるかにこえて、広範に、かつ根深く子どもたちの内部に浸透していた——。それが表面化したとき、横浜の事件は一気に、わたしたちの足元にまで押し寄せてきた。日常の風景の一部となったのである。

事件から三カ月後に報道されたところによれば、浮浪者襲撃はすくなくとも一九七五年ごろにはじまり、小中学生のあいだで〝スリルがあって面白い〟遊びとして続けられてきた。襲撃の方法は、石を投げつける・寝ているところを踏みつける・蹴ってあるく・熱湯入りのカップラーメンをかける、などのかたちをとった。少年たちはこれを〝浮浪者狩り〟〝乞食狩り〟とよんでいた。襲撃に加わったとみられる少年百数十人が事情聴取をうけ、女子を含む六十人近くが検挙された(『朝日新聞』一九八三・五・八)。

横浜の少年たちの〝浮浪者狩り〟は、たまたま何人かの浮浪者の死という不慮の事態を結果していなければ、おそらく事件として顕在化することはなかった。それは事件の装いをこらすこともないままに、闇から闇へと葬られ、〝浮浪者狩り〟はいまも、地域の少年たちのあいだで、スリリングな遊戯的伝統として受け継がれていたはずである。いずれにせよ、この浮浪者の多い地域で、幼いころからその姿を間近に見て育った少年たちは、生身の人間を標的とした暴力の発散を遊びの一部にくみこんでいた。遊びに参加したことのない少年たちにとっても、〝浮浪者狩り〟はだれもが一度や二度なら見たり聞いたりしたことのある、ありふれた光景であったにちがいない。

あるいは、駅の地下街や、公園・球場の周辺で、少年たちの〝浮浪者狩り〟を無数の大人たちが目撃している。しかし、かれらの行為を止める大人はいない、それを警察に通報する大人もいない。〝浮浪者狩り〟は、地域の住民たちにとってもまた、よく見かける困ったイタズラ程度のものとして、街の景観の一部をなしていたのだろうか。

しかも、こうした浮浪者をめぐる陰惨な状況は、たんに横浜という地域の特殊性ではなかったことがあきらかにされている。

もう五、六年ずっと。土、日曜のたんびです。必ずきよる。小学校やったら四、五、六年。中学校ならまあ一、二年。少ない時で五、六人。多い時でいっぺんに二十人から二十五人。それが一斉に石を投げてきよる……。どこぞ行きたいな、とは思うけど、どこ行ってもまた子供が石投げる。もうどこぞ行ったっておんなじ。

（『朝日新聞』一九八四・四・二三）

東京タワーの近くで、コンクリートの壁を背に、ひとりの年老いた浮浪者が語った言葉である。〝浮浪者狩り〟は、この東京タワー周辺、芝公園・上野・荒川・汐留・新宿駅西口などを舞台に、数知れぬ少年たちによってくりかえされている。ひとりのフリー・ライターが少年たち自身の証言から、それをあきらかにしたことを、記事は伝えている。

ああいうだらしない人みてるとイヤになっちゃう、ゴミみたいで、なんかムカムカきてたの、あれてたの……、こう語る十三歳の少年は、浮浪者を足蹴にした。浮浪者、むかつくね、気持ちわるいじゃん、くさいじゃん、めいわくじゃん、危害は加えないけどね……、こう語る十四歳の少年は、空気銃で浮浪者を狙い撃ちにした。襲撃パターンは大同小異だが、狩りの名にふさわしく空気銃まで登場している。ほかに、爆竹を投げる・消火器の液を顔にかける、など。

さらに、〝浮浪者狩り〟の裾野の際限もないひろがりを暗示するような、こんな話がある(『朝日ジャーナル』一九八三・三・四)。

浮浪者いじめに類することはなかったかと問われ、少女たち(都内の区立中学二年生)は、そういえば、こんなことがあった、とはじめて思い出したふうに話しはじめる。――去年の秋、一年生(当時)全員で上野の森へ社会見学に行った。公園のベンチで、浮浪者がひとり寝ていた。数人の男子が、その浮浪者に石を投げつけた。びっくりした浮浪者が怒って、声を荒げた。ところが、衆をたのんだ生徒たちは、いよいよ浮浪者をののしり、石を投げた。浮浪者があわてて逃げだすと、かれらは喚声をあげて追いかけていった。その場には何人かの引率の教師もいたが、制止した者はひとりもいなかった。学校に帰ってからも、それを生徒に注意した教師はいなかった。

浮浪者に石を投げ、追いかけまわす生徒たち。それを横目に、わずかな関心すらしめさぬ、またはしめすことのできぬ教師たち。いずれここにも、横浜の事件のヒナ型がある。しかも、それはその場にいあわせた子どもたちにも、大人にも、ほとんど痕跡すら残さず忘却されている。事件などとはおよそ無縁な、あたかも牧歌的な遊びの場景のように。そして、また、どこかで浮浪者に出会ったとき、少年たちは眼に苛立ちと憎しみの色をうかべて、なかば条件反射のように石を握ることだろう。
夜陰にまぎれた〝浮浪者狩り〟の群れのなかには、背広姿のサラリーマン風の男たちも混じっていたらしい。酔っぱらいが浮浪者にからむ光景は、事件の以前にも以後にもありふれたものである。風よけのダンボール箱を蹴たおし、かぶっている新聞紙をめくりあげ、寝ているうえに小便をかける。それを見て、まわりの連中が囃（はや）したてる……。酒酔いと集団という条件がそろえば、大人たちもまた容易に、眼前の浮浪者にわけもない苛立ちと攻撃衝動をさしむけるのである。

東京池袋の西武百貨店前路上で、一人の浮浪者が、段ボール箱や雑誌を敷き、約十枚の新聞紙に身をくるんで寝ていたところ、二人組の男がいきなり、ライターで新聞紙に火をつけた。近くにいた人たちが犯行を目撃して、すぐに消し止めたために、浮浪者は無事だった。二人は、「酔って面白半分にやった」と供述している。
（『朝日新聞』一九八三・一一・三〇）

もはや、横浜の事件は孤立した点景ではありえない。事件が特殊と化したのは、たんに三人の浮浪者の死という予期しえぬ事態を結果してしまったためであり、それ以外ではない。運命のいたずらから事件の黒い主役へと突出してしまったにすぎない、十人の少年たち。かれらの生育歴・家庭環境・学校における成績や態度といったものを、どれほど丹念にたどり再構成したとしても、浮浪者たちの死という偶然へつなげることはできない。事件の解読にとっては、それは副次的な、おそらくは無力な導きの糸にすぎない。

商店街と市と警察がいっしょになって実施した「横浜さわやか運動」。これはわたしたちの現在を露わなままでにしめしている、といってよい。港・横浜のロマンチックなムードを維持するために、街をきれいにする運動であった。寿町界隈から吐きだされてくる、街の美観を損ねる浮浪者(＝ゴミ)を排除するのが、実際の目的であった、と事件後に批判されている。街をきれいにするために、商店街・市・警察(↓市民社会)は「さわやか運動」によって浮浪者を排除し、その運動を見て育った子どもたちは〝浮浪者狩り〟にはげんだ。

横浜のある中学校では、集団下校が実施され、下校時間をすぎても生徒が残っていると教室内にゴミが落ちているのと同じ扱いで、「校内美化コンクール」の減点対象になるという。生徒には放課後がない。学校を閉めだされ街に出た少年たちの頭上には、「青少年を非行から守ろう」という横断幕が垂れさがっている。幕の下方には、「伊勢佐木町周辺環境浄化推進協議会」の名前がみえる。

さわやか・美化・環境浄化、などの標語の背後には、やはり異物排除の思想が横たわっているとかんがえねばなるまい。異物はゴミの位相に堕とされる。山下公園で、ひとりの浮浪者はゴミ箱に放りこまれ曳きずりまわされた末に、死んだ。また大通り公園で、ひとりの浮浪者は殴られ血だらけになって倒れたうえに、コンクリート製のゴミ箱を落とされた。路上で寝ているところを、ゴミ清掃車に吸いこまれて死んだ浮浪者がいたが、それも横浜のこの近辺だった。少年たちは浮浪者をゴミとよびつつ襲い、美しい街は浮浪者というゴミの一掃をめざした。そして、忘れてならないことは、学校の規則を破る生徒たちがゴミとして処理され、街を徘徊する非行少年たちもまた、浄化されるべきゴミと同一視されているという現実である。

おそらく、排除の構造がさわやか・美化・環境浄化といった柔らかい衣裳（イデオロギー）をまとっているところに、わたしたちの現在がはらむ特異性がある。露骨な異人表象の許されない場所では、排除にともなう感情的負荷をやわらげ無化するために、排除そのものが非人格的な問題へとずらされる。そこでは、街という環境こそが主体であり、街の美化と浄化を要求している。臭くて汚い浮浪者は街の美観をけがすがゆえに、街から逐（お）われねばならないといった、無機的な処理が採用される。排除の対象は異人ですらなく、たんなる異物＝ゴミにすぎない。

野にある異人たちの風景

かつて村や町にはたいてい、ボロをまとった乞食や浮浪者がおり、人々の施しをうけながら比較的自由にあたりを徘徊していたという。あるいは、魂を病める人々(精神障害者)があてどなく彷徨する姿が、ごく身近に見られたともいう。そうした乞食や魂病める人々のいる風景が、いつしかわたしたちの周囲から失われたのは、じつはそれほど古い話ではない。

乞食というと、わたしの脳裡をきまってよぎる、そこはかとない郷愁を漂わせた情景がある。顔中髭だらけの、ボロを着た、西洋の昔話に出てくる木樵りのような大男の乞食(子どもの眼にそう映っただけかもしれないが……)をめぐる記憶。わたしはまだ小学校に上がりたての子どもだった。大男は、学校への行き帰りに通る栗林のわきの草むらに、ただ黙って腰を降ろしていた。ときには、百メートル足らずの小径を、背をかがめて行きつ戻りつしていた。弁当をいれた風呂敷包みをさげていた、というおぼろげな残像がある。それが事実なら、大男は乞食ではなく、たとえば近所の旧家の気の触れた跡取り息子かなにかであったかもしれない。いずれにせよ、少年の眼には気味の悪い、怖ろしい存在ではあった。しかし、大男が子どもたちに危害を加えたとか、逆に、子どもたちが大男に石を投げたとかの話も聞いたことはない。

六十年代前半の当時は、まだ乞食ないし精神障害者にむける地域の眼差しは、どこか牧歌的な寛容さに包まれていた。が、やがてその髭だらけの大男はいなくなった。精神病院か、それに類似した施設に収容されたものだろうか。こうした乞食や精神障害者の運命は、武蔵野の一角にある新興住宅街の小さな風物詩であった、あの大男だけを見舞ったものではない。日本中の町や村から、かれら野にある異人たちが一掃されたのは、ほかならぬ六十年代後半であった。

精神病院へ措置(＝強制)入院させられる患者数が、飛躍的に増加しはじめるのは、一九六一年の精神衛生法の一部改正、さらに、一九六五年の新・精神衛生法の成立以後のことである。〝精神障害のために自身を傷つけ又は他人に害を及ぼすおそれがあると認められる者〟は、予防拘禁のために、つぎつぎと収容施設に送りこまれていった。町や村を徘徊していた乞食や精神障害者がむろん、まっさきに収容の対象とされた。

これはたんなる政治レヴェルのできごとではない。地域社会が寛容さを失い、異質なるものを排斥しはじめる時代の幕開けであった。言葉をかえれば、地域社会および個々の家族は、それら内なる異人たちを包摂し扶養してゆくだけの機能と力をしだいに喪失していった。優しい眼をした年寄りの乞食・子どもたちの遊び相手である陽気な知的障害者・ときおり狂暴にはなるがふだんは大人しい魂(こころ)病める人……、それぞれに差異のある貌をもつことを許されていた異人たちは、差異なき塊として把握されるようになる。もはや、一様に危険でどう猛な貌をしたバルバロス的異人と化した人々は、家族と地域社会の内側から閉めだされ、隔離施設に収容されるか、運よくそれを免れたならば、大都市の地下街や公園またはドヤ街周辺などへと流れていった。こうして、町や村から、わたしたちの身近な場所から、さまよえる隣人たちの姿は消えてしまった。

昔は、祭日などに神社の境内のすみに、さまざまな乞食たちがならんだ。ハンセン病者・梅毒患者・身体障害者……など。わたしの記憶の底にも、祭りの日の物乞い風景があわいセピア色に灼きついている。かれらはおおむね、「傷痍軍人」であった。父か母に手をひかれ、ぐるぐる巻きの包帯姿で地面にひざまずく人々のわきを過ぎるとき、怖れと哀しみが幼い心をいっぱいに浸した。わたしたちがあの、いかがわしく物哀しい異形の乞食たちの風景に出会うことは、すくなくとも日本では二度とないのかもしれない。

劇作家の別役実は、「お祭りと乞食」(一九七一)と題する短いエッセイのなかで、たいへん刺戟的な発言をおこなっている。あたかも市民的意識を逆撫でするごとき挑発的な文章の、一節をここに引いてみよう。

私はお祭りの度に、何処から現われたのだろうと思う様な多くの乞食が、神社の境内を埋めたのを見た事がある。彼等はものごいをし、我々は与えたのだ。もちろん、彼等の不幸と不潔さと、奇型に対する我々の優越感が、そうさせたのである事は否めない。私はそれを否定しようとは思わない。しかし少くとも、現在我々が、不幸であり、不潔であり、奇型である人々に出遇った時の様なとまどいは、そこにはなかったのであり、例えばそこに差別があったとしても、言ってみればそれは健康な差別であった様に思われる。共同体が不幸な人々を乞食として許容し、そこに参加する人々がそれに同情でき、彼に金を与える事に何の疑いも持ち得ないとすれば、それはその共同体が健康なせいである。私はそう思う。

市民社会の表向きの倫理は、かつての〝健康な差別〟と対比され、暗にその〝不健康さ〟が示唆される。わたしたちは「不幸」「不潔」「奇型」の人々を、ある種の戸惑いなしには眺められない。石を投げることもないし、露骨な差別をすることもない。そのかわりに確実になにかが失われ、「不幸」「不潔」「奇型」の人々とわたしたちとは、奇妙な違和感なしには向かい合うことができなくなった。そうして乞食の消えた街からは、お祭りそのものが失われたのである。

わたしはこの別役の一文に躓(つまず)いてきた。にがい異物感を覚えながらも、そのとおりかもしれないと頷き、また、どこか違うという思いへと揺りもどされた。乞食に優越感を覚える、その醜さ・不潔さを囃したてる、そして、施しをあたえる。これが〝健康〟な光景であろうか。〝健康〟とはいったいなにか。

たとえば、明治とおもわれる時代の、九州のある山村を舞台としたこんな話がある。——村人がひとりの女乞食をしきりにいじめるのに義憤を感じた若者が、女乞食をかばってそれを止めるが、彼女はすこしも喜ばなかった。いじめたり、からかったりするのは憎んだり嫌ったりしてのことではなく、その女乞食を愛してのことであった。そうされることによって、怒ったり泣いたりするのもひとつの演出で、人々はそのやりとりをつうじて女乞食を意識し、また食物をあたえもしたのである。若者がからかうことを止めると、村人は女乞食を見向きもしなくなったうえに、食物もあたえなくなってしまった、という(『日本残酷物語』)。

村人と女乞食は、ある種の相互補完的ないし互酬的な関係によってむすばれていた。いじめる/いじめられる関係が、おたがいの黙契にもとづく演出行為としてあった。ひとりの若者がそこに導入したのは、むろん、近代市民社会の倫理つまりヒューマニズムである。それは村人と女乞食との相補的関係を、その善意にもかかわらず、いや、善意ゆえに断ち切ってしまう。いじめる/いじめられる関係に密着していた、施す/施される関係が、新しい時代の倫理によって否定される。疑いなどはいりこむ余地のなかった〝健康な差別〟は、無垢でありつづけることを許されない。乞食をいじめることが「悪」

に転落したのは、たぶんこの瞬間(とき)である。

いわば、いじめる／いじめられる関係が、施す／施される関係と表裏一体のものとしてあるとき、それを〝健康〟な状態とみなすことができると、とりあえず規定しておくことにする。

だが、あらためて思い返すとき、なぜ、あの女乞食はいじめを止めようとした若者の善意を歓迎しなかったのか。石をぶつけられ侮蔑されることが、うれしいはずはない。いじめる／いじめられる関係を、女乞食がすすんでひき受けていたのは、それだけが施す／施される関係を保証してくれたからである。生存のためのギリギリの選択であった。

そして、〝健康な差別〟とひきかえにようやく許された生存の途は、疑いもなく惨めで苛酷なものであった。たとえば、厳寒でも火のない野外の生活を想像してみればよい。乞食は火の使用を禁じられるのがつねであった。ここには、およそ牧歌的な色合いが稀薄であることを知らねばならない。それこそが、〝健康な差別〟をさしむけられる者たちにとっての、まぎれもないただひとつの現実であった。

交易の不在としての浮浪者

狂言のなかには、盲目・跛足(びっこ)・聾唖者・いざりなどの〈不具〉を負った人々が、しばしば登場する。「月見座頭」「猿座頭」「どぶかっちり」などがそれであるが、〈不具〉なる人々はそこで、常人によって愚弄され、笑いの対象にされる。いわば、中世の民衆の〝哄笑の文化〟とでもよぶべきものが、狂言にはある。

国文学者の佐竹昭広はかつて、『下剋上の文学』(一九六七)の「弱者の運命」と題する一章の末尾ちかくで、狂言のなかの弱者についてこんなふうに語ったことがあった。

冷酷な現実世界に背を向けて、ともすれば夢の代理体験にあそぼうとする御伽草子とは反対に、狂言は、時代の現実にま正面から対決し、下剋上の自由狼藉世界から落伍してゆく者を遠慮会釈もなく笑いとばす。臆病者は物笑いのたねとなり、お人よしはだまされ、田舎者はばかにされ、片輪者は翻弄され、こまっているものはこれでもかこれでもかといじめられる。

狂言は下剋上の時代に花ひらいた民衆芸能である。だれもがみずからの生まれもった実力、つまり腕力と知恵によって生き抜く以外になかった乱世、その酷薄な掟のもとにおかれていた民衆にとって、弱者・愚者・不具者は悪徳につうじていた。かれらに情け容赦をかけることなど、無用なことであった。狂言はかれら弱者・不具者たちを、徹底的に嘲けり、笑いのめし、いじめぬく。

たとえば、狂言「猿座頭」はこうだ。盲人が美しい妻とつれだって、清水（きよみず）へ花見にでかけ、酒をくみかわしている。そこへ猿引きがあらわれ、妻を誘惑する。結局、美しい若妻は盲目の夫を捨てて、猿引きと二人で逃げてゆく。盲人はそれに気付かず、猿を相手に平家を語りつづける。最後は、妻のかわりに結びつけられた猿にひっ掻かれて、盲人が悲鳴をあげながら逃げまわることで終わる。

近代的ヒューマニズムを裏返したごとき世界が、ここにはひろがっている。なんともおおらかに、盲目なる〈不具（ハンディ）〉を負った弱者は笑いのめされていることか。陰惨な印象などひとかけらもない、〝健康〟な笑いがはじけている。それは、わたしたちがとうの昔に喪失してしまった笑いだ。

こうした狂言の世界がはらんでいる〝哄笑の文化〟は、いつしか禁忌となった。その、どこかアッケラカンとした、それでいて暗く無気味な闇の領域から聴こえてくる笑いを、わたしたちの近代はひたすら排斥してきた。〈不具〉なる人々の登場する狂言が、最近ではほとんど上演される機会がない、と聞く。近代ヒューマニズムという倫理の枠組から逸脱し、そこに包摂することの困難な、毒を含みもった狂言の世界、それゆえ〝哄笑の文化〟は、劇場という虚構の空間からさえ放逐されようとしているのだ。

ところで、狂言をはじめとする中世芸能のにない手のほとんどが、すくなからず賤視をこうむる階層の人々であったことに眼を向ける必要がある。定住農耕民の世界から疎外され、芸能をたずさえつつ、村から町へ、町から村へと遍歴の生涯を送らねばならなかった者たち。〃哄笑の文化〃としての狂言のなかで、酷たらしいまでに嘲け笑われたのが、じつは、かれら自身（またはその分身）であったことを知らねばならない。いわば、かれらは宮廷道化ならぬ、民衆のなかをさすらう道化の一群であった。道化はみずからの滑稽さや異形性をネタに笑いをさそいながら、どこかしら醒めた眼差しで人々の笑うさまを凝視している。このとき、精神的な優位にたっているのはむしろ、笑いを自在にあやつる道化の側であるにちがいない。

とはいえ、賤しい遊行芸能民たちはやはり、笑う／笑われる関係の演出とひきかえに、施す／施される関係を手に入れていたのである。そうした〃哄笑の文化〃の提供者と享受者の関係にも、わたしたちはある種の互酬的な性格をみとめることができる。

さて、乞食とはなにか、浮浪者とはなにか、なんであったのか。あらためて、この問いへたちかえらねばならない。

乞食は古くは、ホイトまたはホカイビトとよばれた。その原義は、寿詞（ほぎごと）や縁起のよい文句を唱える者という意である。柳田国男は乞食（ホイト）の職業を、一種の慣行のうえになりたつ交易であるとした。すなわち、寿詞を唱えることと交換に、施しを当然の対価として受けたわけであり、乞食（ホイト）は一方的に施されるだけの、たんなるモノモライの徒ではなかった。

乞食はむろん、衣食に困窮した貧しい人々であった。社会的には弱者であり、多くは疾病や心身の障害などを背負った者たちである。かれらは自己の悲惨な境涯なり、傷なり、欠損なりを逆手にとり、それを負の武器として常人たちを脅かし、哄笑をさそい、憐れみの情をかきたてる。そうした自己演出は、すでに芸能といってよい。乞食と民衆との関係が相互補完的な交易でありつづけるためには、こうした芸能は不可欠である。芸能が介在するかぎりは、異質なる他者同士とはいえ、乞食と民衆はたがいを欠かしえぬ補完物として、対等に向かいあっているのである。すくなくとも、原理的にはそう言ってさしつかえない。

おそらく、いにしえの乞食たちは、市民的ヒューマニズムなど寄せつけぬような弱肉強食のただなかを、あらんかぎりの腕力と才覚をしぼり、懸命に、したたかに生きていたはずである。笑われ、嘲弄され、憐れまれることすらおのれの負の武器と化し、社会の最底辺の場所ではあれ、堂々と自己主張しつつ、常人たちに伍して、かれらなりの流儀でわたりあうなかを生きていたのだ、とわたしにはおもえる。

こうした乞食たちの風景は、虚心に眺めるならば、かぎりなく〝健康〟的である。その圧倒的な〝健康さ〟こそが、狂言という〝哄笑の文化〟を産んだ、下剋上の時代・中世をささえていた精神的母体でもあった。そして乱世が終結し、近世という平穏な時代が幕をあけるとともに、そうした〝健康さ〟は失われてゆく。乞食は芸能の徒から、たんなるモノモライへと堕ちてゆく。

別役実が祭りの庭でみたという乞食たちの光景を〝健康〟的と感じることに、一抹のためらいを覚えるのは、相補的ないし互酬的な乞食と民衆との交易関係がもはや残影としてしかみいだしえぬ、昭和という時代の光景であるからだろうか。西欧文明と出会い、市民社会の倫理＝ヒューマニズムがもたらされた近代以降の日本では、いっぺんの疑念もいだかずに、弱者・愚者・不具者をおおらかに笑いのめすなど、所詮不可能なことなのだ。

ある種の芸能に媒介された、笑う／笑われる関係もしくはいじめる／いじめられる関係が排斥されたあとの、施す／施される関係だけに頼って生きる近代の乞食たち。かれら物乞いの徒が、常民とのあいだに〝健康〟な互酬的関係をとりむすぶことはない。むろん、異質なる他者同士の対等な交易も成立しない。

そして、わたしたちの時代には、浮浪者はいても、もはや道ゆく者に物を乞う乞食すら存在しない。施す／施されるという関係そのものが、すでに成立しえなくなっている。いま路傍に伏す浮浪者たちは、かれらのまえを往来する人々との直接的・具体的な施す／施される関係に、ギリギリの生存の途を託しているわけではない。おおかたは、飲食街から出る残飯を朝夕拾いあつめることで、ほそぼそと露命をつないでいる。これが、一所不住の浮浪者はいても、乞食はいない、とわたしがいう理由である。

大都市のターミナル駅の地下街や公園などには、垢まみれの浮浪者が一人、二人と背をまるめて横たわっている。それはまぎれもなく、都市の風景の一部でありながら、けっして風景の内側に溶けこむことのない存在(モノ)である。汚らしい染みのような点景として、都市という、猥雑ななかにも清潔さのたもたれたキャンバスに貼りついている。浮浪者とはあえていえば、市民社会によって関係自体を忌避された存在である。浮浪者と市民のあいだには、互酬的関係はおろか、いっさいの有機的な関係そのものが不在であるようにみえる。

浮浪者というイメージ、浮浪者という観念。これは市民社会の最深部にあって、わたしたちの市民としてのアイデンティティを保証し、また逆に、市民であることからの逸脱にむけた禁忌を不断に再生産している、イデオロギー装置であるのかもしれない。わたしたちが市民でありつづけるために、市民社会の周縁部に出没する異人＝浮浪者が必要とされる、といいかえてもよい。『遠野物語』などからうかがえる日本の民俗社会のなかで、山人(やまびと)なる異人がになわされていた象徴的な役割に、それは似ている。

歴史上つねに、浮浪者(ウカレビト)の一群は秩序の周縁部をさだめなく流離しながら、内部に棲まう人々の社会的アイデンティティを補完する異人の役割を負わされてきた。しかし、わたしたちの時代の浮浪者はくりかえすが、中世はむろんのこと昭和初年の乞食とすら、本質的に異なった存在である。狂言の弱者いじめ、明治の九州山間部での女乞食いじめ、現代の子どもたちの〝浮浪者狩り〟……、これらのはざまに横たわる位相的落差もまた、明白である。

浮浪者なる異人はいま、市民社会の周縁から外部へとさらに逐(お)われようとしているのかもしれない。浮浪者という、市民社会のイデオロギー装置の解読へむけて、歩をすすめなければならない。

浮浪者という禁制の鏡

横浜寿町、それに山谷や釜ヶ崎といったドヤ街(簡易宿泊所街)の周辺で暮らす人々には、三つの階層がある。ドヤ街を根城にして立ちん坊で職を得て働いている人々。ドヤ街でぶらぶらしている人々。そして、ドヤ街のそとで野宿し、その日暮らしをつづける人々。少年たちに襲われたのは、この第三の、もっとも弱い無防備な部分であった。

ドヤ街の住人の大半が、単身者であるという(山谷で九八％弱、寿町は比較的妻子持ちが多い)。そのほとんどは、家族の崩壊・離散をへてきた単身者であり、また一部は生涯を独身ですごす単身者である。いずれにせよかれらは市民としての生活の最小単位である家族を構成しない、家族から疎外された人々といえる。家族生活から排斥されているだけではない。かれらの多くは住民登録をしていない(山谷で四分の三)ために、市民としての権利すらまったく奪われている。市民社会そのものから疎外されているのである。なかには、家族に失踪宣告を出され、戸籍を抹消されてしまった例すらある。これは特異なケースとしても、市民社会の地平へは二度と浮かびあがれぬ、市民としては死を宣告されたも同然の人は多数いる。浮浪者はそうした死せる市民の典型である。

浮浪者にもいくつかのタイプがある。

① 仕事にあぶれ、その日の収入がないので、仕方なく臨時に野宿した人々。

② 働く意志はあるが、けがや老齢などのために体力がなく、ほとんど仕事にありつく機会のない人々。

③ 働く意志がまったくないか、働く能力を奪われてしまっており、長期にわたって収入の途が皆無の人々。

①のメンバーは毎日入れかわる。②の人たちは、本来社会福祉の対象だが、居住証明が得られないなどの理由で、保護を受けている者はほとんどいない。③の人々は、もっとも典型的な浮浪者のイメージに合致している。いずれの場合も、労務者社会から疎外された弱者であるという共通項がある。現代の産業構造の最底辺をなすドヤ街からさえ締め出された、もはや、青空のした以外には生きる場をみいだしえない人々、それが浮浪者なのである。

寿町からはじきだされた人々は、放射状に山下公園にたどりつく。山下公園は、〝転落者の最後のとりで〟である、という。市民社会から疎外されたドヤ街、そのドヤ街からも排除された青空生活の浮浪者たち。いわば、かれらは最後の避難場所であった青空のしたで、まったく無防備なままに少年たちの襲撃を受けねばならなかったのだ。

ドヤ街の住人である労務者（日雇労働者）がかろうじて、市民社会の有機的な構成員であるのにたいし、浮浪者は市民社会を構成する部分とはみなされない。かれらは市民社会にとっては無用な、寄生的存在とされる。働きもせずに生活保護を受けているといった浮浪者像が、マスコミなどをつうじて流布されているが、現実には、労災や老齢などのためにもっとも切実に保護・救済がもとめられる場合にも、住所不定を口実にかれらへの生活保護支給は拒まれている。浮浪者を寄生的存在とみなす社会通念に反して、かれらの大部分は、公的機関のあらゆる救済から洩れた存在なのである。ここでも、浮浪者は死せる市民としてあつかわれている。

宇都宮病院事件にからむマスコミの報道のなかで、宇都宮病院をはじめとする精神病院のいくつかが、山谷や寿町といった寄せ場から「狩り込み」されてきた人々を多数収容し肥大化してきた事実があきらかになった。しかも、逆に、それらの病院を退院ないし脱院した人々（精神病者という烙印をおされた元患者たち）が、行き場もなく流れつくのが山谷・寿町などの寄せ場である、ともいう。寄せ場＝ドヤ街と精神病院とをつなぐ不可視のルートを還流する、市民社会から逐われた一群の人々の姿は、たいへん象徴的に排除の構造の現在（いま）を語っている。

こうして、わたしたちはドヤ街からの脱落者である浮浪者を、市民社会の周縁から、さらに遠隔の場所（青空のした・老人ホーム・施療病院・精神病院、あるいは死）へと排除・遺棄しながら、みずからの市民としてのアイデンティティをくりかえし再認しつづける。浮浪者はそれゆえ、市民としての最低限の義務すらはたさぬ者はああいう境涯に堕ちてゆく、といった恐怖を掻きたてつつ、市民社会からの逸脱を禁じるイデオロギー装置すなわち禁制の鏡である。子どもたちにたいしては、もっとも有効な市民をつくるための教育装置として機能しているようにおもわれる。

こうした視角からすれば、社会構造におけるもっとも深い昏がりで、市民と浮浪者とはたがいに補完しあう合わせ鏡の関係にある。しかも、それがわたしたちの日常意識によって気付かれることは、まれである。わたしたちは浮浪者という禁制の鏡の存在そのものを、日常の領域から抹殺している。

しかし、少年たちは鋭敏に、浮浪者が禁制の鏡であることを察知していたにちがいない。市民社会の地層深くに沈められていた禁制の鏡を、十人の淋しいトリックスターたちが打ち砕いた。粉々に砕け散ることによって、浮浪者という名の負の鏡は、いやおうなしにわたしたちの日常の表層に浮かびあがった。秘め隠されていたものの不意の出現……、横浜の事件がはらんでいた衝撃の一端は、おそらくそこにねざしている。

境界とその侵犯者たち

堕ちること、市民社会の地平から転落すること、それは市民にとってかぎりもなく想像を越えたできごとである。境界を踏み越えてしまった浮浪者は、まさしく存在的に異質かつ奇異なもの＝異人にほかならない。不潔で、異臭を漂わせる、負の意味合いにおいてもっとも際立つ異質なるもの、関係自体を拒まれたかれら。社会の有機的な構成要素ですらない、これら異形の他者たちは、現代のバルバロスというにふさわしい無気味なイメージをまといつかせている。市民社会にあっては、浮浪者はえたいの知れぬバルバロス的異人のひとつの典型といえる。

チャップリンの映画『犬の生活』の冒頭には、浮浪者と警官との追跡ごっこをつうじて視（み）えざる社会的な境界がたくみに露出させられている。ここでは、境界は塀によって象徴的に可視化されている。

この塀は、警官の方が幅をきかし、彼に代表される秩序が優位を占める歩道と市街という社会的世界の境界（ボーダー）である。この空き地は、その境界の彼方にある未分明な無人境である。〈略〉この映画の浮浪者‐フールは社会に対して典型的に無法で寄生者的な関係にあり、彼が食物を得ることができる(得たいと思う)唯一のやり方と言えば、塀越しに——混沌から秩序へ——手を伸ばして盗むことなのである。そうすることで彼は、境界が破られた地点に警官を招来してしまう。〈略〉この境界はかくて、最初は二人の終りない対立の第三項として現われていて、それに対する侵犯は、魔術的レヴェルでは、彼らの間に続く戦いの、抜きさしならぬ原因と見ることができる。

この境界は生命を得る。チャーリーが空き地の隠れ場を去って都市に侵入する時、この境界の曖昧・両義的な霊が彼の内部でぞよめき出すのである。この影響力を受けて彼はどんどん社会的世界に巻き込まれていき、彼と警官の戦いは拡大し、ますます多くの人間をその中に巻き込んでいく。〈略〉彼にとっては、境界もろもろは二重の意味で恣意的なものである。(一方では)彼がそれを恣意的なものとみなすにも拘らず、(他方では)彼自身も即自的にもっと深い境界の一例なのであり、その彼方では社会的ルールや合理的理性がもはや無効で、ただフールの魔術のみが有効であるという限界なのであるから。

(ウィルフォード『道化と笏杖』高山宏訳)

浮浪者は外部の人間である。かれらが境界のむこう側にあるかぎり、市民社会の法と

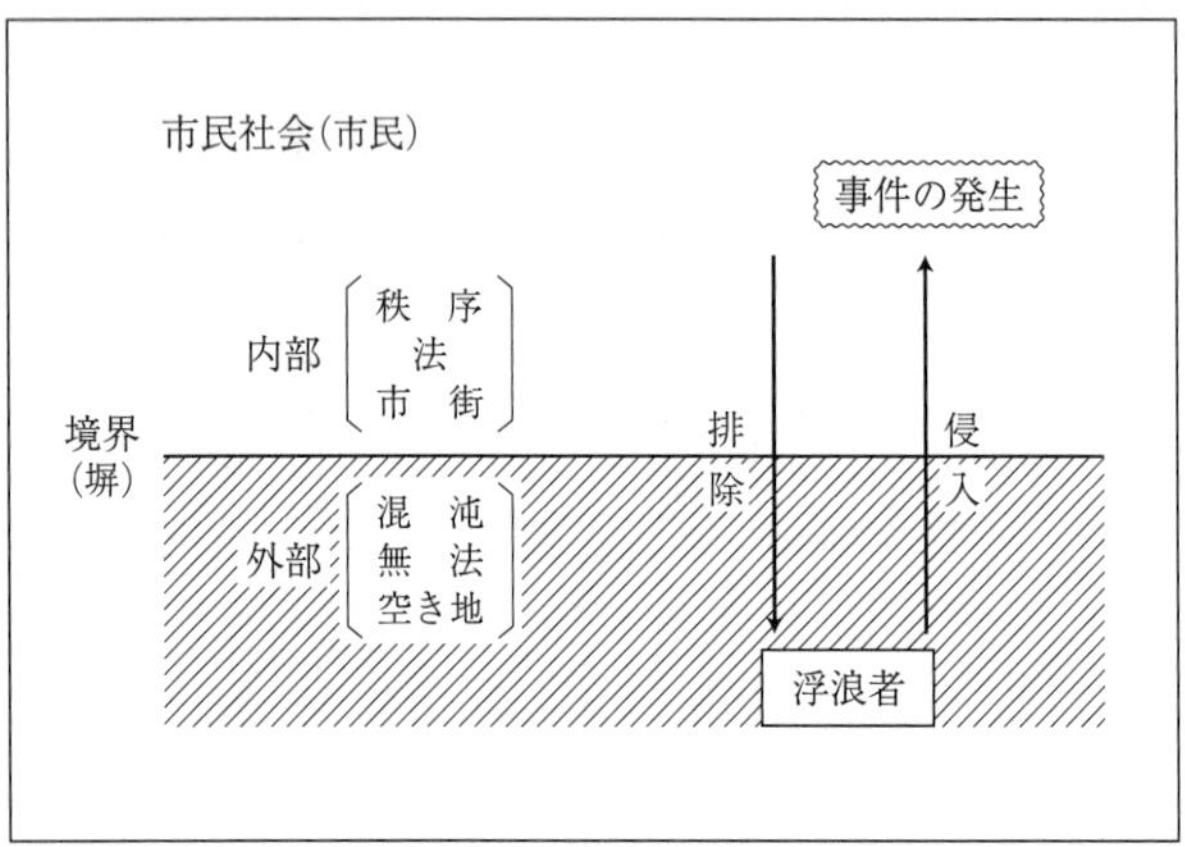

浮浪者をめぐる内部／外部

秩序は浮浪者を許容しているようにみえる。しかし、ひとたび境界を侵し、内部をうかがうならば、かれらは即座に法と秩序という名の鎖で捕縛されることになる。

外部から内部への転位の可能性そのものが浮浪者からは剝奪されている。すくなくとも市民社会の側から許容される範囲内で、かれら浮浪者が内部の人々＝市民たちと有機的な関係をむすぶ可能性は、極限まで切り詰められている。浮浪者が内部への侵入をはかるとき、それはたいていの場合、不幸な事件として顕在化せざるをえない。

かつて新宿で、ひとりの浮浪者がバスの車中にガソリンを撒いて放火する事件があった。現在にたいする、呪詛にも似た不平不満と苛立ちが、男の身体の毛穴という毛穴からほとばしり出たような異様な事件に、わたしたちは衝撃を受けた。おそらくあの浮浪者にとっては、ある日、バスの車中へガソリンを投げこみ放火するといった、けっして許されることのない、ある種の狂気として断罪されるほかない行為によってしか、内部へと関係を架橋することができなかったにちがいない。

新宿区内の公園で、白昼、五歳の男の子が酒を飲んだ浮浪者風の男に突然襲われ、危ないところを目撃者に助けられた。男の子がブランコに乗って遊んでいたところ、近くの植え込みで酒を飲んでいた男がいきなり、ビニールベルトで殴りかかり、えりをつかんで何度も左右に振り回し、さらに首を両手で絞めあげたもので、男の子は頭や首に五日間のけが。子どもたちは男のことを「いつも公園にいるおじさん」といっており、公園に以前からブラブラしている浮浪者らしい。

（『朝日新聞』一九八〇・一〇・四）

渋谷区代々木の歩道で、中年の男が大声でわめきながら、刃渡り十センチの果物ナイフを振りかざし、母子連れに襲いかかった。男は代々木公園にたむろしている浮浪者で、かなり酒に酔っていた。通りすがりの青年がオートバイごと歩道に乗りあげ、男に体当たりしたために、一歩まちがえば通り魔殺人にもなりかねなかったも

のが、未然に防がれた。母子にけがはなかった。(『朝日新聞』一九八五・一・二二)

これらの浮浪者が、いかなる内的な経過(プロセス)をへて、なにを直接の契機として、たまたま眼前にいたにすぎない不特定の市民にむけて、突発的な暴力を噴出させたのか。わたしの貧しい想像力によっては、とうてい推しはかりがたい現実である。わたしたち市民はどんなに泥酔したとしても、たぶん眼のまえにいる五歳の幼児や母子連れに襲いかかったりはしない。たとえ、アル中による妄想に促されてのことだとしても、浮浪者が市民のもっとも弱い部分を狙ったという事実は否定できない。それはやはり、関係自体を拒まれた人々による、ギリギリの関係恢復をめざした不幸な試みであったのだろうか。

わたしたちが市民社会という秩序に与(くみ)する者であるかぎり、浮浪者への怖れは、一定の真実を含んでいるにちがいない。浮浪者の多くは現在のありように絶望している。かれらはそれぞれに、浮浪の身へと堕ちてきた苦い過去をもち、現在にむけた、もっとも過激な否定の意志を意識するといなとにかかわらず内部に飼っているのかもしれない。とはいえ、それが犯罪へと結実することは、きわめてすくない。かれらの大半は、身中の過激な虫を飼い殺しにしたまま、路傍に生涯をおえる。いわば、放火や襲撃といった狂気をほとばしらせるだけのエネルギーを失った存在、それこそが、どん詰まりである浮浪者の位置の意味するものである。

ところで、わたしたち都市生活者はすくなからず、漂泊性を内に宿した存在である。漂泊性との危ういバランスのうえに、ようやく都市に定住する者たりえているともいえる。が、これはあくまで社会構造の内側にある漂泊性である。浮浪者のおびる漂泊性、つまり放浪性とはまったく異質である。

横浜の浮浪者には東北の影が濃い、といわれる。出稼ぎの日雇労働者から浮浪者へ、という転落の軌跡。故郷に残された家族にとっては、蒸発である。ある意味では、出稼ぎから浮浪へといたる過程は、現代の強いられた漂泊の物語として読むことができるかもしれない。

軽犯罪法では、働く能力がありながら職業に就く意志をもたず、一定住居もないままにうろつく者、乞食や乞食をさせた者、などを拘留・科料にすることをさだめている。ここには、現代における漂泊ないし放浪の意味が象徴されている。漂泊ないし放浪は、市民には容認されがたい、一種の反社会的行為＝犯罪なのである。住所不定・無職――といえば、以前は犯罪者の代名詞のようにかんがえられていた。

漂泊は犯罪であるにとどまらず、病理現象ですらある。一所に定着することもなく、労働に媒介されることもない放浪生活、これをわたしたちは病理の色合いに染めあげる。病理現象として自己の圏域から疎外し、距離をもうけることによって、一定の安堵をえる。それは、わたしたち自身の内奥にひそむ、漂泊や放浪への願望をおさえる歯止めの役割をはたすにちがいない。

えたいの知れぬバルバロス的異人として、都市に残されたわずかな昏がりに身をひそめ、あるいは異臭をふりまきながら背をこごめて徘徊している浮浪者たち。わたしたちが浮浪者にたいして日常的にいだいている形を成さぬ不安や怖れ、また、浮浪者という存在の無気味さ、つまり了解の困難性を、あいまいに無化してはならない。浮浪者に怖れをいだき、疎外・排除しているわたしたち自身の無意識と対峙することなしに、横浜の事件を読み解くことはできない。そして、地下道のすみに寝転がっている浮浪者――、かれがそこに浮浪者としてあり、浮浪者という場所（アイデンティティ）をえらびとっていること、いわば浮浪者なる存在そのものの深部へと、わたしたちが手探りに了解の回路を降ろしてゆくことは、至難のわざにちかいといってよい。

ここで、フロイトの「無気味なもの」という小論を想起してみたい。フロイトの規定によれば、無気味なものとは、古くから知られているもの・馴染み深いものに結局は還元される、ある種の怖ろしいものである。秘め隠されているものが、ふいと表層に浮かびあがったとき、人々は気味悪さを覚える。フロイトはドッペルゲンガー現象の分析を通してこの結論にいたったが、無気味なものとしての浮浪者とは、市民社会が無意識下へと抑圧・排除したドッペルゲンガー（もうひとりの自己＝分身）といえるかもしれない。ときに、浮浪者たちのなかに、あたかもボヘミアン（放浪者）のように、青空のしたでの生活というスタイルをえらびとっているといえそうな人がみいだせる。〝野垂れ死にとはすべての欲を捨ててしまい、自身を自然に還してやることではないでしょうか〟、そう、いまは物書きとして赤貧のなかに暮らす元・浮浪者は語りかけてくる。わたしたち市民にとっては、ボヘミアン風浮浪者とはありうべきもうひとりの自己（ドッペルゲンガー）をめぐる物語のようにおもえる。

ニューヨークの女性浮浪者について触れた新聞記事に、こんな一節があった。

> この人びとをショッピングバッグ・レディと呼ぶ。後生大事にかかえた紙袋がその名の由来だが、ふだんのねぐらはビルの玄関口や夜通し走っている地下鉄のなか。浮浪の一種族ではあるものの、乞食などとは区別される。世のきまりごと――恋、結婚、子育て、出世、納税、そのすべてと訣別し、すすんで社会に背を向けたのだから、断じて、あわれみを誘ったり金品をねだったりはしない。拒絶の思想家たちなのである。
>
> （『朝日新聞』一九七九・一二・四）

乞食や浮浪者などの構造的劣位者が、豊饒な神話を産み出す源泉となってきたことはよく知られている（ターナー『象徴と社会』）。世俗の縁関係のいっさいと訣別し、紙袋をさげて都市のかたすみを彷徨する浮浪の女たちを前にするとき、つかの間わたしたちは途方に暮れる。〝拒絶の思想家〟といった物語の鋳型に流しこむことで、一定の安堵は得られるとしても、この不思議な世捨て人（ドッペルゲンガー）たちの姿はわたしたちを不安にさせずにおかない。

いくらでも疑うことはできる。還るべき自然などどこにあるか。裏返されたルサンチマンの唄にすぎないではないか。たしかにボヘミアン風浮浪者など、一個の夢物語でしかないのかもしれない。だが、そうした浮浪者像がくりかえし語られるということこそ、市民社会のなかの浮浪者が、ある種のもうひとりの自己（ドッペルゲンガー）であることを立証してくれているようにおもえる。そして、実のところ、捨て果てることにおのれを賭け、生涯を諸国遊行についやした捨て聖や歌人たちの漂泊の物語は、わたしたちの祖先が強いられた定住のなかにあくことなく紡ぎつづけてきた幻想でもあった。おそらく、ボヘミアン風浮浪者は、この漂泊の物語の系譜のどこかにささやかな位置を占めるにちがいない。

浮浪者の漂泊は一義的には、わたしたち市民にむけた見せしめ、つまり禁忌としてあるが、と同時に、市民という場所への強いられた定住を生きるわたしたちにとって、意識せざる憧憬の源でもある。わたしたちは、浮浪者を汚らしい目障りな存在として嫌忌する一方で、触れてはならない、そっとしておくべき秘密の分身のように感じているのかもしれない。

ドッペルゲンガーとはいずれ内なる他者である。それはつねに、憧憬と嫌忌の両義性をはらんだ存在である。この内なる他者を排斥し殺害することを通じて、わたしたちはたとえば市民としての同一性（アイデンティティ）を獲得し、また再認しつづけることができる。市民によって排除された内なる他者のひとつの典型像が、浮浪者であるとかんがえられる。

浮浪者襲撃事件に接してわたしたちの受けた衝撃には、みずからの内なる他者殺しという惨劇の光景を突きつけられた痛みが、いくらかなりと含まれていたにちがいない。くわえて、惨劇の他方のにない手である少年たちもまた、わたしたち市民が生みおとしたドッペルゲンガーにほかならない。横浜の事件はそれゆえ、市民社会から逸脱することへの禁忌を具現するドッペルゲンガー(少年たち)が、漂泊の物語を背負った、もうひとりのドッペルゲンガー(浮浪者)を殺害するという、いわば、わたしたち自身の内奥で演じられる心理劇（サイコ・ドラマ）であったのかもしれない。

かぎりなく日常化された供犠

わたしたちの世界をかぎる、不可視の境界がある。たとえば、横浜の少年たちは内側からこの境界を逸脱し、新宿のバス放火事件の浮浪者は外側から境界を侵犯した、といえるだろうか。境界の侵犯をめぐる戦い。チャップリン『犬の生活』の浮浪者＝道化とは異なり、少年たちと浮浪者はともに、境界をかろやかにすり抜け、内／外を自由に往還しつつ境界そのものを相対化し、露出させるといった魔術を具現することはできない。境界は血なまぐさい供犠の現場として、わたしたちの眼前にくりかえし浮上させられる。

ところで、八十年代はじめに、爆発的な漫才ブームがあったことが想いだされる。漫才ブームがもっていた意味をいまさら問う者などいはしないが、奇妙にわたしの記憶にひっかかっている。たんなる風俗現象をこえた、市民意識における、ある大きな転換を象徴するような現象であった気がしてならない。

遠慮会釈もなしに、次から次に隠されていたホンネをぶちまけてくれる漫才タレントたちに、わたしたちは拍手喝采を送った。〝弱者いびり〟が大手を振るって、まかり通った。漫才だから許された。タテマエに縛られた日常の風景を裏返しにして、現実のはらむグロテスクさを垣間見せることを本領とする、たかが芸能にすぎない漫才だから、容認された。わたしたちは安心して、カタルシスに浸ることができた。

〝弱者いびり〟を主題とする漫才があれだけ熱狂的に受けいれられたのは、なぜか。おそらく、わたしたちが市民社会の表層を覆う倫理の皮膜(タテマエ)を、うっとうしく、窮屈なものに感じはじめていたからである。醜いものは醜い、臭いものは臭い、汚いものは汚い……と口の端にのぼせることは、柔らかい禁忌に包まれている。わたしたちが意識にまつわりつく手枷(かせ)・足枷として、ひそかに苛立ちの眼差しを向けはじめていたこの禁忌を、漫才タレントたちはこともなげに踏みにじった。かれらは、最初は怖ずおずと、やがてテレビの虚構性を武器として大胆不敵に、声高に〝弱者いびり〟を演じてみせた。漫才タレントたちを疾走させたのが、かれらと共犯関係にあるテレビ視聴者であったことはいうまでもない。あの漫才ブームは、集団的カタルシスをもとめる、わたしたち市民のための供犠の代償的所産であったのかもしれない。

つかの間の解放感が去ったとき、確実に禁忌はヴェールを剝がれ、安全弁はとりはらわれていた。かつて「正義」とは、強きをくじき、弱きを助けるところにあると信じられていた。しかし、いま、わたしたちの時代は、そうした御伽ばなしのような「正義」を容認しない。偽善的な所業として、冷笑され、拒絶される。時代はもはや、牧歌的な「正義」の観念をもてあそぶことに飽き、むしろ、現実のもつかぎりない残酷さに寄り添おうとする。倫理がたやすく現実に追随する。ここではまるで下剋上の中世にも似て、力こそがゆいいつの「正義」であり真実である。強きは仰がれ、弱きは足蹴にされる。弱いもの・醜いもの・暗いもの・汚いものは、徹底して叩かれ、いびられ、唾を吐きかけられる。醜いものは醜い・臭いものは臭い・汚いものは汚い……と、わたしたちは言えるようになった。〈市民〉的倫理の呪縛からの一定の解放を得たのである。

そして、漫才ブームが過去のものになったころ、白昼夢のようなできごとが起こった。

――横浜浮浪者襲撃事件。

漫才ブームから浮浪者襲撃事件への連続を語ることは、いささか唐突に聞こえるかもしれない。が、たしかにそれは連続している。その位相的落差はかぎりなく大きいとしても、ブラウン管のなかの〝弱者いびり〟から、少年たちによって遊戯的に実践された〝浮浪者狩り〟への道程はひと連なりの光景である。
たとえば、『ツービートのわッ毒ガスだ』という本の、「東京・新名所めぐり」と題された一章を覗いてみればよい。

山谷（通称・ドヤ）
交通　国電、南千住駅からバスあり。
季節　一年じゅう。とくに不景気のとき、雨の日、暮れから正月にかけて、真夏のムシ暑い夜がよい。
案内　まだ社会をよく知らない若い人によーく見ていってほしい場所である。とにかくいろんな人が見られる。仕事にあぶれて昼間から酒を飲み、道ばたにひっくり返って、なにやらわめいている人、うすぎたないカッコウで近づき「五〇円ちょうだい」という人、出稼ぎにきて、そのまま都会の誘惑に負け、身を滅ぼした人、いい加減な人生を送ってきて、残りの人生をその報いとして生きなければならない人、悪いことをして追われ、身をひそめている人たち。彼らを見て、自分だけは、ああなるまいと思って帰るだけでも有意義であろう。また、木賃宿では、いまはあまり見られなくなった、ノミ、南京虫、家ダニなどに会えて、びっくりするおもしろさもある。なお、あまり露骨にカメラを向けると、因縁をつけられ金をおどしとられる恐れがあるので要注意。彼らの結束力は異常なまでにすさまじい。

現実を撃つ毒ガス（＝ギャグ）であるためには、禁忌が前提とされねばならない。破りすて足蹴にするべき禁忌のない場所では、ギャグは成立しない。禁忌が頑強な壁であればあるほど、すぐれたギャグの誘う黒い笑いはいっそう輝きを増す。そして、そのかぎりにおいて、この山谷案内はギャグになり損なっているような気がする。

市民社会の内部からの視線にさらされた、ドヤ街のひどく凡庸な光景。ただそれだけのことだ。偏見をいうのはたやすいが、実際のところ、わたしたちの大多数は、ここに描かれた以上に豊かなドヤ街のイメージをもちあわせてはいないにちがいない。この剝きだしの排除の眼差しに自己を同一化させても、たいして痛みがともなわないのは、おそらくそれがすでに禁忌として壊れているからである。呪縛力をもたぬ禁忌をまえにしては、いかなるギャグも無力といってよい。

ドヤ街と浮浪者たち。それは、市民社会の周縁で日常的にくりかえされている供犠の風景であるのかもしれない。新聞の社会面のかたすみに、わたしたちはときおり、浮浪者のいずれは惨めな死をつたえる記事をみいだす。

〈浮浪者　元日に餓死　仲間からはぐれて〉
〈墓地で浮浪者　殴殺　頭部をめった打ち〉
〈無惨　ゴミと一緒　寝ていた浮浪者　ゴミ清掃車に吸い込まれて死ぬ〉

浮浪者を死にいたらしめたものが、飢え・寒さ・ゴミ清掃車であれ、仲間の浮浪者であれ、これらの酷たらしい死そのものが、かぎりなく稀薄にされた供犠の光景のようにおもえる。わたしたちはだれひとり、返り血を浴びることなく、みずからの手を汚すことなく、自分には無縁な、はるかな遠いできごととして供犠の結末を知らされるだけだ。

横浜の事件が思いがけず露出させてしまったものは、この、市民社会の境界付近で日々再演されている、浮浪者を生け贄とした供犠の光景であったにちがいない。直接的な執行者の姿が見えず、時間的にひき伸ばされ稀薄にされることによって、不可視の昏がりに沈められていた浮浪者殺しの光景。血なまぐさい供犠の風景。

少年たちの直接的であらわな排除の暴力が、秘め隠されているべき供犠の風景を白日のもとに曳きずりだしたとき、わたしたちが戦慄すら覚えたのは、それがフロイトのいう、無意識下に抑圧され疎遠にされているが、だれもがよく見知っているものとしての無気味なものであったからだろう。浮浪者狩り、そして浮浪者殺しとは、わたしたち市民の内奥で不断にくりかえされている、見慣れた、それでいて表層からは隠蔽されていた供犠の風景そのものだったのである。

漫才ブームから浮浪者襲撃事件へ。そのはざまに横たわる位相的な隔たり、ないし断層を埋めたものが、おそらく市民意識における一群の禁忌からの解放であったことを忘れてはならない。横浜の事件とはやはり、わたしたちの現在を照射する、市民たちの内なる風景であった。

第三章　物語／家族たちをめぐる神隠し譚

——イエスの方舟事件を読む

遠野郷の民家の子女にして、異人にさらわれて行く者年々多くあり。殊に女に多しとなり。

（柳田国男『遠野物語』）

供犠の現場としての物語

物語とはいずれ、その根底に排除の構造を秘め隠している。人は物語るという行為を通して、自己を慰藉し、また排除された不幸なる生け贄たちにむけて鎮魂の鐘を鳴らす。供犠それゆえ第三項排除をめぐる現象（できごと）の周囲では、流された血の贖いを主題とするいくたの物語が生成し流布され、やがて変容や消滅へといたる運動をくりかえしている。物語とは供犠の現場である。

イエスの方舟事件、という物語。

「現代の神隠し」とよばれ、マスコミや警察の執拗な追及をかいくぐりつつ、年若い娘たちを多数ふくむ総勢二十六人の集団が二年あまりにわたって逃避行をつづけた事件。若い娘たちに妖しげな呪文を囁きかけ、テント張りの粗末な小屋にひとしい教会に曳きずりこみ、やがて神隠しのごとく家族のまえから姿を消させる、淫祠邪教の怖ろしい教祖・千石イエス。マスコミをつうじて流された千石イエスの、眼光鋭く口髭をたくわえた精力絶倫風の肖像の裏側に、誘拐・監禁され、性的に蹂躙されるいたいけな「良家の女性」たちの姿をかいま見つつ、わたしたちは多かれすくなかれ、イエスの方舟事件という名の現代版・神隠し譚に、ひそかに淫らな抑えがたい好奇心を刺戟されつづけたのだった。

それゆえ、方舟が追いつめられたすえに、世間という社会的日常の地平に姿をあらわしたとき、わたしたちはその実像と虚像との隔たりにしばし茫然とさせられた。そうして「現代の神隠し」という魅惑的な物語があっけなく崩れ去るのに、さして時間はかからなかった。物語が潰えたあとには、裸形のままに時代の荒野に立ち尽くす親と子、そして家族たちの風景がぽつりと残される。千石イエスは無教養な、だが真摯に悩める娘たちにつきあう術は心得た「ただのおっちゃん」にすぎず、イエスの方舟は聖書を糧として共同生活をおくる擬似家族的な集団である、といった方舟像が定着した。

しかし、はたしてそれだけのことなのか。イエスの方舟に似た宗教集団は、戦後史をたどるだけでも数多く存在するであろうし、現在も各地であまり社会の表層には顕在化せぬままに活動を続けているであろう。それゆえ、わたしたちは二つの疑念に導かれてゆく。なぜ、事件はイエスの方舟にのみ生起したか。なぜ、それは七十年代後半から八十年代初めにかけて事件と化していったのか。ひとたびはイエスの方舟事件なる神隠し譚に淫したわたしたちは、あらためて事件の深部に横たわるものへと探索の錘（おもり）を降ろさねばならない。それがすぐれて象徴的な事件であったといえるならば、わたしたちはこの事件を素材（テクスト）として、人間と世界の深層にかかわる制度（メカニズム）の現在を読み解くことができるかもしれない。

　イエスの方舟事件という物語を形成した主体が、直接的には娘を奪われたと信ずる家族たち、その家族側からの情報をもとに、種々なるキャンペーンを展開したマスコミ・警察であったことはまちがいない。時代の昏がりに澱んでいる不安に、たえず養分をあたえ、ときに発酵しつつある不安の群れを神話的なるものへと、現代風に装いをこらしつつ甦らせること――、おそらくはそれは、巨大な情報の操り手である現代のマス・メディアが意識するといなとにかかわらず果たしている社会的機能である。

　わたしたちが日々あたえられる情報は、現実的なもの／想像的なものの境界をかぎりなく侵犯し、ほとんど生活世界の地平そのものを溶解させるまでにいたっているかにみえる。現実的なものが想像的であるような、また想像的なものが現実的であるような、そうした危うい場所から、イエスの方舟は、現代の神隠し譚の主人公へと祀りあげられていったものだろう。神話的なるものは抑圧され意識の深層に逐いやられたもの、禁忌されたものに息を吹きこみ、甦生させる。忘れられていた、たとえば神隠し譚という古めかしい物語の皮袋に、奇妙な宗教集団や家族の風景を流しこむことで、ひとつの事件が分泌される。神話的なるものへのひそかなる渇望が、事件をたぐり寄せるといってもよい。

イエスの方舟事件は、古いものと新しいものとの奇妙な混合物であった。事件の古い部分とはむろん、わたしたちの近代が非合理主義の所産として排斥してきた神話的なるものの逆襲、という側面をさしている。わたしたちの幻想が容易に、神話的なるものによって呪縛され、集合的記憶のかなたにうち棄てられていた古風な物語のなかへ誘いこまれてしまうこと、それを露出させたのは、事件の予期せぬ副産物であったかもしれないが、ある意味では、この事件ほどあらわに物語の現在を浮き彫りにしてくれるできごとはない。わたしたちはここで、現代における物語とはなにか——とあらためて問いかけてみたい。

イエスの方舟事件なる神隠し譚は、いかなる場所に発生し、どのようにしてポルノグラフィの度合いをたかめ肥え太りつつ、流布されていったのか。いうまでもなく、イエスの方舟自身が神隠し譚を準備する主体でもあったことを捨象するわけにはいかない。

いわば、物語そのものの内部（家族・市民社会）／外部（イエスの方舟）のはざまに、現代における物語生成のプロセス・構造・背景を探ってゆきたい。それが、わたしたちの事件解読の方法といえる。

神隠し譚という内なる眼差し

古来より、神隠しをめぐる民譚の背後には、異形異類の者たちの姿が見え隠れしている。人を突如として日常の時空から拉致（らち）しさるものは、例外なしに異人である。

国学者の平田篤胤（ひらたあつたね）は、十八世紀後半の江戸の町なかで神隠しにあい、幸いにも現し世（うつしよ）へ帰還した人々から、体験談を聞き書きしている。篤胤によれば、関東平野の周縁部の山岳地帯のどこかに、現し世とは異質な空間である隠り世（他界）があり、そこに棲んでいる異人たちがときおり江戸の町なかへ降りてくる。その怖ろしい異人たちは行き交う人々の声を奪い、口と耳を狩りとり、盲目にさせ、ときには誘拐する。異人は白髪を長く垂れ、黒い衣服をつけた翁であり、山岳修験の行者であり、あるいは天狗である。俗なる現し世に棲む町人（まちびと）にとって、隠り世を棲み処とする山人（やまびと）は異人そのものといえる。

神隠しにまつわる体験談の聞き書きを媒介として、異人と隠り世の実像を明るみにだし、さらに、この俗なる現し世の全貌を透視する地点へといたりつくこと、それが篤胤の貪婪(どんらん)なる知のめざしたものであった。いわば篤胤は、神隠し譚を荒唐無稽な架空の物語としてではなく、みずからの現在を裏側から映しだす織物(テクスト)として探究したのである。

現代の神隠し譚の主人公であるイエスの方舟もまた、地域社会にとって、その背景をなす日常世界にとってあきらかに異人性をおびていた。存在的に異質かつ奇異なものという意味において、異人集団そのものであったとおもわれる。そのことがかれらの周辺に、さまざまな噂や風聞を生み、やがて神隠し譚を形成させるにいたる前提条件となる。ここでも神隠しと異人とは切り離しがたくむすばれている。わたしたちの前にはイエスの方舟事件なる神隠し譚が、みずからの現在を照射してくれる一枚の織物(テクスト)として置かれてある。

ところで、神隠しとはなにか。神隠しをめぐる物語とはなにか。

民俗社会では、子どもや若い女などが不意にいなくなるような怪異現象を、神隠しとよびならわしてきた。隠すものは、天狗・狐・鬼・山の神などの異人に類する存在である。沖縄では神隠しを、物迷イやモノに持たれるという。物(モノ)もまた、非日常の異人的存在である。神隠しにあうと、村中総出で、鉦(かね)や太鼓をたたいて山狩りをするが、捜索隊のからだを全員縄でつなぎ、点呼しながら進むといった風習がよくあったらしい。村人たちの神隠しにたいする怖れが尋常でなかったことが、そこにはうかがえる。あるいは、先頭の者がふるいや箕(み)をもつ例がみられるが、それは神霊を迎えてもどすための呪的な形式であるとされる。古くから民間信仰にあっては、神隠しは霊界や他界との交通の重要な手段ないし方法だったのである。

神隠しにあった者のなかには、帰ってこなかった者もあれば、何日かして、ときには数年後に突然帰ってくる者もある。帰還してから、深山幽谷や諸国の神社・名所また大きな都市などの見聞譚を語る者も少なくはなかった。大人が神隠しにあった場合には、一度だけ里人のまえに姿を見せ、それきり二度と帰らなかった話が多い。

松谷みよ子『現代民話考1　河童・天狗・神かくし』から、いくつか例をひく。

事例(1)

群馬県甘楽(かんら)郡甘楽町秋畑。明治のこと。少々頭脳の弱い子が、ある秋の夕方突然家から姿を消した。村中で近くの山や町を尋ねたが、全然見つからない。次の日も次の日も、と捜したが、矢張り見つからなかった。約半月すぎて、ひょっこり村の辻の所へ着物が少しボロになって立っていた。家へつれて帰って「今迄どこへ行っていたか」と尋ねると、「天狗に突然連れて行かれて、大きな都市のあっちこっちの名所を回ってきた」といったと言う。

事例(2)

高知県土佐郡土佐町。私が六年生の頃、伊勢川という部落で二歳の男の子がいなくなった。若い夫婦が幼児をそばで遊ばせながら堆肥の切り返しをしていて、ふと見ると子供がいない。やっとよちよち歩きができるようになったばかりなので、床の下、押入れ、便所の中と疑わしい場所を探したがどこにもいない。二日目は部落の者がみんな出て、近くの山や谷を探し、三日目も四日目も捜索は続けられた。太夫さまに見てもらうと、天狗にさらわれちょる、高い木へ着物が引っかかっちょるいうたげな。五日目はほら貝を吹き、鉦や太鼓を打ちならして田井山の頂上まで探した。その日限り捜索は打ち切られ、その後何年たっても、その子は帰って来なかった。

事例(3)

福島県耶麻（やま）郡飯豊山。大正初期頃の話。近在農家では長男が十三歳になると、飯豊山講と言ってお山詣でをする。金山町横田村の素封家横田家の後目の妻の長男瑞穂氏は、十三詣でに村なかの人達と出かけた。飯豊山登山の途中、ワラジの紐がゆるんだからと前の人に声をかけ、ほんの一、二分後その姿が消えてしまった。皆が大騒ぎして探したが、到頭見つからず、講中の人々はお山詣で途中で戻って来た。以来誰も瑞穂氏の姿を見た人は居ない。誰いうとなく、神かくしに逢ったと伝えられているが、横田家の座敷神に、その日火の玉がとんだと言う。遺体も発見されず、もう八十年近い謎の話題である。

これら神隠しをめぐる民譚から、わたしたちが抽出しておくべき点はとりあえず三つある。

第一に、共同体内部の人間の失踪・蒸発・異常死（遺体なき死）といった、原因不明の不慮のできごとに直面した際に、神隠しはひとつの定型化された解釈として召喚されている。日常的な了解の地平をこえていると意識されたとき、それは多く、非日常的な魔やモノや異人と関係づけられ、因果の解釈をほどこされる。隠された本人が、天狗にさらわれたと語る場合もあれば（事例(1)）、誰いうともなく神隠しという解釈が定着する場合もある（事例(3)）。あるいは、太夫（事例(2)）や祈禱者・イタコなどの巫覡（ふげき）の徒の託宣にもとづいて、神隠し譚が発生をみる場合もある。いずれにせよ、日常的な因果の連鎖によっては了解しがたいできごとは、神隠しという物語の鋳型に流しこむことで、共同体の内部に吸収されるのである。

第二には、神隠しは例外なしに、内部からの視線によって構成される物語である。共同体の内部への強いられた定住を生きる人々にとっては、外なる世界は魔やモノの跳梁する怖ろしい空間であると同時に、ときに一度は訪ねてみたい憧れの場所でもあった。

そうした異界＝他界への憧憬が、あきらかに神隠しの根底には沈められている。大きな都市のあっちこっちの名所を回ってきた（事例⑴）といった行き隠れ者の言葉は、それをよく示している。現実のものであれ架空のものであれ、いわば共同体からの脱出劇といえるが、それは反転されて、魔やモノや異人による誘拐の物語へと再構成される。物語の主体は、共同体の禁制を破って蒸発をとげる人間自身ではなく、かれらをさらってゆく外部の力そのものであり、また、魔やモノとして表象されるこの力にたいする畏怖の生々しさである。神隠しという、内部の眼差しにもとづく物語はこうして発生する。

第三に、隠される人々の種類に注目する必要がある。もっとも多いのは、成年に達する以前の子どもである。老人の例もよくみられる。成人の場合には、半馬鹿な男・頭の弱い男・すこし愚鈍な青年、女性であれば若い娘や嫁という例が多い。これらの人々が、家族内の構造的な劣性をおびた部分、つまり家族のなかの異人たちであることに、関心を惹かれる。子どもたちや知能のおくれた若者などは、柳田国男風にいえば神にちかい固有な存在であるがゆえに、外部の力にさらわれやすいということも容易に了解できる。痴呆状態であれば、老人もそこに加えられるはずである。

ところで、成人した大人の神隠しには意志的な選択としての蒸発・失踪の匂いがする。行き隠れた大人に帰還者が少ないのは、おそらくそのためである。隠されたのが若い娘や嫁の場合には、性的なニュアンスの色濃い話になるのがふつうである。山中などに棲む異人による里の女の略奪婚、とかんがえられる事例もある。柳田は『山の人生』の「深山の婚姻の事」という章に、こう書きとめている――〝風説にもせよ世を避けて山に入って行く若い女を一種の婚姻の如く解する習わしは弘く行われて居た〟と。

おそらく、神隠しとして一括されてきた共同体からの離脱のドラマは、不慮の遺体なき死の場合をのぞけば、大きくいって二つに分類できる。ひとつは、主として子どもたちの、外部の力に誘われての心的な旅といえそうな神隠しであり、もうひとつは、嫁や若い女たちの駈落ち・略奪婚など、いずれは異人との性的交渉（コミュニケーション）として把握しうるたぐいの神隠しである。むろん、わたしたちの現在の主題と密接に関連しているのは、この後者の性の匂い漂う神隠しであることはいうまでもない。

神隠しをめぐるいくつかの物語

イエスの方舟事件は、神隠しや女性誘拐をめぐる群小の物語にとりまかれることによって、特異な事件の位相をもつことになった。ここでは、それら物語群の生成・流通のプロセスや背景などに、可能なかぎり光を射しかけてみたい。

誘拐というテーマに、人々の心を惹きつけてやまぬ不可思議な魅力がひそんでいるのはなぜなのだろうか。日常世界の裏側に貼りついた、もうひとつの世界（異界・他界）への怖れと憧れ。非日常の時空へと誘いかける、人さらいという名の異人が漂わせる禁忌の匂い。さらに、女性誘拐であれば、人々の隠された性的妄想を際限もなく掻きたててくれることだろう。こうした人さらい、ことに女性誘拐にまつわる暗くひき裂かれた心性は人間だれしもの内にひそんでいる原初的な衝動であるのかもしれない。たとえば、映画化もされた『コレクター』(J・ファウルズ作)という少女誘拐をテーマとした小説の漂わせる、あの無気味な魅惑と戦慄はそれをよく語っている。

この種の衝動はしかし、どんなに原初的であれ、いや原初的であるがゆえになおさら抑圧されねばならない。それは読書のなかや、映像・妄想のかたちでしか解き放ってはならない性質のものである。だから、女性誘拐という物語は、小説・映画・ドラマ・ルポルタージュ・新聞記事・ニュースなどの形式をつうじておびただしく反復されてきた。ことに、このテーマが尾ひれをつけて膨らんでゆき、現実的なものと想像的なものとの境界があいまいな領域へと滑りこんでゆくとき、それはスキャンダラスな噂や風聞として肥え太りながら、蠱惑的な物語を分泌するにいたる。

フランスでは、女性誘拐は泥棒・不良少年・人買い業者・ギャングなどの仕業であり、とくにマルセーユ人・コルシカ人・北アフリカ人といった異邦人の活動とみなされているという。真偽のほどは確かめようもないが、暴力団によって香港へ売り飛ばされた若い女の話は、日本でもけっして珍しいものではない。いずれにせよ、女性誘拐犯が社会的なマージナリティをおびた異人であることはまちがいない。童謡『赤い靴』(野口雨情作詞)のなかで、横浜の波止場から、赤い靴をはいた女の子を遠い異国へ連れさる者は、やはり異人でなければいけない。

イエスの方舟事件もまた、女性誘拐というテーマとともにはじまる。サンケイ新聞を中心としたマスコミによる神隠しキャンペーン以前に、娘をさらわれたと信じ、「被害家族」を自称する家族たちの周辺に、女性誘拐をめぐる怖ろしい物語が浮游しはじめていた。『婦人公論』に掲載された、母親たちの一連の手記のなかで、わたしたちはいくつもの物語に出会うことになる。

そのころ、〝教会の刃物研ぎ〟といって数人のおばさんふうの女性と男の人が私どもの住んでいる区域をまわっておりました。〈略〉この刃物研ぎは、実は勧誘の手段で、気を許して何度か本部へ行っているうちに、心やすくなり、世間話をしながら悩みを聞き、相談にのり、不思議な世界へ誘い始めるのです。娘たちのほとんどはこの手口で入会させられています。〈略〉しかも、お話を聞いてみると、惹きつけられて〝行方不明〟になったのがみな二十歳から十七、八歳の娘たちばかりというのが異様でした。どうやら、千石という男は自分を「イエス」と呼ばせて、周囲に十数人の若い女性ばかりを集めているらしいのです。

（阿部きよ子「千石イエスよ、わが娘を返せ」『婦人公論』一九八〇・二）

刃物を研ぎながら、若い娘たちを不思議な世界へと誘い、いつしか行方不明にさせるイエスの方舟。みずからをイエスとよばせ、周囲に十数人の若い女性ばかりをはべらせている千石剛賢（敬称略）。教会と刃物というイメージの組み合わせは、すでにそれだけで異様に映る。方舟の人々にとっては、千石の次兄が刃物工場の経営者であるという偶然によってひき寄せられただけの、たんなる生活上の方便にすぎないとしても、刃物研ぎという小道具は、女性誘拐のドラマを生成させるための欠かしえぬ演出手段として、なかば意識的にクローズアップさせられる。

あるいは、神隠しに付随する洗脳ないし人間改造という物語。

娘は、このベニヤ張りの三畳に、閉じ込められていたのです。日光にも当らず、窓もなく、外の空気も充分に吸わせてもらえず、この暗い部屋で毎日千石剛賢の呪文を講義として聞かねばならなかった日々。毎日の同じ言葉の繰り返しは、まさに洗脳であり、人間改造をされたのです。見えるもの、眺められるものは、ベニヤ板の壁だけでした。聖書の勉強と称してでたらめな話を、いかにもそれらしい言葉で表現し、毎日、何度も何度も繰り返し聞かされるのですから、神経は破滅し、自分の意志はなくなります。粗食の中での洗脳ですから、娘はロボットにならざるをえなかったでありましょう。

（井上孝「私の娘も攫われてしまった」『婦人公論』一九八〇・三）

暗い小部屋に監禁された娘たちは、粗食のなかで、毎日聴かされる呪文のような言葉に神経をすり減らし、洗脳され、やがて千石イエスの意のままに操られるロボットになってゆく……。みずからの意志で家族からの離脱をとげてゆく娘にたいする、両義的な心情（愛と憎しみ）が紡ぎだした、ひとつの妄想にいろどられた物語。むろん、すでに物語の底は割れている。はっきりしているのは、この母親にとって、娘の変貌は洗脳や人間改造といった解釈によって濾過することなしには、けっして受容しえなかったにちがいないということだ。

そして、娘たちのエロティックな受難の物語。

アパートのドアの郵便受けの小さな隙間から、中を覗いてみましたら、大人が入れそうな大きなタライが下げてありました。私は体中の血が凍る思いがしました。

（同上）

この母親の脳裡にうかんだものが、監視されつつ入浴する娘、また大きなタライで湯を使う娘……といった、性的に潤色された場景であったことはいうまでもない。その背後には、精力絶倫の初老の男、十数名の若い女たちを性的に凌辱し、ほしいままに操るハーレムの支配者・千石イエスの影がある。千石の影が射しかかるとき、ただの大ダライが全身の血を凍らせるドラマの小道具と化す。

これら洗脳や性的受難といった主題をめぐる物語の群れは、娘たちの家族からの離反という現実に直面した家族らによって、みずからの家族、そして制度としての家族を守り維持するためにたぐり寄せられた、といってよい。つまり、家族たちは家族そのものの敗北（内なる瓦解）を無化するために、それらの物語を必要としたのである。娘がイエスの方舟に囚われてしまったのは、方舟が家族を越える宗教的救済の途をしめしたからではなく、厳しい監視のもとで洗脳され、性の深みに堕とされているからでなければならない。娘たちは一時的な錯乱状態のなかにいるのである。

通常の信教、牧師、教会ならば私どもも子どもたちの身をよろこんで預けるでありましょう。しかし、社会から隔絶された生活を強い、あらぬことを吹き込み、親と子を対立させ、その中に入り込んで、あたかも娘たちを救う救世主のように見せかける詐欺師的な手口はやりきれません。いくら信教は自由だからといって、健全な市民生活が、千石によってかくも無惨に踏みにじられることが、この法治国家に存在していいものでしょうか。

（「千石イエスよ、わが娘を返せ」）

親たちと方舟の対立の根底にあるものはおそらく、それぞれの家族が固有にかかえこんだ親と子の葛藤をめぐる問題である。はじめに親と子の対立がある。その微妙なはざまに這入りこみ、方舟がそれを増幅させる方向へ働きかけたのは事実であるとしても、方舟の侵入によって、平和な家族生活のなかに裂けめが生じさせられたわけではない。起点にあるのは、家族の内なる葛藤の情景である。しかも、それは八十年代のわたしたちの営む家族のすべてが無縁ではありえない、ある普遍の質をもった風景といってよい。

だが、娘を奪われたと信ずる家族たちにとっては、それは別の意味合いで普遍的と意識されている。イエスの方舟はそこでは、平和そのものに見えるわたしたちの町に降りたち、たくみに若い娘たちを誘って行方不明にさせる詐欺師、あるいは健全な市民生活を無惨に踏みにじる恐ろしい妖異的な存在として表象されている。いわば、方舟は市民生活を脅かす敵という普遍的なイメージ＝影を仮託されているのである。この魔性の存在は、あらゆる平和な家族たちのうえにいつ降りかかるか知れぬ黒い影である——というメッセージ。こうして現代の神隠し譚は、やがて市民社会全体をまきこむ怪奇な物語への予兆をはらみつつ、マスコミのかたすみに姿をあらわしたのである。

マス・メディアのなかの物語

さて、家族の内なる葛藤を転嫁するかたちで、女性誘拐というエロティックな物語の主人公へといつしか祀りあげられていったイエスの方舟は、「被害家族」の手記がマス・メディアをつうじて流布されはじめたとき、平和で健全な市民的日常を脅かす敵、それゆえ市民社会のスケープ・ゴートとして、わたしたちの面前に姿をさらすことになった。手記の第一弾が『婦人公論』誌上に掲載されて三カ月後に、『サンケイ新聞』を中心とした、本格的な、神隠しキャンペーンが開始される。

一九八〇年二月七日がその第一報となる。

〔若い女性十人〃失跡〃　イエスの方舟に入信　東京で五十三年春から不明　ナゾの教祖と流浪か〕

東京・多摩地区から女子高校生や女子大生、ＯＬなど若い女性ばかり十人が次々に失跡していることが、六日までのサンケイ新聞社の調べでわかった。この女性たちは、全員が宗教法人の認可を受けていない「極東キリスト教会、イエスの方舟（はこぶね）」＝五十三年当時、東京都国分寺市日吉町一ノ三九ノ三＝に〃入信〃しており、懸命に娘を捜す家族たちに「イエスの方舟」側は「娘さんたちはうちにはいない」といい続けていた。ところが一昨年五月、千石イエスと名乗る五十六歳の〝教祖〟が女性たちといっしょに突然姿を消してしまった。家族から捜索願を受けた警視庁防犯部は〝特別捜索班〟をつくって捜査しているが手がかりはなく、女性たちはいまなお〝教祖〟とともに放浪生活を続けているものとみられる。

「イエスの方舟」は、東京・国分寺、府中、小平市を拠点にして昭和三十五年ごろから、多摩地区で活動していた団体で〝教祖〟格の男は、現在、大阪市西成区山王のドヤ街の一室(二畳間)に住民登録している千石イエスこと千石剛賢(せんごく・たけよし)氏(五六)。三十四年暮れ、大阪府堺市の磁気指輪のセールスマンを退職して同僚、家族ら八、九人と上京した。空き地にバラックやプレハブの〝教会〟を建て、歯ブラシやゴムヒモなどの行商や刃物研ぎをしながら共同生活。集団失跡する五十三年五月までの十九年間に七ケ所の空き地を転々とした。

刃物研ぎの注文取りに多摩地区を回ったり、中央線沿線の駅頭でパンフレットを配って〝信者〟を募り、バラックづくりの〝教会〟や各市の市民会館、福祉センターなど公共施設で「聖書研究会」を開いた。ここでは「私はイエスの化身だ」「親はこどもを搾取する」「結婚は地獄」などと家庭や親子、夫婦関係を否定する〝教義〟を展開した。

娘を奪われたと信ずる家族側の意向を受け、警察情報をもとに構成された記事のそこかしこにちりばめられた物語の芽。宗教法人として無認可の教会・イエスを自称する初老の教祖・多数の女たちをひき連れての放浪・ドヤ街・磁気指輪のセールスマン・バラックやプレハブの教会・歯ブラシやゴムヒモの行商・刃物研ぎ・空き地を転々、そして、冒頭におかれた物語世界への甘やかな誘いの呪文、〝東京・多摩地区から女子高校生や女子大生、ＯＬなど若い女性ばかり十人が次々に失跡している〟……。エロティックな展開への予感をはらみつつ、物語の秘められた主題ははっきりと、現代の神隠し譚をさししめし浮き彫りにしている。

さらに、『サンケイ新聞』から見出しを拾いあげてみよう。

- わが娘を返して下さい　全国を捜し続けて九三〇日　高三の夏、ラケット手に消える　千石イエスよなぜ逃げる(二・七)
- なぜ続く逃避行　岡山で異常な集団生活を最後に　窓にはしんばり棒(二・八)
- 思春期の悩みをつく　姉の説得ふりきって〝ラブレター〟で急傾斜(二・九)
- 悲劇は刃物とぎから……　厚化粧・マユ細く剃り〝洗礼〟(二・一〇)
- 夫の米出張中に異変　土地権利書も持ち出す　子供のお年玉まで〝献金〟(二・一

三)
- 黒いローブの誘い　四人の子を残し　苦悩の夫　いまや〝加害者〟の立場(二・一四)
- 「親は悪魔だ」と説く　日曜学校の〝教義〟　失跡十五年老母の髪も白く(二・一五)
- 突然除籍「養女」に『まるで人さらい』残された母はひとり泣く(二・一七)

娘を奪われたと信ずる家族たちや、イエスの方舟の周辺で囁かれていた群小の物語は、こうしてマス・メディアに媒介されることによって、現代版・神隠し譚へと結実した。前節で、わたしたちは民俗社会における神隠し譚の構造を、こちらの文脈にひき寄せつつ三つの位相から抽出した。すなわち、(a)日常的な了解の地平をこえたできごと(失踪・蒸発・遺体なき死)に直面した際の、定型化された解釈であること。(b)内部からの眼差しによって構成される物語であること。(c)隠されるのが、家族のなかの構造的劣性をおびた異人であること。

イエスの方舟事件は、そうした神隠し譚の構造をそのままになぞっている。娘たちの失跡という了解しがたいできごとに遭遇した家族たちは、その原因を方舟という魔性の集団に帰し、エロティックな女性誘拐の物語へと解釈のレヴェルそのものをずらすことで、ようやく受容を果たしている(↓(a))。この神隠し譚は当然ながら、家族の内部・市民社会の内部からの眼差しにもとづいて織りあげられている。娘たちは家族の外部へ、イエスの方舟は市民社会の周縁ないし外部へと脱出をはかっており、それゆえ現代の神隠し譚は、それら外部への亡命者を生け贄としたスケープ・ゴート譚として読むこともできる。それはいずれ、内なる眼差しによって構成される物語である(↓(b))。また、失踪者は若い娘や主婦であり、家族のなかで自分を主観的には異人として位置づけることしかできなかった人々であることも、神隠し譚の定型におさまっている(↓(c))。

たとえば、こんな光景を頭に浮かべてみればよい。近所の人から、五日市のある神社へ行ってお祈りしてもらえば、いなくなった人が帰ってくるという話を聞いて、ひとりの母親はイエスの方舟に隠された娘をとりかえすために、その神社へでかけてゆく。うっそうとした杉林をぬけて、母親はやっとのことで山のうえの神社にたどり着く。そこで、娘の名をよび、祈禱してもらった(山田マツ「十五年探した娘は方舟に」『婦人公論』一九八〇・四)。

この、いささか時代錯誤にすぎる光景を笑うことはできない。母親にはどうしても、愛する娘が家族を捨てて方舟へ去ったという現実が了解できない。母親の眼には、腹を痛め血を分けた子どもに家族との絆を断ち切らせ、魅了しつくしてしまうイエスの方舟という集団は、無気味な邪教集団としか映らない。神隠しという定型化された解釈だけが、母親の心を慰めてくれる。はるばる遠くの神社をたずねて祈禱をたのむといった儀式をつうじて、神隠しは追認され、揺るぎがたい現実と化していったにちがいない。逆にいえば、神隠しという古さびた物語の定型にすがることによってしか、娘に捨てられた家族たちは、その怖るべき現実に耐えることができなかったのである。

家族という制度の内部から亡命し、イエスの方舟とともに彷徨の旅に出立しようとする娘たちと、制度の外部の存在そのものを許容しえぬ家族たちとのあいだの相剋のドラマは、やがて方舟が漂流しはじめたとき、内部の視線によって神隠し譚へと再構成され、流布されてゆく運命にあったのである。

拡散する家族たちの風景

危機というものは、それまで隠されていたか深層に沈められていた現実の意味を告知し、また、自明とされてきたことがらを根底から脅かす。危機に瀕した社会は剝きだしになった秩序の裂けめを修復するために、ときに悪や罪を具象化させられた生け贄（スケープ・ゴート）を裂けめに投げこみ、それを浄化する社会的儀礼を媒介として、社会の傷を癒し裂けめを埋め、危機を乗りこえてゆこうと試みる。そうして危機は神話的なるものを呼び醒まし、現代がなお新しいアルカイズムと非合理なるものをはらみつつ、むしろたえずそれらを産出してゆく社会であることをみずから露わにする。

危機としてのイエスの方舟事件が顕在化させたものは、現代の家族がいやおうなしに内に抱えこんでいるにちがいない寒々しい風景であった気がする。家族はもはや憩い(アジール)の場としての役割を喪失し、成員相互をむすびつけ集団として維持しつづけるに足る価値観をもちあわせていない。家族はその外なる世界にたいする防波堤であることをやめ、かえって外的な価値規範やイデオロギーを増幅して成員たちに強いる、無気味な粘っこい装置と化している。イエスの方舟は、そうしたいくつかの家族の崩壊してゆく風景と出会い、かかわり、交わるなかで、一挙に時代をさしつらぬく社会現象＝事件の主人公へとせりだしていったのである。

イエスの方舟なる名称がはじめて掲げられたのは、一九七五年七月である。その名称がだれの発案によるものかはさだかでないが、時期を一にして、千石イエスの成長した娘たちが布教活動の前面にたち、彼女らと同世代の女性会員たちが続々と参加してくることは暗示的である。それ以前の方舟では、活動資金にこと欠く貧しい生活ながらも、比較的静穏な信仰の日々が送られていたという。

わたしたちはそこで、事件への直接の契機となる家族の風景のいくつかを眺めてみることにする(サンデー毎日編集部編『イエスの方舟——同乗漂流』による)。

A子とその家族

医師の二女。服飾学校のデザイン科を出て既製服会社に就職。職場結婚して四人の子供が生まれる。夫の浮気による不信感、狂気じみた暴力に絶望。身を隠すように方舟に入会(一九七四年・三十三歳)。

B子とその家族

台湾に生まれ、三歳のときに終戦で引き揚げる。女子高を出て、一年間英文タイプ学校に通い、東京・大手町の石油会社に就職。職場結婚し、男の子が二人。夫との不仲に悩んでいたとき、はじめて教会と接触。つのる夫の暴力を逃れ、子供づれで実家へ帰ることのくりかえし。家政婦協会の寮に住みこみ、自活。夫は勝手に離婚届を偽造、別の女性と結婚。方舟に入会(一九七四年・三十一歳)。

この二人の、それぞれに数人の子どものある女性にとって、イエスの方舟が夫の暴力から自分を庇護してくれる、おそらくはゆいいつの避難場所(アジール)であったことが共通している。あるいは、駈け込み寺的な色合いをもっていたといってもよい。崩れてゆく家族からの逃れ(のが)人をむかえいれるアジールとしての方舟。この主題は、方舟に入会した女性たちに多かれすくなかれみいだされるものである。

C子とその家族

ファッション関係の店をもつ会社の社長である父、デザイナーの母、兄二人とC子の五人家族。父と母の別居。ボーイフレンドのいる母。「異常行為」(?)の兄。C子は有名私立中・高校を経て、一流会社OLとなる。その間十五歳のころから、ボンド吸い・万引き・競馬・グループサウンズの親衛隊など、「非行」に染まるとともに、性的彷徨(妊娠・中絶・性病など)の日々を送る。OLをやめ、突然の家出。売春。方舟に入会(一九七六年・二十歳)。

表面的には豊かで平和な、なにひとつ不自由のない暮らしを送れる家族、そして、やはり表面的には順調このうえなく女子高を卒業後、一流企業に就職した娘C子。しかし、家族は現実にはぼろぼろに壊れ解体寸前の状態にあり、C子はむしろみずからの心身を汚し痛めつけることによって、かろうじて家族の内側に場を確保しようと努めていたかにみえる。むろん、これはC子の眼に映じた家族の風景にすぎないともいえる。ほかの成員たちにとって、C家という容器は、「自立した大人」たちが形成する、それなりに居心地のいい場と受け取られていたのかもしれない。だが、いずれにせよ、C家が依然として家族でありつづけることの積極的な根拠、すくなくともC子を家族に繫ぎとめるに足る根拠は失われていたとおもわれる。

C子は結局、女として行き着くところまで行った（とみずから感じた）とき、いわば漂泊の果てに、以前に接触のあったイエスの方舟に救いをもとめて辿り着く。家族はC子にとって、もはや彷徨のすえに回帰してくる憩い休らうための場ではなかった。C子の自虐が刻んだ心身の傷を癒してくれるものが、家族ではなく、方舟という擬似家族的な共同体であったこと、その小さな現実には眼の眩みそうな「真実」が秘められている気がする。C子の方舟漂着後に演じられる親と子の相剋のドラマは、たとえ現実的には壊れていても、夫婦というかたち、家族というかたちにだけはこだわり、それを維持しつづけようと欲する親たちと、壊れてしまった家族からの離脱こそがゆいいつのえらぶべき途と信ずる娘との、文字通り断絶のドラマである。

家出から半年後、C子は千石イエスに、売春と性病について告白し救いをもとめる手紙を書いている。「どうしてこんなヒドイ子をうちで面倒みなければならんの？」と、年配の会員が不満をぶつけたとき、千石イエスはこう言った、「お前何を言うとんのや。お前かて最初はそうやったやないかい。誰かて初めはあんなもんや。長い目で見たろうやないかい」。C子はこうして方舟に入会する。家庭の愛に飢えていたC子がそこで見つけたのは、男と女のドロドロした愛ではなく、仲間意識であったという。

D子とその家族
D子が小学三年のとき、父の経営する機械工場が倒産して、両親は別居、のちに離婚。母にひきとられ、母一人子一人の質素な暮らし。中学・専門学校と通いながら、喫茶店・スナックで学費稼ぎに働く。客の男との同棲、すこしも働こうとせぬ男に絶望して別れる。そのころ、D子は中学の同級生だった千石イエスの娘と偶然出会い、方舟の存在を知る。やがて入会(一九七二年・十七歳)。のちにみずから希望して籍を抜き、千石イエスの養女となる。

D子が方舟に漂着するまでの足跡は、同年代のほかの少女らと比べるならば、やはり特異に悲惨であるというほかはない。世の中が高度経済成長なる看板をかかげて物質的繁栄を謳歌していたとき、典型的な母子家庭であるD家の母と娘は、日々貧困に追いたてられていた。D子は中学生でありながら、教師の許可を得て、放課後、競馬場の喫茶店でウェイトレスをして学費を稼がねばならない。自殺ばかり考えている暗い少女であった。

母親は十数年間、女手ひとつで娘を育てあげる苦労に身も心もすりへらし、D子の心の世界に眼をむける余裕をもちあわせていない。一日も早く娘が経済的に自立すること、そして、娘の養育から解放されることを願っていたにちがいない。十六、七の少女にすぎぬD子が男に救いを託し、新しい家族を夢見て同棲をはじめたときも、籍を抜いて千石イエスの養女になったときも、おそらく母親はたいした関心も抵抗も示さなかったのではないかという気がする。父親が去ったあとの二人だけの家族は、そうして長い年月のうちに弛緩し、母と娘はもはや家族が幻影でしかないことを承知し尽くし、ばらばらに家族に背をむけて歩きだしていたのではないだろうか。

ひとつの印象深い光景がある。方舟浮上後、警察はD子と母親をひき合わせようとする。

D子「呼んでも無駄ですよ。母は、私のことなんか関心ないんですから」
警官「何言ってるんだ、親だろう？　会いにくるに決まっとる」
D子「いいえ来ません。待ってても仕方ありませんよ」
警官「いや来る！」

結局、深夜になって母親から「行けない」と連絡が入る。そして、後日、娘のまえにようやく現われた母親は、「なんで私が、こんな遠いところに来なくちゃならないの？」と腹を立てていた、という。

これが〝まるで人さらい、残された母はひとり泣く〟とマスコミによって書きたてられた母親の、現実の姿だった。家族という色褪せた常識に寄りかかり、神隠しキャンペーンを張ったマスコミ・警察はみごとに裏切られ、ここにはただ、解体・離散をとげた家族のひたすら淋しい風景が転がっているばかりである。

E子とその家族

東大法学部出のある公社局長の父、母、四つ違いの弟とE子の四人家族。E子には二歳半からピアノの家庭教師がつき、私立音大附属の幼稚園・小・中・高と進む。中学へ上がるころ、ピアノ教師に才能の限界を指摘される。ときどき学校をさぼるようになるが、それが発覚したとき、父親はひと言「E家の名誉のために(学校へは)行ってくれ」という。万引き・喫煙・飲酒・ディスコとささやかな「非行」。国電の駅前で、方舟の集会に勧誘される。家出・アパート暮らし、方舟へ(一九七七年・十七歳)。

経済的にはきわめて恵まれた環境下に、E子は典型的な「良家のお嬢さん」として育てられている。立派なたたずまいの家の地下には彼女専用のピアノ室すらあるなかで、E子は親の敷いたレールのうえを子どもなりに夢中で歩いてゆく。しかし、才能の限界にぶつかるとともに、ピアノは威圧的な親の象徴と化してしまう。ピアノをやめたいと言うE子には取り合わず、「どこか私大出身の人と見合いの練習をして、本命の東大出身の人とお見合いさせてあげるから」と母親は口癖のごとく言う。E子の必死の抵抗であり、自己表現であったにちがいない非行にたいしても、親たちは見て見ぬふりでやり過ごす。

方舟失踪後に、その追跡のリーダー的存在となるのがE子の両親である。『婦人公論』(一九八〇・一)誌上に「千石イエスよ、わが娘を返せ」と題する手記を発表し、マスコミの〈神隠し〉報道へと道をひらいたのは、E子の母親である。その手記を目にして、子は母親あてに怒りの手紙を書くが、それはやはり母親によって『婦人公論』(一九八〇・三)誌上に、「攫われた娘から来た手紙」と題した母と娘の往復書簡として掲載される。そのなかで、E子の直筆の手紙は〝千石イエスのストーリー〟と決めつけられ、全否定されている。

E家にはいまだイエ意識が根強く残っているようにみえる。しかし、それは先祖代々受け継がれてきたイエというよりは、東大法学部出のエリートである父親が世間にたいしてそびやかす幻影の城であったような気がする。そうしたイエは娘のE子にとっては自己同一化しがたい、威圧的な桎梏の象徴でしかない。家族は親の意に反して、子にとっては代替可能な場なり集団なりがあれば乗り換えることもためらわぬ、いわば相対的な選択肢のひとつと化している。家族はここでも離散の危機に瀕しているといってよい。そうした家族をとりまく現実に無知であるところに、E家の親たちの痛ましい誤算がある。

さまざまな家族の風景がありうる。わたしたちの眼前にいまあるのは、たまたまイエスの方舟と出会い、事件へと展開してゆくことになった特異な家族たちの風景である。だが、それははたして本当に特異で例外的なものなのだろうか。

たとえば、方舟浮上後に娘たちがみずから語った非行や堕落の物語は、青春といういずれは彷徨を主旋律とする不安定な季節をいろどる、ありふれたエピソードにすぎない。捨てられた家族たちの、娘らによって暴露された内なる風景もまた、虚心に眺めてみれば、平凡な家族ならきっと秘め隠しているようなものにすぎない。それはむしろ、現代の家族みなに、多かれすくなかれ進行している事態を象徴的にあらわしているのではないだろうか。家族の崩壊・解体・離散……、これはたんに表層的な風俗現象にはとどまらぬ、さまざまな家族たちの深部を通底する現実である。家族でありつづけることの根拠、いわば家族的アイデンティティ自体が懐疑され、危機に晒されているのである。

E子の手紙の一節を引用しよう（「攫われた娘から来た手紙」より）。

第一、何をどう私に説得しようというのですか？　私を連れて帰って、何をしてくれるのですか？　パパもママも冷静になれば、私が今経験している以上の喜びを用意できるかどうか解る筈……。私を動かす程の、素晴らしい具体的な肯定を用意しているというのですか？　前以上に優雅な生活をさせてやる……とでもいうのですか。

いかにも痛烈な家族批判である。突きつけられたこのたぐいの問いに、真正面から受けて立つことのできる家族が現代にあるだろうか。そして、〝喜び〟も〝素晴らしい具体的な肯定〟もあたえることができず、ただ〝優雅な生活〟という物質的充足の卑小な肯定をしか提示することのできぬ家族とは、いったいなにか。逆にいえば、そうした〝喜び〟や〝素晴らしい具体的な肯定〟をあたえてしまったらしいイエスの方舟とはなにか。その対照的な構図をおもえば、家族のがわから家族を否定する邪教集団として攻撃され呪詛されることは、方舟にとってほとんど宿命であった。それはおそらく、千石イエスの言葉や方舟の教義などとはほとんど関わりがない。

家族はいま、〝喜び〟や〝素晴らしい具体的な肯定〟をなにひとつ提示しえない。おまえはわたしになにをあたえてくれるのか――という、悲鳴にも似た懐疑の声に、あるいは無力を嘆きつつ沈黙し、あるいは逆にヒステリックな威嚇の声を発しつつ沈黙を強いようとする。だが、家族が無力であることそれ自体は、かならずしも現代に特徴的な、また現代の家族を根底から脅かす問題をはらんだ現象であるとはいえない。家族がその成員たちに、〝喜び〟や〝具体的な素晴らしい肯定〟を十全にあたえた時代などといったものは、たぶん一個の夢物語にすぎない。現代の家族を真実根底から脅かしているのは、家族がわたしたちにとって、すでに・つねに現前する自然であり自明であるような存在ではもはやない、という現実である。みずからを構成する者に、たとえばE子のごとき問いを許してしまうこと、それはすでに家族が何者かに敗北していることを意味するのではないか。家族とはかつて、そうした問いなど這入る余地のない自明すぎる存在であったはずであるからだ。

　なかば惰性のように家族という場に円陣をなしつつ座してはいるが、円陣の中心には統合の象徴たるべきもの、たとえば、祖先を祀る神棚あるいは父なるものは存在しない。それゆえ、円陣を離脱してゆく者をひきとめる根拠はひどく稀薄である。家族は外部(そと)なる世界からかぎりなく侵蝕されながら、しだいに情愛(エロス)という位相に還元されつつあるのかもしれない。情愛(エロス)を失った者はさほどの執着心も覚えずに、家族の円陣から身を退き、離れ去ってゆく。そのとき演じられるドラマは、方舟をめぐる事件がある位相では娘と親と方舟(千石イエス)のあいだの三角関係のもつれであったように、男と女の演じる愛憎劇に還元されてしまう。家族という固有な幻想領域はいよいよ狭められ、不確かな移ろいやすい関係の束と化して、時代のはざまの昏がりを浮游している。

　イエスの方舟という静穏な信仰者の集団が、家族からの亡命者たちのアジールへといつしか変貌をとげてゆき、時代を象徴する事件(できごと)の主人公へと転化していった背景を探るとき、わたしたちはこうした現代の家族をめぐる状況、その、いやおうなしに晒されている解体・離散の危機といったものに想いいたらずにはおれない。それはおそらく、現代の家族がすくなからず抱えこんでいる寒々しい風景であるにちがいない。

イエスの方舟という異界

イエスの方舟の東京での活動は、一九六〇年四月、東京都国分寺市恋ヶ窪の狭い借地にバラックを建て、「極東キリスト集会」の看板を掲げたときにはじまる。それ以降、集団失踪する一九七八年五月までの十九年間に、方舟は多摩地区の空き地七カ所を転々とする。旧米軍ハウス、古い農家、そして借地に粗末なテントやプレハブの教会を建てての共同生活。のちにマイクロバスを購入するが、住宅と教会を兼ねたものとして使用される。

こうしたテント小屋やマイクロバスの教会が、地域社会の内部にあっては、ある種異様なものとして映じただろうことは想像にかたくない。白く塗られた尖塔もなく、十字架が屹立することもなく、宗教法人としての認可すら受けていない教会。〝通常の信教、牧師、教会ならば私どもも子どもたちの身をよろこんで預けるでありましょう〟という、家族の嘆きを笑うことはできない。そうした価値観のありようは、わたしたち自身のそれとけっしてかけ離れたものではない。

奇妙な教会に寝泊まりをはじめた男たちと中年女性、そして若い娘たち。娘たちはそろって黒いローブを着けており、めったに外出することもない。やがてプレハブの家屋自体が、外部からの視線を遮断するように青いシートで覆われてしまう。いよいよ方舟は外界と隔絶した空間に変わり、内部の生活は垣間見ることすらできなくなる。方舟の周辺でくりかえされる騒ぎ。ハンドマイク片手に「人さらい！ 娘を返せ！」とがなりたてる男たち、リンチまがいの乱闘、パトカーのかたわらでなすすべもなく眺めている警官、見物に興じる野次馬たち……。近隣の主婦たちは、この無気味な集団を眉をひそめる噂の対象としはじめ、まもなく方舟からの脱走者を追いまわす怒鳴り声を聴いた（と称する）者まであらわれる。方舟はやはり、こうしてすでに事件のはるか以前から、神隠し譚の芽を地域社会にまき散らしていたのだといえる。

夜空にうかぶ異様な建物を見て驚きました。青いカマボコ型の屋根と周りをつつむ青いビニールは、ゆるやかに揺れていました。六尺のトタン塀をぐるりとめぐらし、電気は煌々とついていました。五十メートルほど手前の信号機の光が、かわるがわる照らしていました。私はそばまで行けず、離れたところから眺めて帰りました。ここは中央線を背に前は自動車道路、右側は火の見やぐら、左は三十メートルほど離れて駐在所で、「建物」の両側には隣家がないのです。どんな音も周りには聞えず、反対に「建物」の中からは四方が見渡せるのです。

（「私の娘も攫われてしまった」）

わたしたちは事件から何年もたち、イエスの方舟の実態らしきものを情報として手に入れた地点から、事件そのものを鳥瞰していることを忘れてはならない。これらの家族たちは娘を奪われたという焦慮の底から、方舟の外観に必死で眼をこらしている。そこに映る方舟のイメージが、わたしたちの現在から見て色濃く妄想にいろどられているとしても、不思議とはいえない気がする。すくなくともそれらの家族のいだいた印象は、イエスの方舟のような集団に娘を奪われた（と信ずる）家族なら例外なしにもつにちがいない、ごくありふれた印象にすぎない。

種明かしがされてしまえば、ひたすら滑稽な、誘拐と監禁にまつわる妄想的な物語ではある。飯場のようなプレハブの家屋、一畳足らずの寝場所、目貼りされて陽の射しこまぬ窓……。母親の胸中を去来したのは、こんな所にわが娘が自分の意志で暮らしているはずはない、という揺るがぬ確信であったかもしれない。たとえ、いっときの狂気に曳きずられて方舟に入ったとしても、監禁でもされていないかぎり留まっているはずはない、という思い。実際、イエスの方舟は人々の〝肉性を震えあがらせる〟と形容されるような、貧しい生活環境のなかにあったのである。

① 国分寺市恋ヶ窪
② 国分寺市榎戸新田
③ 小平市上水本町
④ 府中市稲荷木
⑤ 府中市新町１丁目
⑥ 東大和市芋窪
⑦ 国分寺市日吉町

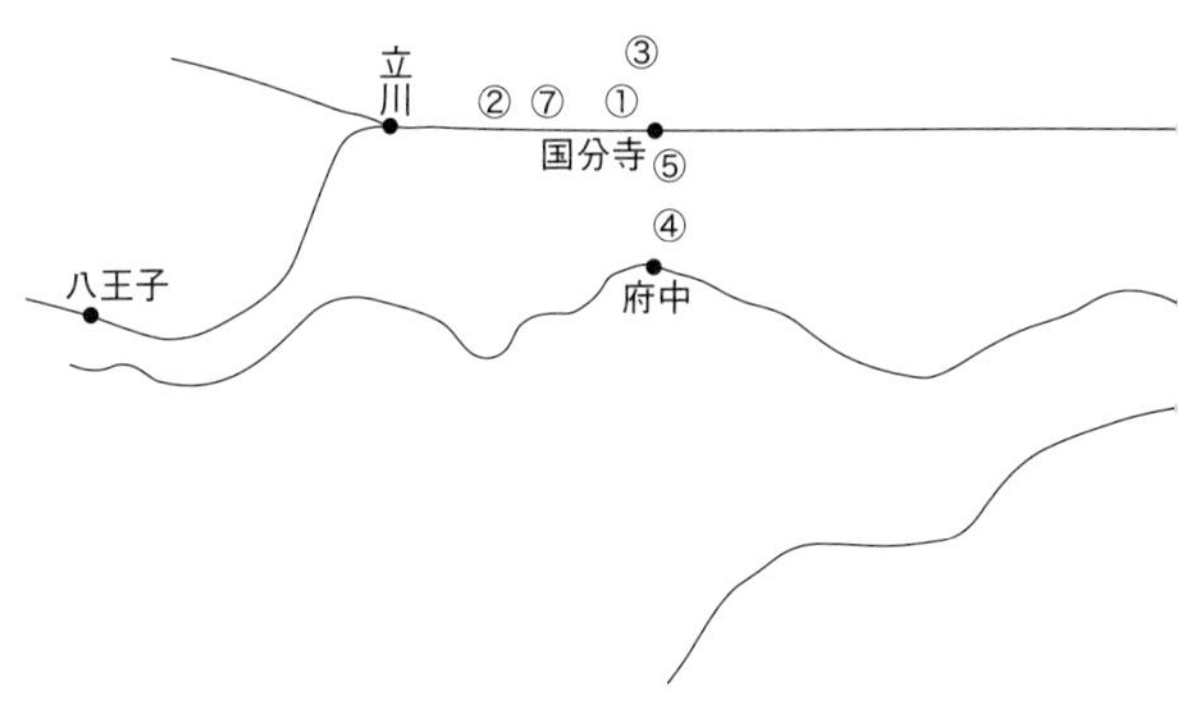

東京漂泊地図

方舟が東京で集団生活を開始したのは，1960年であり，それから方舟は主として国分寺・小平・府中の近辺を数年周期で彷徨してゆく．中央線沿線の，新宿から3,40分足らずのこの地域は，大都市東京のある意味では周縁ないし境界にあたる．都市化の波に洗われ，あたかも細胞増殖の末端部のような怖ろしい勢いで変貌をとげてゆく様を，幼少年期以来この地域に住みつづけてきたわたしは，つぶさに目撃している．方舟がはじめて錨を降ろした当時は，雑木林・原っぱ・空き地・畑がいまだ宅地造成されず，いたるところに残っていた．経済成長期をへて，方舟がバラックの教会を建て子どもらが遊び場とした，それら空閑地が新興住宅街と化してゆくにつれて，風景としての方舟は孤立を深め，それまでさほど目立たなかった違和性を，鋭利に，凝縮されたかたちで露出させていったのではないか．おそらく，それは方舟をめぐる事件の遠い後景をなしている．

貧乏で生活に苦しいものを人は、貧しいといい、また病気で苦しんでいるもの、人間交流がうまく行かないものを不幸と思う。その感覚が異邦人の感覚、豚感覚である。大邸宅が豚小屋と思える感覚。三食昼寝つきの超デラックス生活が、これが乞食と思える感覚。これを主イエスは『貧しき者は幸福なり』といわれた。おいしいものは何もなく、ごはんに塩をかけて食べる。しかし、その中にすばらしい本性の交流があるときに、その塩をかけたごはんは、すきやき以上の価値がある。

(西村幸男「イエス遁走の内部事情」『婦人公論』一九八〇・八)

千石イエスの言葉であるという。制度の内側に摂りこまれた教会とその教義から大きく逸脱する、ほとんど過激なまでの、聖書の教え「貧しき者は幸福なり」の実践である。貧しさが方舟自身によって選択された生活のかたちであることに、理解がおよばぬ者にとっては、それはひたすら〝肉性を震えあがらせる〟ものでしかありえない。娘に捨てられた家族と、物質的な安逸という肯定にどっぷり漬かった市民社会はともに、こうしたイエスの方舟を異界として眺める場所にたっている。しかも、方舟自身がかれらを異界として対岸視する世間の眼差しに驚くほど無頓着であることは、方舟をやがて神隠し譚の主人公へと祀りあげてゆく遠因をなしていたようにおもわれる。

イエスの方舟における共同生活は、刃物研ぎの注文回りと研ぎ作業・お茶の販売・竹の花カゴ製作などに支えられていたが、布教活動もそれと一体化している。いわば、「教会の研ぎ屋さん」とよばれたゆえんだが、各家庭を訪問して、刃物研ぎの注文を取りながら布教をおこなうのである。ほかに、中央線沿線の駅頭でパンフレットを配り、福祉センターや方舟のマイクロバスのなかなどで聖書研究会を開いている。こうしたイエスの方舟の布教形式は、やはり通常の教会のそれとは異なる独特なものといえるだろう。日本の中世社会の昏がりを、聖とよばれた私度僧たちが漂泊しつつ、ときに行商や細工などにたずさわりながら布教活動をおこなった姿を想起してもよい。いずれにせよ、ここでも方舟は、わたしたちの常識的な教会像から大きく偏奇していることはまちがいない。

あたかもほんの一時錨を降ろしただけの、翌日にはきっと港を出航してゆくにちがいない異人船のように、イエスの方舟は、雑木林と原っぱの点在する武蔵野のかたすみを漂いつづける。定住への意志の稀薄さ、あえていってみれば一処不住でありつづけること＝漂泊への志向、それは方舟にはあざやかに特徴的である。のちの逃避行において東京から博多まで流離してゆくさまは、追われてとはいいながら、まさにさだめなき漂泊と形容するにふさわしい。

この非・定住への志向は、漂泊と定住との両義的存在というジンメルの異人の定義を想起するまでもなく、地域社会における方舟の異人性をきわだたせている。むしろイエスの方舟は、日常的世界の内部に身をおくかぎりは異人であり、異界でありつづけざるをえないことを、みずからの宿命としてえらびとっているのかもしれない。すくなくとも方舟には、異人や異界であることの疎外感、また苦痛の表情といったものはみいだしがたい。

ここにはおそらく、方舟という集団の基底にふれる問題がひそんでいる。それはもっとも端的に、イエスの方舟なる名称そのものに象徴されている。日常的世界に憩う「肉体人間」としての自己が否定され、あらたなる人格(「本性人間」としてのイエス)に近付くことが、かれらにとって最大の宗教的課題である。いわば、日常的世界をかぎりなく越えてゆくところに、イエスという至上の人格または状態が設定されている。方舟の日々の活動(聖書の勉強や交流・布教など)は、それゆえ、かれら一人ひとりがいかに固有名詞としての自己を捨て、イエスへと自己変革をとげてゆくかの実践そのものであり、方舟はそうした課題のための場を意味する。方舟という名称は、日常的世界に定住することを拒み、日常からのかぎりない亡命者でありつづけることへの願望を暗示しているのだろうか。

イエスの方舟という呼称はくりかえすが、定住への意志の稀薄さをこそ象徴している。たとえばそこに、〝キリスト教徒は世間にとっては外の者であり、頭を憩わせる場所ももたないさすらい人、旅人である〟といった、原始キリスト教以来の伝統を痕跡として語ってくれる言葉を重ねてみてもよい。漂泊というかたちこそが、信仰者ないしその共同体の初源の姿であるといえるとしたら、方舟の非・定住性もまた別の角度から光を射しかけられる必要があるのかもしれない。

妖術師または供犠という主題

ところで、いうまでもなくイエスの方舟という集団の要石(かなめ)となり、二年半にわたる逃避行のなかでも集団を統合しつづけたのは、千石イエスと称された初老の男であった。方舟の浮上以前には、若い女たちを周囲にはべらすハーレムの王、淫祠邪教の怖ろしい教祖といった千石イエス像が流布されていたが、浮上後には、無教養な、ただ悩める娘たちから大きな信頼を寄せられるだけの「おっちゃん」といった像がいつしか定着した。そのいずれもが、おそらく千石イエスの実像のほんの一片をかすめとってはいるにちがいない。

姉妹で方舟に通っていたことのある一人の女性は、こんなふうに書いている。この女性は夫の禁止によって方舟を離れたが、妹は二十一歳になったばかりのころ、「何があっても、絶対に帰ってこない」といい残し、家を出て方舟にはいっている。

妹が責任者に魅かれたのも、無理はないと思います。責任者の年代といえば、お兄さんか、お父さんになりますが、その人たちと責任者を比べれば、責任者の方がずっと魅力的にみえるのです。責任者は、浅黒い健康的な肌をしていて、顔もくずれていません。そのような男性的な魅力と、なにかほんとうに自分のためになってくれ、自分のことを心配してくれて、自分にいいきかせ、教えてくれる、信頼できる先生のように思っていましたが、妹は、もっと思いがエスカレートして、しばらくすると、「責任者は人間じゃない」などといい始めました。「どんなに雨がザァザァ降っていても、責任者が出かけるときには、ピタリと雨が止むのよ」などと、真剣な顔をしていいます。

（加藤芳江「魔の手から逃れて」『婦人公論』一九八〇・五）

責任者つまり千石イエスが、女性の会員たちにとってどのような存在であるのかが、よくわかる。タイトルは別として、この手記全体から受ける印象からいって、記述された内容には誇張は含まれていないと想像される。男性的な魅力をそなえ、自分のことを親身に心配してくれる、信頼できる先生のような存在。千石イエスと女たちのあいだに、肉体に媒介された性関係は存在しなかったが、しかし、ある種の精神的な性関係（プラトニック）が結ばれていたことは確実である。

しかも、千石イエスの魅力は、たんなる市井の「おっちゃん」のそれと同一に語ることはできない。〝責任者は人間じゃない〟という言葉は、むろん正確な記述であるかどうかは不明であるが、女性会員たちの心情レヴェルにおける千石イエスの受容のされ方を想像させてはくれる。やはり、千石イエスはたんなる「おっちゃん」ではなく、強烈なカリスマ性をおびた教祖的存在なのである。実のところ、そうしたカリスマ的魅力がなくして、二年半にもわたる、多数の若い女性をひきつれての逃避行など可能であったはずもない。

若い女たちに家族を捨てさせるほどの魅力を発散させる男は、娘を奪われた家族にとっては、怖るべき敵にほかならない。加えてこの敵は、キリスト教・教会・牧師などにかんする暗黙のコードにことごとく違背した存在、いわば典型的に、存在的に、異質か、つ、か、い、奇異なものとしての異人なのである。

たとえば、娘のことで自宅に訪ねてきた千石イエスについて、ひとりの母親はつぎのように書き留めている（「千石イエスよ、わが娘を返せ」）。――千石イエスは〝白いカラーの立襟のついた、黒い裾の長い服を着て、口にはチョビ髭をつけ、牧師のように振舞って、やって来ました。ものごしが柔らかで、猫なで声を出し、娘のことを、「立派な、大変かしこい、美しいお嬢さんで、こういうお嬢さんを育てた御両親にぜひお会いしたいと思っておりました」とか常識では考えられないような、とてもとても、たいそうなお世辞を平気で言いました〟。夫が聖書やキリスト教の話をもちだすと、〟千石は、聖書やキリスト教について、学問的な真面目な勉強を何もしていないようで、明確な返答は何ひとつ返って来ませんでした〟。

それから、〝奇異に感じた夫〟と千石イエスのあいだでこんな会話が交わされる。「あなたは牧師の服装をしていらっしゃるが、どこで資格を取ったか、教会はどこに所属しているか、宗派は何か」――「牧師ではありません。宗派は独自に開いたものです」――「では牧師の服装をしているのはおかしいではありませんか。また娘に〝ハーラル〟という名前をつけたりして、どういうことですか」――「この服は、便宜上着ているのです。名前は教会で呼び合っているだけです」。

かつて千石が学んだという聖書研究会の総代は、千石イエスについてこう語ったという、――〝千石は若いころ職もなく困窮し、代表責任者のところへ転がり込み、そこで聖書をききかじりました。定職につかず、大道でいいかげんなものを売り、テキヤで、口がうまく、商売は上手でした。そのうち、「牧師にしてくれ」と代表責任者にせまりましたが、「勉強がたりない」と断ると、飛び出し、西村幸男と組んで、『極東キリスト集会』をつくったそうです〟。

千石イエスとはだれか。牧師の格好をしていながら、牧師ではない。牧師の資格をもたず、教会はどこにも所属せず、宗派は独自に開いたという。聖書やキリスト教にかんする学問的な真面目な勉強をした形跡もない。若いころは定職につかず、大道でいい加減なモノを売るテキヤをしていた。キリスト教・教会・牧師などにまつわる暗黙のコードから逸脱する、曖昧模糊とした名付ケラレザルモノ……、この、いかがわしい教祖然とした男が、周囲にたくさんの若い娘たちを集めて説教している光景は、娘に捨てられて逆上している家族の眼には、淫祠邪教の教祖と女たちをめぐるポルノグラフィとしか映らなかったにちがいない。

ここで、人類学者であるメアリ・ダグラスの『汚穢と禁忌』のなかの、妖術にかんする解釈を想起するとしても、けっして唐突ではあるまい。ダグラスはそこで、妖術の構造をつぎのように規定している。

それは、共同体において構造が比較的不明確な部分にいる人々がもつとされている反＝社会的な霊的能力ということになるだろうし、彼等を告発することは、世俗的形式の制御が困難な部分に制御を加えるための手段ということになろう。従って、妖術は非＝構造の中に見出されることになる。つまり妖術師とは、壁や羽目板張りの隙間に棲む油虫や蜘蛛の類の社会的等価物なのである。彼等の惹き起こす不安や嫌悪は、別の形の曖昧なるものや矛盾したものが惹き起こすようなものであり、彼等がもつとされている種類の能力は、彼等の曖昧かつ不明確な地位を象徴している

のである。（塚本利明訳）

淫祠邪教の教祖としての千石イエスは、まさに妖術師である。ダグラスによれば、妖術とは、構造的に曖昧かつ不明確な場所におかれた人々のもつとされる霊的能力であり、その曖昧さゆえに不安や嫌悪が惹きおこされるという。ある者を妖術師として告発することは、俗なる秩序による制御の困難な部分にたいするコントロールの手段であり、それゆえ、これは供犠の特異な形式のひとつでもある。

方舟および千石イエスのおびる曖昧さ・不明確さについては、すでに触れてきた。教会であって教会ではない、テント小屋やマイクロバスの教会・イエスの方舟。牧師であって牧師ではない、元テキヤのチョビ髭をはやした教祖・千石イエス。この構造的な曖昧さを一身に体現したともいえそうな集団および人物が、年若い娘たちを惑わせ誘拐する妖術師として告発されることは、ほとんど自然な成りゆきといってよい。わたしたちはこの種の曖昧さに遭遇するとき、あたかも生理的な自然にねざすかのような嫌悪を覚え、形をなさぬ不安に苛まれる。そうした嫌悪や不安がある臨界点に達したとき、妖術師の告発というテーマがたぐり寄せられる。耐えがたいアモルフな現実は、妖術のあらわれとして秩序のかなたへ祀り棄てられる。

妖術師は供犠の生け贄である。方舟と千石イエスが、むろんここでの生け贄である。

危機に晒されているのは家族、または家族という制度であり、そこに生じたほの暗い亀裂にイエスの方舟は妖術師＝生け贄として投げこまれた。家族そのものの崩壊や離散といった内なる危機は反転される。親と娘の根深い相剋は、親たちとイエスの方舟との戦いへといつしか転換（ずら）され、外なる危機として受容しなおされる。それはまた、家族という制度が普遍的に抱えこんでいる傷＝裂けめでもあるために、たやすく社会的な供犠へと拡大されてゆく。方舟はもはや、娘たちの家族ばかりではなく、家族を基底にもった市民社会そのものによって告発される、妖術師という名の敵になる。

イエスの方舟はしかし、二年半にわたる潜行のすえ、劇的に姿をあらわした。さまざまな負の物語を背負わされてきた方舟がみずから、肉声をマス・メディアに乗せて語りはじめたとき、神隠し・女性誘拐・淫祠邪教・ハーレム……といった、内部（家族・市民社会）による外部（イエスの方舟）の解釈としての物語群は、呆っ気なく崩れ落ちた。外部が表層にせりだすことで、物語の産出主体であった内部が相対化され、物語自体が裏返されてしまったともいえる。

それはたぶん、内部／外部がこともなげに転位しあう情報化社会に特有な現象である。内部／外部の境界が曖昧であったり、たえず揺れ動いているとき、物語が物語として完結しえないことは自明である。現代の神隠し譚が崩壊したとき、イエスの方舟を生け贄とする供犠のかわりにいつしか、物語をばらまいた家族たちを生け贄とする供犠が開始されていたかにみえることは、象徴的である。ここでは、内部はイエスの方舟と市民社会（＝家族という制度）であり、祀り棄てられる外部は、娘に捨てられたにもかかわらず攫われたとヒステリックに騒いだ家族たちである。それら特別な家族たちを外部へ祓いやることで制度としての家族はたくみに危機を回避してしまった。イエスの方舟事件と名付けられた神隠し譚に淫らに浸りつづけたわたしたちの多くは、たちまち方舟の理解者、擁護者へとなりかわり、ヒステリー症の家族たちを告発するがわにまわった。むろん、もっともグロテスクに変身をとげてみせたのは、マスコミであったことはいうまでもない。

ひとりの血を分けた娘をすら繋ぎとめることのできなかった、無力な、そしてわたしたちが営む家族とすこしも変わらぬ平凡な家族たちが、娘に見捨てられ去っていかれたときに示した、生活の破綻さえ辞さぬまでの、剝きだしのエゴイスティックな「娘を返せ！」という叫びは、たぶん、かぎりなく凡庸ではあれ真実のかけらをはらんでいたにちがいない。自分の娘が方舟のような宗教集団に誘われ、入会し、やがて家族を捨てて姿を消してしまうといった事態に、わたしたちはたぶん冷静に対処することなどできはしない。娘を奪われたと狂奔する光景を笑うことはできない。娘たちの突きつける、〝私が今体験している以上の喜びを用意できるか〟といった怖るべき問いに、真っ正面から受けてたちうる家族など所詮ありはしないのだから。

コムニタスとしての方舟

しかも、イエスの方舟はじつは、たんに構造的な曖昧さを具現した集団であっただけではない。方舟はV・ターナーのいう、構造の対概念としてのコムニタスを現実のものとしている集団といえる。むしろ、この積極的な側面こそが、イエスの方舟にたいする嫌悪や不安の根源にひそんでいたのかもしれない。

たとえば、イエスの方舟の金銭や労働にかんする意識には、独特なものがある。働ける者は働き、必要に応じてだれもが自由に使うことができる。金は菓子の空きカンに無造作に入っていて、二人で確認すれば必要なだけ持ち出すことができる。金はみなで生活できるだけあればいいとする考えから、たくさん収入があった場合には、それがなくなるまでその時間を信仰生活に使う。金銭や労働などにそれ自体として価値を認めない、ほとんど原始共同体とでもいえそうな原則のもとに、信仰を至上価値として共同生活を送る方舟の人々。

加えて会員相互の絶対的平等や共有財産制といった、現代にはあり<ruby>がた</ruby>い集団原理が、なんらの強制や義務もなしにやすやすと達成されているらしい事実には驚かされる。方舟に生起することがらがいずれも、方舟自身によって、自然発生的なものと説明されることは、かれらが漂わせるしたたかなる無垢とでもよべそうな、奇妙な雰囲気につうじている気がする。

これは狂信的といえば狂信的と言われるかもしれませんが、ほんとに神を信じて行動していてね、生活に困るなんてことがあるわけがない。そういうときは必ず〝客観〟が働くはずだ、という信仰的なものがあったことと、現実問題としては働けばすぐ収入は得られるということですから、わざわざ計画を立ててなんて、まるっきりなかったですね。

（『イエスの方舟——同乗漂流』）

逃避行に関連して語られた千石イエスの言葉であるが、ここにある種の肉化した思想の過激さを読みとることは、けっして誤まりではあるまい。事件の日々がはるかに去ったいまも、イエスの方舟がわたしたちのなかで、どこかしら不可思議な印象とともに気にかかる存在でありつづけているとしたら、それは方舟が漂わせていたしたたかなる無垢が、この時代にあっては、ある種思想の過激さの相すらおびてしまうことのためかもしれない。方舟はその教団組織において、聖書理解の水準において、あるいはその発するメッセージ(——たとえ家族や私有財産の否定を結果としてはらむにせよ)において、過激であるわけではない。むしろ、そうしたものとは無縁な場所で、ただ無邪気に無防備にしたたかなる無垢のうちに、現世にある窮屈なヒエラルキーや規範などから解放された擬似・原始共同体を現実化しえていることにおいて、現代を過激に射抜いていたのである。

ターナーはコムニタスを、三つの類型に分けている（『儀礼の過程』）。実存的ないし自然発生的コムニタス・規範的コムニタス・イデオロギー的コムニタス、の三類型である。この分類にしたがうとすれば、イエスの方舟はおそらく、第一の実存的ないし自然発生的コムニタスの集団である。方舟がしたたかなる無垢のうちに、自然発生的にどれほど豊かなコムニタスを実現しているかを知るためには、コムニタスの湧出する境界性（リミナリティ）の指標としてターナーがあげた項目を眺めてみればよい。

移行・全体・同質・平等・匿名・財産の欠如・身分の欠如・裸ないし制服・性欲の節制・性別の極小化・序列の欠如・謙虚・個人の外観の無視・富の無差別・非自己本位・全面的服従・聖なる性質・聖なる教訓・沈黙・親族関係の権利と義務の停止・神秘的な力に対する絶えざる祈願・愚かさ・単純・苦悩の受容・他律性（傍点をふった項目がイエスの方舟にある程度該当するとおもわれるが、必ずしも厳密とはいえない）

自然発生的なコムニタスとしてのイエスの方舟。会員たちが口々に、方舟の生活の楽しさを語るのは、かれらが方舟というコムニタスのなかで、世俗的なヒエラルキー・掟・規範といったものから解放され、おそらくは〝我と汝〟(M・ブーバー)という全人格的な交渉(コミュニケーション)を体験していたためであるにちがいない。そうであったとすれば、わたしたちはなおさら、イエスの方舟と千石イエスが呪詛され迫害されねばならなかったことの意味を、よく了解できるにちがいない。

ターナーはこうのべている。——構造の維持に関係のある人々の視角からすれば、コムニタスのたえまない出現はすべて、危険な無政府状態に見えるはずであり、いろいろな規定や禁止や条件づけによって防壁がつけられねばならない、と。

家族という制度はいうまでもなく、構造である。この構造としての家族のがわに立つかぎり、コムニタスとしてのイエスの方舟は、疑いもなく危険なアナーキー状態とみえるのが自然であり、それゆえ、禁止と隔離のための防壁が築かれねばならなかったのである。神隠し・女性誘拐・淫祠邪教といったスキャンダラスな物語が産出され、方舟を生け贄とする大がかりな社会的スケープ・ゴート儀礼が催された、その背景の、もっとも深みにイエスの方舟というコムニタスの風景が横たわっていたにちがいない。

第四章　移植都市（ニュータウン）／鏡の部屋というユートピア
——けやきの郷事件を読む

鏡の部屋には、出口はない。完全に閉じた世界、それが鏡の部屋である。そこには、光のたわむれ、無限に進行する反射の交換しかない。
（今村仁司『暴力のオントロギー』）

いま逐（お）われる異人たち

けやきの郷事件、仮りにそう名付けることにする。「北限の団地」とよばれるニュータウンを舞台に、その事件はくりひろげられたが、まず概要を眺めておきたい。

埼玉県比企郡鳩山村の鳩山ニュータウンに隣接する国有林に、当時東日本でははじめてという、自閉症者施設「けやきの郷・ひかりケ丘学園」を建設する計画がすすめられていた。十八歳以上の自閉症者を主に受けいれ、療育・自立訓練をおこなうことを目的とする施設であり、自閉症児をもつ親たち(自閉症児親の会)の十年越しの運動の成果として実をむすぼうとしていた。折りしも国際障害者年を謳われた一九八一年のことである。

成年にたっした自閉症者のための施設は、福祉のうえからも緊要な課題とされながら、現在でも全国に数カ所ほどしかない。自閉症者は多動で、管理・指導がむずかしいという理由から、障害者施設からも締めだされるケースが多く、行き場をうしなった自閉症者の大半は精神病院へ収容されているのが、実状であるという。そのため、自閉症児や成人した自閉症者をかかえる親たちが、各地で施設づくりにはげんでいる。けやきの郷はそうした動きの一環であった。

ところが、着工寸前になって、建設予定地のそばの鳩山ニュータウンの一部住民のなかから、強い反対運動がおこる。そのため前後三回にわたって自閉症児親の会や専門医らとニュータウン住民のあいだで、自治会主催の説明会がひらかれたが、ついに、自閉症者施設を受けいれるかいなかの結着を、住民投票でつけることになった。こうした異例の事態に、県知事や村当局が仲介にのりだし、代替地をニュータウンから離れた地区にさがす方向へうごく。福祉施設の建設をめぐって住民投票に決定がゆだねられる、といった前代未聞の事態は、かろうじて回避された。しかし、村長の斡旋した代替地は、立地条件などの面で施設建設に適さないことがわかり、結局、建設の計画そのものが宙に浮いたかたちになってしまった。

マスコミはこぞって、弱者をとりまく地域エゴといった視点から取材し、報道した。手元にある『毎日新聞』一九八一・一二・一二の切り抜きの見出しは、こうである。――拒まれた自閉症施設・ニュータウンそばの建設断念・一部住民「環境悪化」。たしかに、地域エゴイズムの問題にはちがいないとしても、わたしたちがこの事件に接してうける衝撃はおそらく、たんなる地域住民のエゴイズムといった位相に還元することによっては了解しがたいものを含んでいる。

たとえば、七十年代にはありふれた光景であった、ゴミ焼却場の建設に反対する住民運動を想いうかべてみればよい。いささか露骨すぎるとはいえ、そこに表出された、汚いもの・臭いものとしてのゴミにむけた嫌忌の意識は、わたしたちの日常の感性からさほどかけ離れたものではない。戦後数十年をへて、汚物や異臭を放つものなどは生活の表層から一掃され、わたしたちの多くが無色無臭の、かぎりなく清潔な場所に暮らしているという否定しがたい現実にとっては、たとえ身から出たゴミであれ、できるなら遠ざけておきたいというのは、むしろ自然感情に属する。だから、住民と行政当局とのやりとりが「ゴミ戦争」などと名付けられ、滑稽さの漂う、ある種マンガ的な光景として眺められもしたのである。

八十年代にはいると、しかし、地域エゴイズムの矛先はあきらかに変質、ないし拡大の様相を呈しはじめる。ゴミ焼却場から、自閉症者施設・福祉作業所・心身障害者相談センター・養護施設などへと、排斥の対象はひろがってゆく。ともに異物にむけた忌避感にねざしているが、わたしたちはもはや、このむきだしの排除の構造を前にしては、滑稽さを通りこしてほとんどグロテスクな戦慄を覚えざるをえない。自閉症者・精神薄弱者・精神病者といった、排除されつつもなお人間のカテゴリーから逐われてはいなかったはずの人々＝異人たちが、そこでは疑いもなく、焼却されるべきゴミと等価な場所に逐いやられているかにみえる。くりかえすが、これはたんなる地域エゴの問題ではありえない。

けやきの郷事件によく似た事件が、八十年代にはいりめだって多発している。同様に、自閉症者施設の建設が難航した例がある(北海道札幌市・一九八三〜八四)。やはり隣接する新興住宅地の住民のなかから、激しい反対運動がおこった。反対住民が工事現場入り口で資材搬入を阻止する行動に出たのにたいし、学園側は妨害禁止の仮処分を申請するなど、ついにドロ沼化して法廷にまでもちこまれた。けやきの郷が仮りに建設を強行していたならば、この札幌のケースと大同小異の事態になっていたかもしれない。これは和解が成立し、住民側が施設を受けいれるかたちで結着がついている。

「知恵遅れ」の若者たちの職業・生活訓練の場である福祉作業所の建設が、周辺住民の阻止運動のために途絶状態に追いこまれている(世田谷・一九八二)。反対同盟(約百人・

代表者なし）の連絡員役の老人は、こう語った、――〝彼らは常人より怒り方も激しく、性への関心も強いんじゃないか。そんな集団に、一人で出会ったら気味が悪い。遠くないところに精神病院が二つもあり、同種の施設はもうご免というのがみんなの考え〟（『毎日新聞』七・二四）。子どもや女性との不測のトラブル・良好な住宅環境の破壊、などが主な反対理由にあげられている。なぜ、「代表者なし」なのか。ここでは、それが匿名性のしたに隠れた全員一致の意志の表現であることを指摘しておきたい。

同種の福祉作業所の建設をめぐって、作業所に反対する地元自治会と行政側との争いが裁判にもちこまれ、反対住民からは「予定地以外に建設するなら一千万円寄付する」など、異例の提案までなされた（調布・一九八二）。あるいは、県立精神科救急センター建設の計画が、候補地を検討している段階で、ほとんどパニック状態にひとしい住民側の反対運動のために、建設を断念させられた（千葉県我孫子市・一九八二）。たまたま首都圏近郊でおこった事件がならんだが、これは八十年代半ばの日本においてはある種普遍的におこりうる、そして、現におこっている社会現象といってよい。

これらの事件は、わたしたちが生きつつある時代の相貌をいくつかの視角から照射する手がかりをあたえてくれる。そこに通底する主題を異人論のコンテクストから抽出するならば、第一に、近代市民社会が隠蔽してきた排除の構造が社会の表層に露出しはじめていることであり、第二に、排除の構造が精神医学と密接に関連していることである。

さらに第三には、わたしたちの居住空間にどのようなかたちで排除の構造が組みこまれているか、という問題をあげることができる。

こうした主題がもっとも凝縮的にのぞけているのは、やはり、けやきの郷事件である。自閉症・ニュータウン・住民運動という、それぞれに現代を象徴する景物のあい交わる場所に、自閉症者施設・けやきの郷は不幸にも、マスコミをにぎわす事件の主人公として登場することを余儀なくされてしまった。この、どこか荒涼としたニュータウンなる風景をつかの間よぎった事件を、みずからの現在を炙りだしてくれる陰画にも似た織物(テクスト)として読み解いてみたい。

カオスを排除した移植都市

異質なるものとの出会いの場がどのように社会構造的に開かれているか、いわば、異界への通底口がどのように文化装置として仕組まれているか。そうした視点から、ある社会なり文化なりを眺めることは、日常レヴェルにあっては隠蔽されている深層構造＝制度を顕在化させる有効な方法である。言葉をかえれば、異人との出会いをある種の試金石として、わたしたちは人々のしめすさまざまな反応や態度から、その社会・文化の隠された相貌をさぐることができる。

人類学者のレヴィ＝ストロースが、〝人肉嗜食を実践している社会〟と〝人肉嫌忌を採用している社会〟という二類型をたてたことはよく知られている（『悲しき熱帯』）が、異質なるものと遭遇したときの対応の形式によって、あらゆる社会を〈異物吸収型〉と〈異物嘔吐型〉とに分類することが許されるかもしれない。たとえば、精神病者の処遇を例とすれば、かれらを共同体の内側から排斥せずに、常人から分かたれた聖なるものとして包摂している社会（吸収型）と、かれらとの接触を忌み怖れるがゆえに共同体から疎外し、収容施設に隔離しておくことをえらぶ社会（嘔吐型）とに分類される。

概して西欧近代は嘔吐型に属する。ところが、近代市民社会はその理念のうえで、自由・平等・博愛といった吸収型社会への志向を導入したために、複雑に屈折した表情をそなえるにいたった。すなわち、吸収型であろうとする社会倫理（たとえば福祉の思想）が、現実生活を支配する効率至上主義によってたえず裏切られ減殺される、特殊な嘔吐型社会、それがわたしたちの近代ないし現代であろうか。本質的には収容・隔離のための施設である精神病院や刑務所などが、治療・更生を目的とする施設であると標榜されねばならぬアポリアも、そこに発する。むろん、このような二分法自体はさほど厳密なものではありえず、議論を展開してゆくための糸口をあたえてくれるにすぎないことはいうまでもない。

さて、わたしたちがけやきの郷事件を読み解く試みにとりかかるとき、ニュータウンの住民たちが自閉症者という名の異人にむけた敵視と排斥の態度に、まず眼を惹きつけられる。そのひどく硬直した反応は、当然、ニュータウンなる歴史の浅い居住空間の嘔吐型としての性格を予想させる。

ニュータウン住民の過剰反応とは対照的に、本村(ニュータウンでは旧地区をそうよぶ)に旧来から住む人々が施設にたいして、おおむね好意的または無関心であったと伝えられることは興味深い。たんに施設予定地からの距離の問題、ではない。つまり、ニュータウンがその近さゆえに排除へとむかい、本村は比較的遠いがゆえに受容的な態度をしめした、といった解釈はかならずしも正確ではない。むしろ、わたしたちの距離の意識はしばしば、物理空間的なものである以前に、心理的な遠/近の感覚として表出されるものである。

旧来の村(ムラ)が受容的であったとしても、それはしかし、本村が吸収型社会であることを意味しているわけではない。本村のがわからすれば、ニュータウンの住民は新来のよそ者＝異人であり、村の周縁部の耕地・山林を崩して宅地造成した区域に移りすんでほんの数年、長くて十年たらずの人々であった。本村の住民にとっては、ニュータウンも自閉症者施設もともに、外部からの新来者(ストレンジャー)であることにおいて共通であり、高度成長期以降にすすめられた農地の宅地への転換にともない、よそ者の村落内への移住ないし侵入は、拒みえぬ現実であったことを考慮しなければならない。

新来者が形成するニュータウンは村の領域内にはあるが、村とは無関係な、やがて肥大・増殖のすえに逆に村を呑みこんでしまうかもしれぬ、ガン細胞のような空間である。みずからの解体とひきかえに、ニュータウンなる巨大な異物を受容してきた村にとって、自閉症者施設がニュータウン以上に脅威をもたらす存在であったとはおもえない。したがって、わたしたちは本村の住民がけやきの郷にしめした好意的態度は、自立した共同体としての村が壊れつつある現実に照応しているとかんがえたい。過疎化が深刻となり、あるいは都市資本の侵攻による宅地化がおしすすめられるなかで、確実に衰弱してゆく村は、かつての典型的な嘔吐型社会から吸収型社会へと、変質を余儀なくされているのである。

ニュータウンとはなにか。この、いかにも現代的な居住空間には、どのようなかたちで排除の構造が埋めこまれているのか。わたしたちはまず、そうした問いを解きほぐすことからはじめることにしたい。

鳩山ニュータウンの住民(世帯主?)の多数、ほぼ七割が、東京駅や有楽町周辺などの都心部への通勤族であるという。村の領域内にあるにもかかわらず、村との交通が無にひとしいニュータウンが、遠く隔たった都会とは日常的に交通をむすんでいるという、逆説的な光景がそこにはある。あるいは、ニューメディアの利用によって、デパートの売り場機能を無人装置にかえた画期的システムが完備され、いながらにして都内デパートのショッピングが楽しめる、という広告の一節を想起してもよい。ここでも、ニュータウンは都会に直結しているのである。

実際、この陸の孤島には、役場・駐在所・郵便局などのミニチュアのような出張所があり、銀行・医療施設・学校・図書室から、公園・大手スーパー・商店街・タウン専用放送局まで、ひととおりの都市機能はそろっている。いわば、ニュータウンとは村に移植された小さな都市にほかならない。

しかし、ニュータウンはまた、都市であって都市ではない奇妙な場所である。都市は本来、さまざまな混沌をいれる器として周辺地域にひらかれた、吸収性の高い場所であった。日本の古代から中世にかけての歴史をひもとくとき、のちに地方都市へと発達する都市的な場が多く、関(せき)・渡(わたし)・津(つ)・泊(とまり)や市・宿など、不特定多数の異質なる人々、職人とよばれた漂泊性の色濃い人々が往きかう交通の接点にめばえたことを知ることができる。その端初(はじまり)からして、都市は定住生活者にとってはある種禁忌された異和空間であるとともに、異質なるものを包摂するひらかれた場でもあったのである。ところが、移植された都市＝ニュータウンは、旧来の村に鋭く異和空間として対峙しながら、混沌をいれる器という都市の本質にかかわるもうひとつの性格をまったく欠落させている。混沌をかぎりなく排除した嘔吐型の都市空間——といった二律背反的な地点に、ニュータウンは危うく維持されているとかんがえられる。

このニュータウンは都心への通勤圏の最北端という意味によるのか、「北限の団地」とよばれる。東京都心まで約五十キロ、団地住民の七割を占める都心部への通勤者は、朝夕の通勤に一時間半から二時間ほど要する。八十年代はじめ一四五〇戸、約五四〇〇人が住む(最終的には三二〇〇戸、約一万二五〇〇人を擁する、「首都圏最大の規模」を誇る団地になる)。四十歳前後の中堅サラリーマンを主たる世帯主とするマイホームは、分譲価格二七〇〇万円、敷地面積二百平方メートル、床面積百平方メートルの4LDK一戸建てを平均像とする。

高い生け垣にかこまれ、南側にたっぷりとした広い庭をもつ一戸建て家屋が整然とたちならぶ団地内には、商店街や公共施設・公園・緑道などが綿密な計画のもとに配され、緑豊かで閑静な、〝成城学園のような風格の街並み〟を形造っている。この人工の街からは、アンテナ・広告看板・ブロック塀・電柱(表通りから)など、ほとんど都市の街路をその猥雑さと醜さにおいて賦活化＝個性化させている、いっさいの混沌とした夾雑物がとり除かれている。それはたしかに、都市の基底そのものに触れてくるある喪失とひきかえにではあるが、このニュータウンが〝いま東京周辺で最も美しい街〟という宣伝コピーを裏切らぬ、隅々まで管理し尽くされた美しい街であることを象徴している。

事件から三年をへた一九八四年初秋の一日、鳩山ニュータウンを訪ねた。かぎりなく静謐な美しい街であった。扁平な大地と、地を這うようにどこまでもつづく低い家並み。

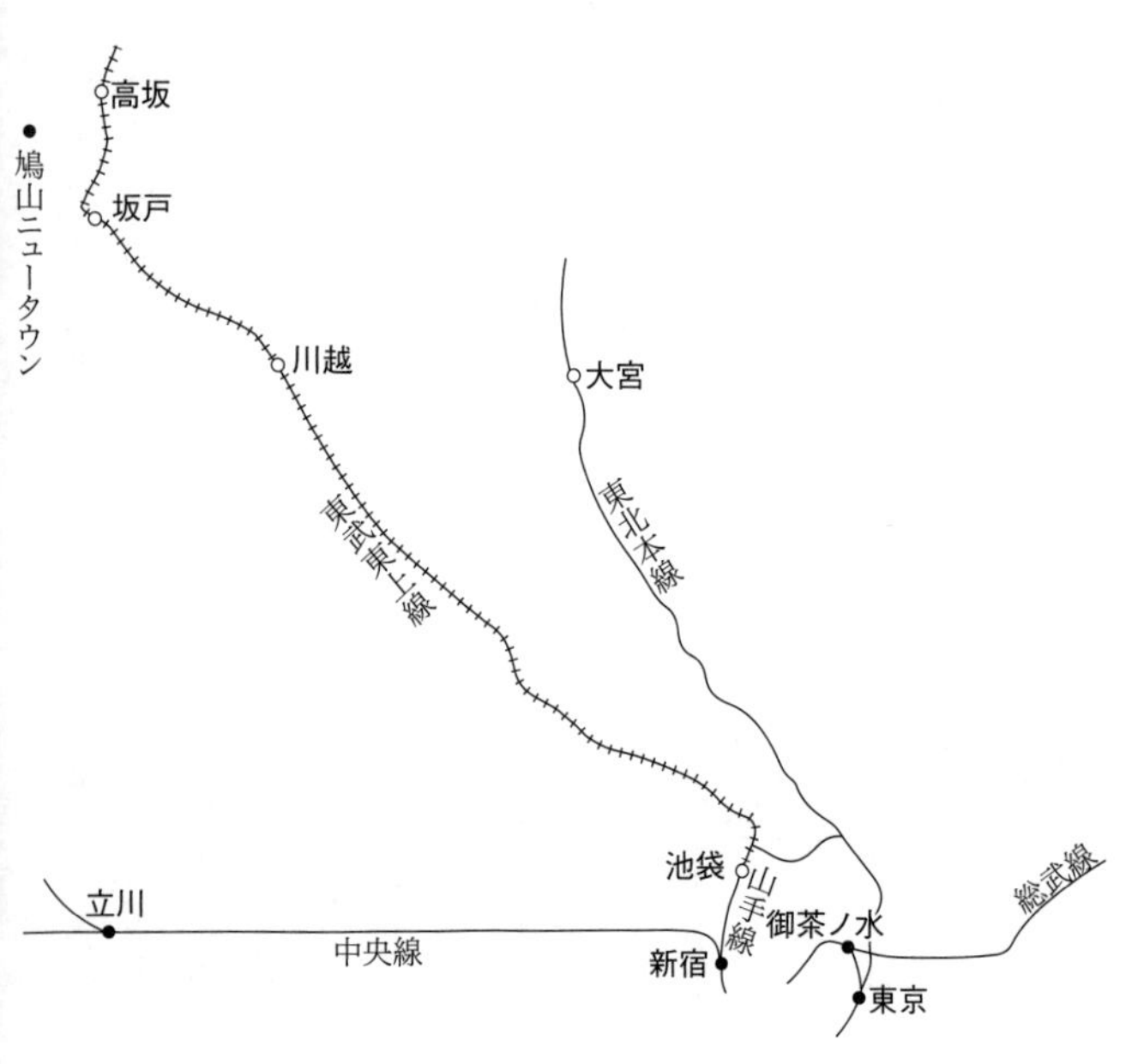

鳩山ニュータウンと都心の位置関係

二階建て以上の高さをもつ建物は、まるで特権的なるものの廃棄＝平等の徹底化、つまり差異の消去をあらわすかのように、周到に排除されている。ここには平屋の住宅も三階建てのビルも、例外的な光景としてしか存在しない。あるのは一望見わたすかぎり、二階建ての家屋群ばかりだ。

スーパーの一角を大きく占める無印良品という名の、裏返されたブランド商品が、なぜか頭に灼きついている。この街には無印がとてもよく似合う。無印と無・差異。差異の消滅、という状況。無印商品のかもしだす無機質な印象は、そのままニュータウン全体から受けるのっぺりした雰囲気につうじている。

分譲前の街並みに足を踏みこんだとき、一瞬、白い廃墟とよびたいような世界に眩惑され、立ちすくんでしまった。内扉にかけられた、２９４０万・２７９０万・２８６０万……などの値段をしめす無機的な数字が、白い瀟洒な家々の表札にみえた。その十万円単位で分割された数字は、ほとんど差異の喪われた世界のなかでは、ゆいいつ確実な、そして可視的でもある差異の標識のようであった。十万円単位ではかられるモノとしての価値表示だけが、ポール・デルボーの絵を想わせる極度に人工的な街のあちらこちらで、微細な差異の乱反射をくりかえしていたといってもよい。

地価が下がる――という反対理由は、こうしたケースではかならずといってよいほど登場する。不動産業者が蔭であやつって情報を流すから、この種の怖れがデマとして住

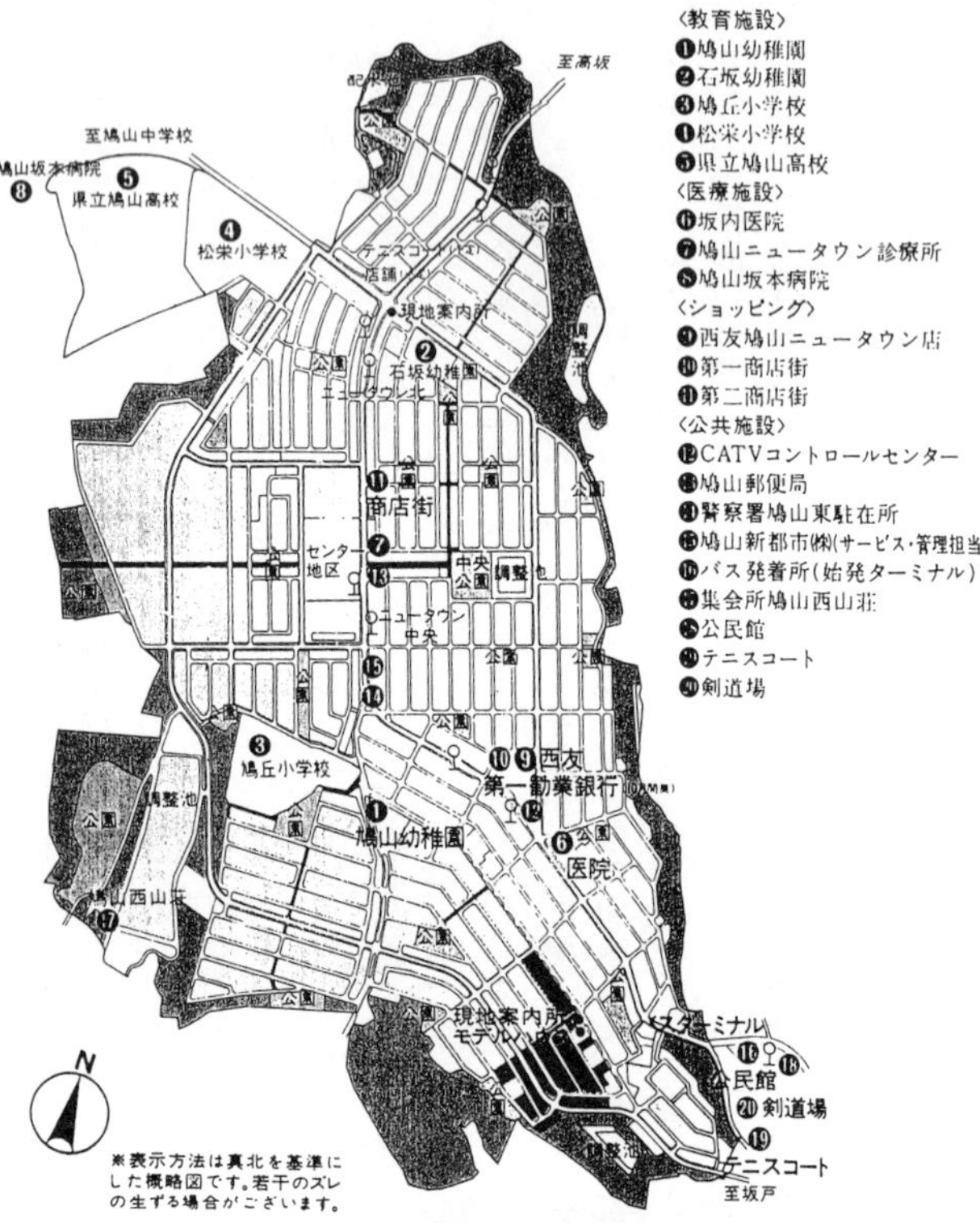
〈教育施設〉
❶鳩山幼稚園
❷石坂幼稚園
❸鳩丘小学校
❹松栄小学校
❺県立鳩山高校
〈医療施設〉
❻坂内医院
❼鳩山ニュータウン診療所
❽鳩山坂本病院
〈ショッピング〉
❾西友鳩山ニュータウン店
❿第一商店街
⓫第二商店街
〈公共施設〉
⓬CATVコントロールセンター
⓭鳩山郵便局
⓮警察署鳩山東駐在所
⓯鳩山新都市㈱(サービス・管理担当)
⓰バス発着所(始発ターミナル)
⓱集会所鳩山西山荘
⓲公民館
⓳テニスコート
⓴剣道場
至高坂
至鳩山中学校
鳩山坂本病院
県立鳩山高校
松栄小学校
現地案内所
石坂幼稚園
ニュータウン北
商店街
センター地区
中央公園
調整池
ニュータウン中央
鳩丘小学校
西友
第一勧業銀行
鳩山幼稚園
医院
鳩山西山荘
現地案内所
バスターミナル
公民館
剣道場
テニスコート
至坂戸
※表示方法は真北を基準にした概略図です。若干のズレの生ずる場合がございます。

約7割の方が都心通勤(入居者実績)

地下鉄有楽町線乗入れ

都心へさらに便利に。

民のあいだを走る、というわけではない。おそらく、情報操作の有無にかかわらず、人々の多くを浸している、ある特異な居住意識がそうした反対理由をひき寄せるのである。

地価が下がるという言葉の裏には、漂泊と定住のはざまを浮游する都市生活者たちの、偽らざる現実が沈められている。あきらかにかれらは、やっとのことで獲得したにちがいない現在の家と土地ですら、ついの棲み処とはかんがえていない。いずれ、その家と土地を売り払って、どこか別のより快適な家と土地へと脱出していきたいという願望。都市にあっては、いよいよ人間の定住性が稀薄になりつつあるようにおもわれる。

ニュータウンという危うい日常

鳩山ニュータウンを構成する千数百の核家族(平均三・七人)は、わたしたちのまえにきわめて似通った相貌をおびてあらわれる。分譲価格二七〇〇万円にふさわしい経済水準の家族、ここにはそれ以上でも以下でもない家族だけが蝟集(いしゅう)している。羨望の対象となる金持ちもいなければ、優越感をそそられる貧乏人もいない。二時間近く要する通勤という男たちの苦痛を代償として、ようやく庭付き一戸建てマイホームという夢を手にいれた家族たち。重い住宅ローンを背負っていることにおいても、それら家族たちの境涯は酷似してくる。

マイホーム自体もまた、分譲価格二七〇〇万円という経済的な条件が許容する範囲の、いやおうなしに均質化された居住スペースとならざるをえない。ほとんど変わらぬ社会経済的水準の核家族を包みこんだマイホーム。高い垣根でたがいに隔てあう4ＬＤＫの家屋群は、居住ブロックを精密に区割りしつつ、全体として清潔な秩序づけられた空間＝ニュータウンを形成する。

そこはあらゆる意味で、多様性つまり混沌を排除した均質的空間である。たとえ混沌がみいだされるとしても、それは制御され透明にされた、混沌にあらざる、無菌パックされた混沌である。居住資格によって規定される社会経済的な条件にもとづき、また、生活環境そのものの効率的に整序された画一的性格にもとづき、ニュータウンは均質的であることを宿命づけられた空間といわねばならない。

それはたとえば、よく似た条件のもとにあると想像される高層団地のおびる猥雑性・多様性をかんがえれば、たやすく了解できよう。居住スペースの非孤立性・プライバシー保全の困難さ・騒音公害、さらに上の階から物や水が降ってくる迷惑から、同一の棟における火災やガス爆発にまきこまれる怖れまで、なにが起こるか予測がつかない不安……。じつのところ、庭付き一戸建て志向はほかでもない、そうした高層団地に象徴される猥雑性・多様性からの脱出願望そのものではなかったか。

閉ざされた私的空間（プライベート・スペース）の獲得をめざして、都会を遠くはなれたニュータウンに辿りついた家族たちにとって、混沌の要素をかぎりなく切り捨てた均質的空間は、ある種理想郷（ユートピア）として共有された幻影であるにちがいない。ここでは、かれらを悩ませつづけてきた陽当たり・騒音・プライバシーといった問題は、とにかく解消されている。いわば、理想郷（ユートピア）はささやかながら実現しているのである。なにが起こるか予測しがたい世界への怖れは、混沌の海に漂う都会、そこに点在するアパートや高層団地を脱出してきたニュータウンの住民たちを濃密におおっている。むろん、混沌への怖れと均質空間への憧れは、わたしたち都市生活者の多くを、精神のある深みから呪縛していることはまちがいない。

　ニュータウンを流れる時間もまた、すくなからず均質化されている。そのことは、時間帯による構成メンバーの推移を眺めてみればあきらかになる。働き盛りの中堅サラリーマンたる男たちは早朝家を出ると、深夜に乗合タクシーで帰宅するまで、まったくニュータウンには不在である。一日の大半の時間、ニュータウンは残された主婦と子どもたちだけで構成される、ある意味では異様な危うい均衡のなかにおかれることになる。時間帯により細分化された二十四時間は、ほぼ同質の性層・年齢層の人々によってそれぞれにになわれる。それゆえ、千数百の核家族の日常生活が、似たり寄ったりの均質的時間に浸されているとかんがえることは、あながち恣意とばかりはいえない。

ニュータウンの裏山から街全体を見降ろしてみた。聴こえてくるのは、子どもたちの歓声と犬の吠える声だけ。静かな午前のひととき。眼下の広やかな庭のひとつに、洗濯物を干す主婦の白っぽい影がうごいていた。その影が軒下に消えるころ、ななめ向かいの家のテラスから、洗濯物をかかえた白い影があらわれ、それが消えるころ、今度はすこしはなれた庭先に、白い影がすーっとあらわれた。気がつくと、緑の生け垣に囲われてたがいに隔離しあう家々の庭先に、洗濯物をかかえたいくつもの白っぽい影がゆったりと移動していた。偶然であったのかもしれない。それにしても、奇妙に印象深い、ほとんど幻影のような情景ではあった。精確に分割された四角いグリーンの芝生をもつ、複数の野外ステージで同時進行的に演じられてゆく、たとえば「ニュータウンの日常」とでも題された集団演劇のひとコマ……。

均質の時間によって支配される、主婦と子どもたちの街。真にニュータウンを構成するのは、主婦と子どもたちであり、男たちはただ寝に帰るだけの中途半端な構成メンバーであるのかもしれない。まさにベッド・タウンである。そして、じつは、これはニュータウンの嘔吐性にかんして重要な暗示をあたえてくれる事実なのである。

千葉県我孫子市で一九八二年におこった、精神科救急センター建設に反対する住民運動のメンバーのひとり(男性)は、のちに事件を振りかえりつつこう語っている。

普通の精神病院ならこれほど反対することはないと思うが、覚せい剤患者の施設という話が入ったので。昼間は女と子供しかいない住宅地に、そのような患者にやってこられてはと、主婦たちがウワーッと立ち上がった。冷静に内容を調べて話し合うということはなかった。

（『朝日新聞』一九八二・七・二二）

新聞に掲載された写真——市長に建設阻止申し入れ書を提出する反対住民たち。その、会議室を埋めたほとんどが主婦であることは、象徴的といってよい。一日の大半男たちが不在の、それゆえ主婦と子どもたちだけで守らなければならぬニュータウンを覆った、みえざる靄（もや）にも似た不安。ニュータウンの静謐と平和が、どんなに脆弱な基盤のうえにたもたれているか、容易に想像しうる。「覚醒剤中毒患者専門施設」といったデマ情報がまことしやかに流れ、ニュータウンの平和を脅かす影にむけて、主婦たちが強迫的に連帯行動に走るといった光景は、ニュータウンの日常が一触即発の危機をはらみつついとなまれていることを、如実に語っている。

おそらく、鳩山ニュータウンの場合にも、事情は大差がない。この種の事件が表面化するときまって顔をのぞかせる、かれら（自閉症者・知恵遅れの若者・精神病者など）が、性的危害をくわえるのではないかという妄想主題は、けやきの郷事件にもやはり登場する。それを増幅させているのは、早朝から深夜まで主婦と子どもたちだけで過ごさねばならぬ、ニュータウンという異様な現実である。もし獰猛な「性的異常者」の一群が、女と子どもだけの居住区に侵入してきたら――、そうした不安が形をなさぬままに靄のようにニュータウンを覆っている気がする。

あるいは逆に、昼間のニュータウンが性における無風ないし飢餓地帯であることを、そうした性の妄想主題はしめしているのかもしれない。たとえば、この街にはセールスマンという名の、性の匂いを濃厚に漂わせる来訪者（ストレンジャー）は這入りこめるのだろうか。高い生け垣という緑の繭に包まれて暮らす主婦たちは用心深く、セールスマンとの交渉をたやすく受けいれることはないにちがいない。

また、たとえば買物の風景。主婦たちはスーパーへでかける。だれひとりとも言葉を交わすことなく、ただ黙々と無菌包装された差異なき商品の群れをまさぐり、えらび、パートの主婦の打つレジを通り、ビニール袋に詰め、また二百平方メートルの土地・百平方メートルのマイホームへと、自転車をこいで帰ってゆく。八百屋や魚屋や肉屋の男たちと、言葉（ときには卑猥な冗談まじりの……）を生き生きとやりとりし、ちょっとセクシュアルな視線を交わしあうといった買物風景は、そこにはない。だから、さりげない性の空想に心弾ませる瞬間もない。女たちはたぶん、スーパーの商品と同様、性的に無菌包装された状態におかれているのである。

わたしたちはあらためて、ニュータウンが予測しがたい要素（混沌）を可能なかぎり排斥するところになりたつ、典型的な嘔吐型の居住空間であることを確認しておくことにする。そこでは、異質なるもの・未知なるもの・不意打ちを喰らわすものといった社会的条件のすべてが、あらかじめ最小限に抑制されている。言葉をかえれば、隣人たちがたがいを鏡に映しだされた自己と錯覚すること、いわば、家族たちのはざまに横たわる差異性そのものを消去しあうことが黙契として共有されている。汝の隣人は汝自身である――。混沌への怖れに呪縛された人々にとって、それはニュータウンなる危うい日常を維持しつづけるための不可欠な内的規範であるにちがいない。

ユートピアとしての鏡の部屋

汝の隣人は汝自身である、といった薄気味のわるい、あたかも遊園地の鏡の部屋を想わせるような異域がしだいにわたしたちの日常を囲繞しつつある。より正確に言葉をえらぶならば、それはわたしたち自身の内側から徐々にわたしたちを侵しつつある、というべきであろう。わたしたちの生を覆う息苦しい閉塞感、その時代状況的な一端はたしかにそこにある。

管理社会論などの射程ではとどかぬ現実が、抉(えぐ)りだされねばならない。むしろ、人々は管理されることを望んでいる、管理されていることを意識せずにすむほど巧妙に管理し尽くされることを、無意識のうちに望んでいるのかもしれない。

人は都会から郊外へ、公団アパートから庭付き一戸建てへと、ひたすら混沌の渦中から清潔な整序された明視的世界への脱出願望に身をこがす。ニュータウンとはいわば、混沌への怖れに囚われた人々によって自主的に管理される鏡の部屋である。鳩山ニュータウンには専属の管理会社がおかれ、住宅のアフターサービス・街全体の美化・CATVの維持管理などを、二十四時間体制でおこなっている。こうした鏡の部屋はしかし、鳩山をはじめとするニュータウンとはかぎらず、わたしたちの日常のごくありふれた風景と化しつつあるのではないかとおもえる。

さて、鏡の部屋の住人たちにとって、自閉症者とはいったいなんであったのか。ここに、三回目の説明会がおわってから一週間後、鳩山ニュータウン自治会の会報「コスモス鳩山」のコラム欄にのった、匿名の文章がある。そこでは、自閉症者は犬である。

飼い犬に手を咬まれる、という諺がある。信頼しきっていた者に裏切られることの意味でつかわれる。腹を立てるのも判るが、別の見方をすると、飼い主は犬を盲愛するあまり、犬は咬みつくものだという動物の本性を忘れてしまい、自分と対等の精神の持主と錯覚して扱っていたことに問題がある。犬は所詮、犬でしかないことを知らねばならない。

> また犬ぎらいといわれる人達がいる。こうした人達は犬に咬まれた経験を持たなくても、犬が、どうしても嫌いなのだ。犬と聞いただけで、恐怖感や、嫌悪感が先に立ってしまう。梅ぼしと聞いただけで唾液が出るのに似ている。生物学的に犬の理解は出来ても、またその存在は否定しないが、絶対に好きになれない。たしかにそういう人がいる。しかし、その人達が異常だとは思わない。会社では部下思いであり、家庭では愛妻家であり、子煩悩でもありうる。
>
> 犬ぎらいな人達をして、犬好きの人が、犬好きに変革させようとしても、徒労に終わるだけ。むしろ、たとえ愛犬であっても近づけないのが思いやりである。

反対派住民の、きたるべき住民投票にむけた最後の反対表明として書かれたものだろうか。飼い犬＝自閉症者、飼い主＝自閉症者の親、犬嫌いの人＝反対派住民と置き換えのうえで読まれねばならないことは、いうまでもない。たとえば、自閉症者の親は自閉症者を盲愛するあまり、自閉症者は咬みつくものだという動物の本性を忘れてしまい、自分と対等の精神と錯覚して扱っていたことに問題がある。自閉症者は所詮、自閉症者でしかないことを知らねばならない……。

それにしても、無気味な文章である。みずからは他者を思いやることができず、かえって動物の位置に貶めておきながら、その他者にみずからへむけた思いやりを要求する。グロテスクなまでに倒錯的である。しかも、この倒錯性はまるで自覚されていない。

自閉症者は犬である、というメタファー。メタファーとは、既知によって未知をたぐり寄せる方法である。未知なるものを未知なるままに受容することができず、対象をこちら側に曳きずりこみ、その現実のありようを強引にねじ伏せる修辞(レトリック)の暴力。自閉症者は犬である……。

自閉症者の親たちを飼い犬を盲愛する飼い主にたとえたとき、このコラムの匿名執筆者は自分もまた、自閉症者の親であったかもしれず、これからそうなるかもしれないということには思いもおよばなかったようにみえる。犬を飼う・飼わぬは、あくまでもその人の自由な裁量にゆだねられている。だが、人はわが子が自閉症児として生まれてくるかいなかをみずからの意志で選択することはできない。それは、宿命という名の偶然があたえる、ささやかな贈り物である。わたしたちはだれも、その贈り物を拒むことができず、ただ大いなる驚愕のうちに受けいれることができるだけである。

自閉症にかんする最低限の理解が必要となる。

アメリカの精神科医L・カナーによって、はじめて小児自閉症という新しい疾病概念が提唱されたのは、一九四三年のことである。それ以来、自閉症は四十年以上にわたる歴史のなかで、多種多様な解釈をほどこされてきた。カナーは自閉症を、分裂病の最年少発症様式とかんがえたが、現在では精神分裂病圏のものとは別個にあつかわれるのが通例である。むしろ、疾病概念としてとらえること自体が否定されて、ひとつの発達障害にかかわる症候群として了解されることが多い。WHO（世界保健機構）による、小児自閉症の定義は以下のようなものである。

聴覚及び視覚的刺戟に対する反応が異常であり、一般に話された言葉への理解に難しい問題がある。言葉の発達は遅れるが、発達しても反響言語的特徴を有し、代名詞の反転、文法的構成が未熟であり、抽象的言語を使用する能力はない。全般的に言語及び身ぶりによる言語の社会的使用に障害がある。社会的関連の問題では、眼差しが合うことの発達、社会的接触や協同作業の発達の障害とを含めて、五歳前後が最も状態が悪い。儀式的振舞いが一般に見られ、異常なおきまり、変化に対する抵抗、おかしな対象物への固執、遊びの常習的パターン等もあり得る。抽象的象徴的思考、想像的な遊びの能力は減少していく。知能は普通以下から、普通、あるいは、それ以上までの幅がある。象徴的言語技能を要する課題よりも、単純な記憶や、視覚、空間的技能を要する課題の方が得意である。

自閉症の原因は依然として謎である。ただ、両親の性格障害説（非社交的で温かさに欠け、強迫的で孤立をこのむ両親！）や、親の育て方に問題があるとする説（テレビによる子守りが自閉症児をつくる！）などは、はっきり根拠のない偏見として否定され、現在では、出産時などにうけた脳障害を原因とする説が支配的である、という。

しかし、こうした自閉症にかんする知識をどれだけ積み重ねたとしても、〝生物学的に犬の理解は出来ても、またその存在は否定しないが、絶対に好きになれない〟人々にたいしては、ひたすら〝徒労に終わるだけ〟の試みでしかない。かれらは実際のところ、〝犬に咬まれた経験〟どころか、生身の自閉症者の姿に接した経験すらもたない者が大半であっただろう。まずはじめに排除があった、のである。

あらかじめ自閉症にたいする偏見が共有されていたわけではない。自閉症なる言葉をはじめて耳にする者も、なかにはいたにちがいない。ただひとつあきらかなのは、自閉症者は鏡の部屋の住人（われら）とは異質なかれらであったことだ。招かれざる来訪者は自閉症者でなくても、覚醒剤中毒患者、知恵遅れの若者から在日朝鮮人や難民にいたるまで、すくなからず社会的欄外性をおびた異人、つまりは鏡の部屋の住人としてふさわしくない存在でありさえすればよい。

> ここでは置かれている状態は似たもの同士だ。（ところが）異質な人が団地のまん中にくる、これはもうちょっと隔離した方がよい。〈略〉せっかく、もっと暮らしやす

い所にしようとしているのに、あんまり人の好まないものが入ってくるのはよくない、逆の流れになるから。（男・三十八歳）（『朝日ジャーナル』一九八二・二・一二）

念のために言い添えておくが、施設予定地は〝団地のまん中〟ではなく、ニュータウンとは三百メートル以上はなれて隣接する山林のなかにあった。そこに表出された距離の意識が、物理的であるよりは心理的なものであることはいうまでもない。

自閉症とはいわば、置き換え可能な負性をおびた記号にすぎない。つまり、それはこの場合、存在的に異質かつ奇異なもの＝異人に冠された偶然的な呼称であり、精神医学の術語（ターム）といった特権的な位相では流通していない。それゆえ、わたしはけやきの郷事件にとって、予想されるほど自閉症のもつ意味は大きくないとかんがえている。むろん、自閉症は現代医学によっても未解明の部分が多い障害である、といった仕入れられた知識が、自閉症者の異人性をいっそうきわだたせ、排除へむけた衝動を集団的に組織してゆく活力源となったことはまちがいない。にもかかわらず、けやきの郷事件を、自閉症者への偏見といった視角から読み解こうとする試みには、根底的に限界があることを指摘しておきたい。

くりかえすが、はじめに自閉症にたいする偏見が存在したわけではない。その偏見ゆえに、事件が招来されたわけでもない。偏見とはむしろ、異質なるものに遭遇したとき、対象との差異を自己との関わりにおいて鮮明に把握しようとつとめることなく、旧来の諸カテゴリーの鋳型に封じこめようとするか、あるいは、関係の構築自体を断念して忌避しようとする心理的な硬さ(メルロ＝ポンティ『眼と精神』)の謂にほかならない。そうした意味合いからは、事件の深部に偏見の構造をみいだすことが可能であるが、それは自閉症への偏見といった特殊性としてではなく、鏡の部屋の住人たちの心理的な硬さ、という普遍性として解きほぐされねばならぬ主題である。

　心理的な硬さとは、あらゆる事象がはらんでいる曖昧性や多義性をそのままに引きうけ、そこに生じる苦痛や不安に耐えてゆく意志の欠如した生のありようである。このような心理的に硬い人々にあっては、自己および世界についての明確で理路整然としたイメージに適合するもの以外は、現実として許容されず排斥されてしまう。新しい事象や経験は、あらかじめ存在する首尾一貫した定型(マニエラ)としての価値規範をゆいいつの尺度としてはかられ、吸収か排除かが決定される。自己および世界にかんするイメージは凍結され、純粋培養的に、カテゴリカルな図式へと貧しく身をほそらせてゆく。

　外的または内的事象(できごと)にたいするとき、多義的・相剋的・混合的な性質をかたくなに認めたがらぬこれらの人々、つまり心理的に硬い人々が多く、みずからの内部にきわめて烈しい葛藤を秘め隠していることは、注意されてよい。いわば、かれらは内的葛藤(不安)ゆえに、身も心も硬直させて外界に立ち向かわざるをえないのだ。それはあきらかに、一種の心的防衛機制であり、かれらの日常が不断に危機にさらされていることを示唆している。

均質化された時空に、たがいの差異を消去しあうことを黙契としてかろうじて獲得された平穏な生活、それはいかにも脆弱な基盤のうえに成立した、砂上の楼閣にひとしい世界である。けやきの郷建設に反対する、鳩山ニュータウンのひとりの住民は、説明会の質疑応答のなかでこうのべている。

> 我々としては、こういう施設がこなければ、こんなギクシャクした問題は起きなかったと思います。来るからこんな問題が起きたのだと思います。来ない方が良かったな、率直に言ってそういう感じでございます。だから、面倒臭くなければ他へ行って貰った方が良かったなと……。
>
> （『中央公論』一九八二・六）

こうした感慨はおそらく、施設の建設に反対するといなとにかかわらず、鳩山ニュータウンの住民たちにある程度共通の偽らざる心情であった、と想像される。自閉症者は招かれざる客であり、かれらが出現しさえしなければ、なにも問題は起こらなかった、ニュータウンの平和が脅かされることもなかった――。

しかし、じつは、それまで〝ギクシャクした問題〟は存在しなかったのではなく、巧妙に回避されてきたにすぎない。隣人がみずからと相似の人々であると信じられているかぎり、たがいの差異を深く凝視する必要もなく、ひたすら相互理解が届いているという幻想のなかに憩いつづけることができる。生身の人間同士の関係であれば生じずにはおかぬ〝ギクシャクした問題〟(多様性・相剋性)は顕在化せぬままに、人々の意識の表層から抑圧される。いわば、これは人々が相互にもっとも効果的に隠匿しあう方法であるといってよい。現状へのかぎりない隷従と無関心、わたしたちはそこに典型的な心理的硬さの徴候をみとめる。

とはいえ、心理的な硬さとはたんに、個人の内面の性向をあらわすものではない。むしろ、ニュータウンというかぎりなく差異の排斥された均質空間そのものに埋めこまれた、排除の構造の硬直性をこそさしている。鳩山ニュータウンという、都会はるかな理想郷(ユートピア)に辿りついた家族たちにとって、差異の喪失だけが理想郷(ユートピア)幻想のささえである。この理想郷(ユートピア)は理想郷(ユートピア)でありつづけるために、住民たちに心理的な硬さというありようを強いているのだともいえる。

親密な関係世界への回帰

閉鎖的な系(システム)をなす共同体の成員たちにとって、その外なる世界の人々は、共同体による規制と保護の圏域外におかれた異人であり、禁忌の対象であった。共同体への訪れ人はみな、畏れと敬いというひき裂かれた心的態度をもって迎えられた。とはいえ、かれらが遠近の彼岸を浮游しているかぎり、それは潜在的な異人にとどまる。現実的な異人として像をむすび禁忌されるのは、むろん共同体の時空に接触した瞬間からであることはいうまでもない。

共同体社会とはすくなからず異質な市民社会に生きるわたしたちにとっても、日常的な接触のない人々は潜在的な異人である。ところが、市民生活の倫理は暗黙のうちに異人の存在自体を否定する。わたしたちは相互に異人として対峙しあうことを禁じられている。たがいのはざまに横たわる差異はかぎりない過小評価をこうむり、むしろ、あってはならぬ悪とみなされる。にもかかわらず、異人表象＝産出を不断にうながしつづける排除の構造が消滅してしまったわけではない以上、市民社会の黙契にもとづく負い目や罪責感をたくみにくぐりぬけつつ、異人表象＝産出は日々くりかえされることになる。そうした表象＝産出の構造がいく重にも隠蔽され、視えにくくされているところに、わたしたちの時代の異人をとりまく特異な状況がある。

日常的な接触の機会のとぼしい人々は潜在的な異人であるが、そうしたかれらとの交流の回路が未形成なままに、共同的な排除行為が先行するとき、かれらはもっとも鋭くバルバロス的異人として禁忌の対象と化す。こうしてカテゴリカルな排除の論理が共同化されると、それは表層的な市民社会の倫理をこえた位相から機能するようになる。

差異の表出があらかじめ拒まれているために、相互の関係のなかに、差異を差異として受容し位置づける志向がうまれてこない。世の中には、みずからと同じ顔をした隣人しか存在してはならない。隣人として許容することができなければ、遠近の彼岸へバルバロス（野蛮人→獣類）として放逐される。ここには、隣人かしからずんば野蛮人（バルバロス）――という、酷薄な二者択一しか存在しない。鳩山ニュータウンにおける自閉症者は、まさにこのようなバルバロス的異人だったのである。

わたしたちの関係世界は、日常的な対面的結びつきにもとづく直接的接触と、カテゴリカルな知覚・認識に媒介される間接的接触とによって、たえまなしに再編され更新されてゆく。日常的な直接的触れ合いの領域にはいってこない人々を、わたしたちはたいていの場合、ひとつの範疇（カテゴリー）（かれら）としてしか把握できない。そうしたカテゴリーとしてのかれらは抽象的な、また非人格的な存在にとどまる。

都市における社会的な距離や関係の意識は、村（ムラ）の内部から生涯足を踏みだす機会もほとんどないままに伝統的世界を生きていた、と想像される近世以前の人々のそれとは、隔絶といってよいほどの変容をこうむっている。わたしたちは遠近法自体が、かつてとは異質な世界に生きているのだ。

たとえ、街の雑踏や通勤ラッシュの電車の車内のように、ごく身近に接触した他者であれ、遠近の彼岸を浮游する生物と変わらぬ位相でしか、関係そのものが成立しない、それが都市の日常である。都市生活者たちはたがいを、匿名の存在＝異人(ストレンジャー)は見知らぬ人である)として、一回性の関係のうちに忘却する。ここではカテゴリー(かれら)であることが、常態なのである。異質なるものは排斥されることなく、異質なるままに、稀薄な関係世界のあわいを浮游しつつ包摂されている。

こうした都市的日常はしかし、ニュータウンという移植された都市にはみいだされない。ニュータウンにあるのは逆に、直接的触れ合いの可能な範囲をこえることなく親密な関係世界を形造ろうとする志向であり、かれらが異質なるものでありつつ、ともに生きる途は閉ざされている。

そして、じつは、異質なるものにむけて開かれた吸収性の高い空間であった都市の内側にも、ニュータウンとよく似た現象が起こりはじめているようにみえる。たまたま隣りあわせた匿名の他者たちのなかに、たとえば、ナイフをふり翳して襲ってくる通り魔がひそんでいるかもしれない……。駅のホームで新聞をひろげているとき、歩行者天国の人混みを家族連れであるいているとき、わたしたちの胸裡を不意にかすめる幽かな不安。通り魔とは、都市の昏がりから間歇泉のようにときおり噴出する混沌(カオス)の象徴である。都市住民はいま、混沌の海を漂いながら、親密な関係世界への回帰の途を手探りしはじめているような気がする。

都心部でやはり八十年代になって表面化してきた、ワンルーム・マンション建設に反対する地元住民の動きが、それをよく暗示している。ここに、比較的生のものにちかいと思われる住民の声の例がある。ひとつは『朝日新聞』一九八三・八・二〇の「声」欄にのった投書であり、もうひとつは、そのひと月あまり後の『朝日新聞』の「ちょっとひとこと」という電話欄にのったものである。

> 緑の環境破壊が最近大きく論じられておりますが、住宅環境もまた、そこに住んでいる人びとが長年かかってつくり上げてきたものだと思います。今、住宅地をむしばもうとしているワンルーム・マンションは、まさしく関連企業がつくり出した環境破壊の産物ではないでしょうか。住宅地の真ん中にある空き地がある日突然、**生活時間帯の違う人びと**の住む建物となる。あなたの隣がこうなったらどうでしょう。〈略〉今、この住宅環境を破壊するだろうワンルーム・マンションを締め出さない限り、結局、老人も子供も守れなくなります。一度破壊された環境は戻ってくることはありません。（主婦・三十四歳）

> ワンルーム・マンションって、大部分が貸室になるんでしょ。**えたいの知れない若い**入居者にそのへんをうろうろされたり、ゴミを放置されてはたまりません。それ

にマンションの周辺は車やオートバイの騒音もひどいそうよ。これまでの住みよい環境が破壊されるのはごめんだわ。（主婦・五十一歳）

ここにも、排除の構造が鮮やかに露出している。排斥の標的とされているのは、〃生活時間帯の違う人びと〃や〃えたいの知れない若い入居者〃といった、家庭をいとなまない独身者たちである。異人としての独身者、という主題。ワンルーム・マンション建設をめぐる攻防が、たんなる新住民にたいする地元の警戒心といった、漠然とした無方向的な問題でないことは、排除の矛先が独身者であることに眼をこらすだけであきらかとなる。

家族が非・家族（独身者）を排斥している。あるいは、家族という定住が独身者という漂泊を忌み怖れている、といってもよい。定住性の稀薄な独身者たちを、えたいの知れぬよそ者＝異人として排除しようとする、この都市住民の運動は、けやきの郷事件とも通底しているひとつの社会現象の異なった貌（かお）とみなければなるまい。

住宅環境の破壊とはなにか。長年かかって形造られてきた地域の、直接的触れ合いにもとづく親密な関係世界が、おそらく反対住民が守ろうとしている〃これまでの住みよい環境〃である。生活の時間帯や様式のまったく異質な若者・独身者たちは、安定した差異のヒエラルキー（差異の消去ではない）のうえになりたつ、そうした関係世界の親密性

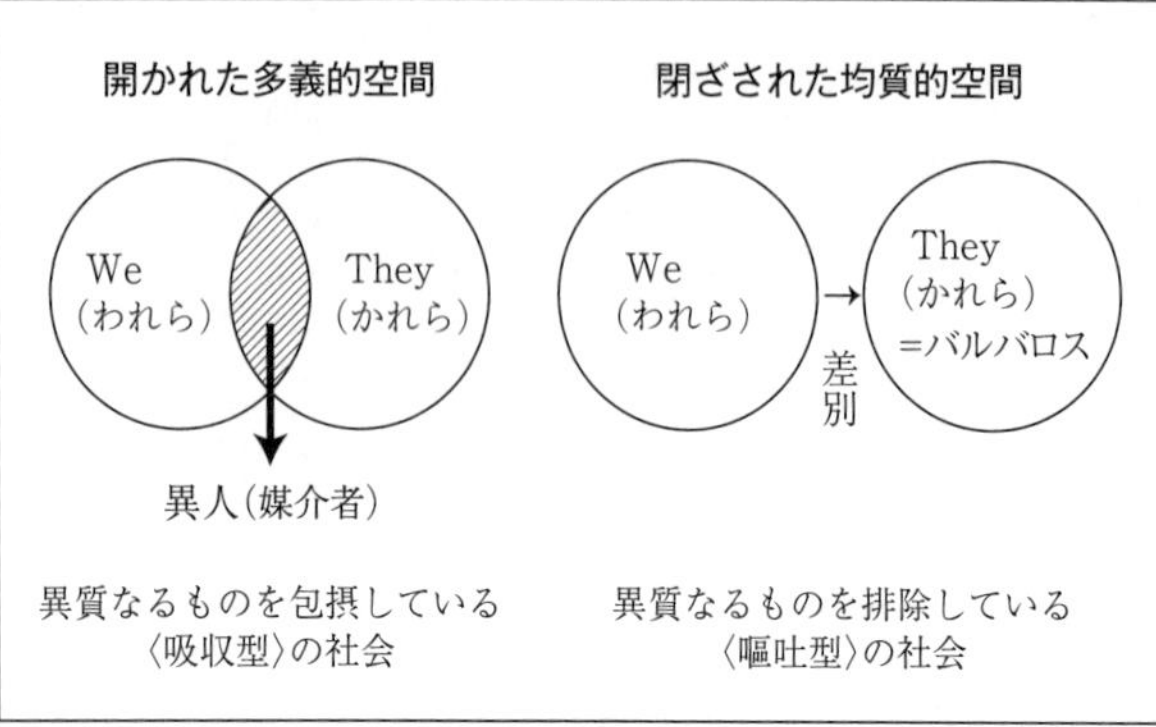

を破る存在であるがゆえに、環境を破壊する異物として鋭い忌避の対象となるのである。

郊外のニュータウンを舞台とした、自閉症者施設建設にたいする住民の反対運動。ワンルーム・マンションの建設阻止に結集する、都心部の住民の動き。この、表面的にはおよそ関連性をもたない、しかし、いかにも現代的ではある社会現象の底に眼をこらしてみるとき、わたしたちは同系色の風景をみいだすことになった。閉ざされた親密な関係世界へとひたすら回帰してゆこうとする、都市住民たちの風景、である。

異人表象は一義的には、差別の眼差しを意味しない。自己とは異質なるもの＝異人へむけた奇異感・異物感に包まれた眼差しと、自己の存在の位相よりも低い場所にある者として他者を卑賤視する眼差しとは、厳密に区別される必要がある。ある意味では、異人とは、異質なるものそれゆえ異界へむけて開かれた窓である。異人という窓または通路をもたない場合には、わたしたちは異質なるものとむきだしの状態で接触しなければならないことになる。そのさい、異質なるものは差別の対象と化し、バルバロス的異人として接触自体を嫌忌される。換言すれば、世界が多様なる差異をはらんだ人々によって構成されているかぎり、そうした他者たち＝かれらとの関係の媒介者として、わたしたちは異人を必要としているのである。

わたしたちは異人との出会いを通して、また、その出会いの瞬間ごとに内なる他者を発見し、生きなおすのである。それは精神分析にいう、無意識の発見に似ているのかもしれない。名付けられざるままに、わたしたちの内奥に沈められていた内なる他者に息を吹きこみ、それをわたしたちはいわば未来にむけて可能性として生きなおす。それゆえ、異人との出会いは、みずからの関係世界の外縁をおしひろげ、自身の生の枠組をこえてあらたに関係世界を再編する機会であるといわねばならない。

全員一致にあらざる供犠

くりかえすが、鳩山ニュータウンの住民たちを施設の建設阻止へと駆りたてたものは、漠然と存在したかもしれぬ自閉症にたいする社会的偏見といったものではない。均質化された時空に自閉症者という名の異人が這入りこむことによって、いやおうなしにみずからの内なる他者と対峙しあわなければならぬことへの怖れこそが、おそらく反対運動をささえる隠れた起爆剤であった。

そうして自閉症者を排除したニュータウンは、その排除において行使された全員一致の暴力により、はじめて集団的アイデンティティを確立したのである。コミュニティとして存立しうるための、起源にかかわる集合化された記憶＝伝承を獲得した、といってもよい。コミュニティの平和を維持するために排除を必要とする、という反対住民の正統化の論理は、その意味ではまったく転倒した論理にすぎない。むしろ、鳩山ニュータウンの場合には、自閉症者施設の排除においてはじめてコミュニティの平和は成立したのである。

あらゆる秩序の起源には、秘められたひとつの死の風景が横たわっている。原初における供犠、または秩序創出のメカニズム。共同体は異人という内なる他者を殺害することにおいて、共同体であることへと自身をさしむける。言葉をかえれば、わたしたちは異人の殺害という現実の、または象徴劇のなかに内面化された共同行為を媒介として、みずからをかれらとは異なるわれらへと自己同一化するのである。

それはたとえば、異形異類の存在を殺害ないし放逐するテーマをもつ民譚などに、よくしめされている。

昔青笹村に一人の少年があって継子であった。馬放しに其子を山に遣って、四方から火を附けて焼き殺してしまった。其子は常々笛を愛して居たが、この火の中で笛を吹きつつ死んだ処が、今の笛吹峠であるという。
（『遠野物語拾遺』第二話）

民譚は多くを語らない。ただ、継子という名の異人が無惨に殺害された事実を物語るのみである。すなわち、――〝文化秩序の起源には常に人間の死があり、その決定的な死は、その共同体の成員の死である〟（ルネ・ジラール『暴力と聖なるもの』）。いつ、だれが、なぜ……といった点は秘せられたままに、笛吹峠なる地名の由来が異人殺害の記憶に重ねられている。この笛吹峠については、『遠野物語』第五話につぎのような話がみえる。近年この峠をこえる者が山中でかならず山男や山女に出逢う。そのため人々はみな怖ろしがって、しだいに往来もまれになってしまったので、ついに境木峠というほうへ別の道を開いた、云々。山男や山女の出没する禁忌された空間として、笛吹峠が遠野の里人らによって怖れられていたことが知られる。

むろん、それが継子殺しの民譚が語るものとどのように関わるのかはさだかでない。ただ、わたしたちは継子なる異人が殺害された（と語られる）場所が、同時に、山男・山女なる異人と遭遇する（と語られる）場所でもあることに、関心をひかれる。異人殺害という共同化された記憶が、遠野の里人らの社会的アイデンティティを形成する一端をになっていたのではないか、とわたし自身は想像している。

　異人の殺害・放逐をめぐる民譚の意味するものは、村落共同体の起源において行使された全員一致の暴力の内面化された記憶である。原初の供犠の受肉、といってもよい。それは歴史的時間を遡行したはてにあらわれる起源ではなく、共同体が共同体としてみずからを同一化する内なる根拠としての起源である。いわば、共同体の現在(いま)をたえず賦活しつづけるものとして象徴化された、起源の記憶＝伝承である。あらゆる始源にまつわる神話が歴史的時間のはじまりではなく、共同体の現在(いま)を不断に更新し再生させるべき象徴的位相におけるはじまりであるのと同様に、共同体の死と再生の劇＝回路として、異人の殺害と放逐をめぐる説話は反復されつづけるのである。

　過渡期または形成期にある社会は、異質なるもの（混沌）にたいする堡塁となるような、共通の自己および世界にかんするイメージを産出しようとする。それは日々共有される経験の積み重ねによって、しだいに培われるものではなく、現実の社会関係にさきだって意志的に選択される、〝われわれとは何者か？〟という問いへの解答である。首尾一貫した定型(マニエラ)にまで純化された「われわれ像」は、集団の成員たちの幻想的な絆つまり集団的アイデンティティとして機能する。

　こうした「われわれ像」創出の過程はまた、われわれに非(あら)ざる者たち＝異人(かれら)の分泌という、秘め隠された過程をはらんでいる。「われわれ像」から疎外された諸要素としての内なる他者（否定的アイデンティティ）は、社会秩序の周縁部ないし外部にある人々に投影される。そうして集団の平和を乱す破壊者＝敵のイメージを負わされた異人たちは、秩序の中心にもうけられた供犠の祭壇へと招ぎ寄せられ、儀礼がクライマックスに達したとき、異和性・逸脱性・反社会性などを一身におびたスケープ・ゴートとして、秩序のかなたへと祀り棄てられる。

　この供犠の庭に湧出する非日常的な時空は、全員一致の暴力という幻想にささえられることにより、侵しがたい聖性をまといつつ集団の成員たちを呪縛する。供犠の聖性にたいする違背は、ただちに「われわれ像」を共有する集団からの追放を結果するであろう。こうした異人排除の視えざるプロセスこそが、わたしたちが形造るあらゆる関係世界の根底に横たわる制度にほかならない。

　心理的に硬い人々は、自己および世界を、是認し許容できる領域（＝善）と是認も許容もできない領域（＝悪）とに、くっきり二元分割している。わたしがこれまで内なる他者とよんできたのは、自己および世界の表層から疎外され、無意識の淵に沈められた部分や名付けられざるモノたちをさしている。わたしたちがいずれ多義性（混沌）をはらんだ存在であるかぎりは、みずからの内奥に内なる他者を棲まわせていることは、ある種普遍的である。そこに善／悪という倫理的な二元論を滑りこませ、内なる他者を悪の色合いに染めあげること、心理的に硬い人々に特徴的なのはそうした傾向である。スケープ・ゴート現象にあっては、犠牲に供される対象には内なる他者が、それゆえ、倫理的な悪(異常・罪・穢れなど)が投影＝仮託される。

ニュータウンという均質空間から共同的に排斥され、人々の無意識の昏がりに浮游していた内なる他者は、眼前にたまたま姿をあらわした自閉症者に投げかけられる。むしろ、こういってもよい。鳩山ニュータウンという形成途上にある社会は、コミュニティへと自己生成をとげるために、生け贄となるべき異人の出現を待ち望んでいた。そこに格好の標的としてあらわれたのが、ほかならぬ自閉症者であった、と。秩序創成のための暴力としての供犠、それこそがあらゆる秩序の起源に例外なしに横たわる、血まみれた一場の光景なのである。

ひとたびスケープ・ゴートに指名されたならば、負の理想像の強迫によって、自閉症者の不可解さ・無気味さはどこまでも膨らみつづける。そこでは、自閉症者という異物の出現がコミュニティの平和を侵害した、という転倒した論理が流通している。はじめに排除こそが存在した、にもかかわらず。そして、このフィクショナルな認識論的転倒こそが、供犠あるいは排除の構造の核心をなす、不可視のメカニズムなのである。

施設建設の賛否をめぐり、前後三回にわたって開かれた住民説明会(自治会主催)とは、なんであったのか。それはあたかも、自閉症者なる生け贄を招ぎ寄せ、やがて祀り棄てるためのスケープ・ゴート儀礼の過程を想わせる。回を重ねるにつれて険悪化し、緊張の度をたかめてゆく説明会は、ついに賛否の結着を無記名の住民投票にゆだねる方向へすすむ。住民投票とはいかにも現代風の装いをこらされてはいるが、ニュータウンの住民たちの匿名化された意志を全員一致の暴力へと駆りたててゆく、巧妙に仕組まれたスケープ・ゴート放逐の儀礼装置にほかならない。

が、それは結局、政治の側からの要請によって回避される。近代市民社会の黙契が、そうしたスケープ・ゴート儀礼、すなわち、異人を標的とした排除の構造が社会の表層に露出してしまうことを許容できなかった、というべきだろうか。かくして供犠の庭は劇的に幕をひかれることなく、あいまいに閉ざされる。スケープ・ゴート放逐という儀礼の目的だけがはたされた。東日本ではじめての自閉症者施設・けやきの郷は、鳩山ニュータウンの住民たちによる、全員一致にあらざる全員一致の暴力のために葬られたのである。

全員一致にあらざるとは、「けやきの郷を支援する会」の結成、といった一部住民の動きを念頭におくためだが、異人排除という、全員一致の暴力として行使されるべきメカニズムが、全員一致なる幻想をまといえないところに、現代におけるコミュニティ成立の困難さがあるとともに、逆にいえば、あらたな可能性の筋道がほのみえるといえるのかもしれない。

異質なるものをかぎりなく排斥する地点になりたつ、閉ざされたコミュニティから、異質なるものを豊かに包摂してゆく、開かれたコミュニティへ。おそらく、この、ほとんど関係としての人間の宿命にあらがう二律背反的な隘路にしか、わたしたちの時代のコミュニティ存立の条件はもとめられない。

＊

『朝日新聞』一九八五・四・二の紙面に、その後のけやきの郷をつたえる小さな記事がのった。「けやきの郷」に安住の地、川越市に八月にも開園――。鳩山ニュータウンから排除され、埼玉県内のあちらこちらを彷徨してきたけやきの郷は、ようやく川越市内に安住の地をえて開園にこぎつけることができたらしい。

ところで、ちょうど同じ頃、わたしは鳩山ニュータウンとも再会した。新聞の折りこみ広告のなかに、一度だけ訪れたことのある、あの美しい街がひっそりとたたずんでいた。コミュニティの起源を語る供犠の痕跡も、追放された異人たちの影も、むろん映されてはいない。人気のない、ひたすら端整で清潔な街並み。そこは、しかしわたしたちの語ってきた事件の現場である。わたしの脳裡をふっと、幻聴のように読みさしの本の一節がよぎって消える……。

だが、われわれの都市のすべての地点は、犯行現場ではないのか？　そこを通行するすべての者は、加害者ではないのか？

（ベンヤミン『複製技術時代の芸術』田窪清秀・野村修訳）

第五章　分裂病／通り魔とよばれる犯罪者たち

――精神鑑定という装置を読む

昔の精神錯乱と今日の発狂との著しい相違は、
実は本人に対する周囲の者の態度に在る。
（柳田国男『山の人生』）

舗石の下の異人たち

通り魔とよばれる犯罪がある。

わたしたちの日常的な了解のコードに違背していると感じられる、無気味な犯罪者たちの群れ。日常への不意の闖入者(ちんにゅうしゃ)たちをめぐる三面記事のいくつかが、ここにある。八十年代の半ばのものだ。

三十三歳の東大卒の薬科大生が世田谷のスーパーで、おやつを買いにきていた三歳の幼女の右眼を、買ったばかりの縫い針で突然刺した（『朝日新聞』一九八六・一・二九）。新橋駅の地下街通路で、通勤途中の美容師が、前から来た男にすれ違いざまカミソリのようなもので切られ、左肩に全治一週間のけがをした(同上一九八六・四・二六)。横浜で夜十一時二十六分ごろ、高校の同窓会帰りの十九歳の女性が、うしろからつけてきた男にナイフで左の腹と胸や肩を四カ所刺され、近所の人の手で病院に運ばれたが、意識がかすかにある程度の重体(同上一九八六・四・二七)。

なぜ、犯行現場はコンビニエンスストアのレジの前なのか。なぜ、被害者は三歳の幼い少女なのか。男は店のなかをひとり徘徊していた。針仕事のセットを買いもとめ、また、所在なげに歩きつづけた。なぜ、凶器は縫い針なのか。それははじめから、凶器として使う目的で買われたのか、それとも実際に繕いものがあったのか。いずれであれ、そこに縫いぐるみほどの大きさの少女がおり、男は背後から摑みかかって振りむかせ、刺した。なぜ、右眼が狙われたのか……。ここでは犯罪を構成する背景、あるいは、その原因や動機といったものはひたすら不透明で、ありきたりの物語化がかたくなに拒まれている。この種の犯罪を前にしたとき、わたしたちは苛立ち、途方に暮れ、えたいの知れぬ不安にとらわれる。

加害者と被害者とをつなぐ線が稀薄であるか、まったくない。行きずりの見知らぬ他人によって、唐突に、脈絡もなく、縫い針で眼を刺された少女にとって、カミソリで肩を切られた美容師にとって、ナイフで腹・胸・肩を刺された若い女にとって、それは怖るべき魔やモノとの遭遇体験にも似ている。都市の雑踏の底での、名づけえぬ異人たちとの出会いの体験といってもよい。異人とは共同体の内なる了解のコードを共有することのない、それゆえにカオスを背負った、異世界からの訪れ人である。通り魔とはいわば、モザイク状をなす都市の昏がりから、何の前触れもなしに噴出する混沌(カオス)の象徴ともいえるだろうか。

都市の過密のなかでは、なにげない眼差しやありふれた所持品ですら、怖るべき凶器となりうることを忘れてはならない。若い男のからみつく視線に追われて、山手線の車中を逃げ惑いながら心臓発作で急死した女子高生のことを想いだす。それが実際にも狂気に憑かれた異様な眼差しであったのか、それとも少女のがわに自分の身体をセクシュアルにつらぬこうとする欲望の眼差しにむけた免疫がなさすぎたのか、わたしには判断がつかない。しかし、そこでの眼差しが凶器であったことは疑いない。あるいは、ひとりの主婦は朝のラッシュで身動きもならぬ国電の車内で、背中を鋭く何度も突き刺された。ブラウスには穴があき、三カ所から血が出ていた。もし、この人が冷静に、うしろの女性がもった袋のなかの金属製の編み棒を確認していなかったら、それは通り魔の仕業とみなされていたかもしれない。持ち主すら知らぬ場所で、その編み棒は凶器の役目を果たしていたのである。

都市は異貌の物語を分泌する。かぎりなく既成の物語を逸脱してゆく、通り魔という名の一群の血塗られた犯罪とそのにない手たち。病める都市社会を象徴するような、などと形容してみたところで、通り魔というできごとの根っこには届かない。どれほど病める光景ではあれ、それが時代の物語の文法に背かぬかぎり、わたしたちはまるで脅かされることはないのだから。

そして、この種の通り魔事件の報道には、判で押したようにもうひとつの物語が寄り添っているのがつねである。犯人は精神病者か異常性格者であった、という定型化された物語。さきの事例の三十三歳の薬科大生もまた、かつて精神病院に一年近く入院した経歴をもつ。精神科への入院歴と事件とは、暗黙のうちに、十年の歳月を瞬時にしてとびこえて侵しがたい因果の連鎖をかたちづくる。通り魔犯罪のもたらした不定型な不安のいくらかは、こうして氷解させられる。

精神病という概念がここでは、わたしたちの不安を打ち消すための解釈装置であり、また社会文化メカニズムと化していることはあきらかだろう。ある犯罪が了解しがたいのは、それが精神病におかされた異常者によってなされる、動機や意味のコンテクストから断ち切られた行為であるからだ。そうした、たいていは司法と精神医学の接点でものがたられるあやしげな解釈は、ほんの一瞬だけ、わたしたちに安堵をあたえてくれる。とはいえ、残念ながら、いわゆる通り魔事件の犯人は、そのほとんどが精神病者ではないことが知られている。つかの間の安堵は、たちまちに根っこを浮かされてしまう。しかし、同時にまた、唯一の出発点がそこにあることも否定しがたい。

通り魔が分裂病と出会う場所

犯罪の変容について取り沙汰されるようになって久しい。通り魔犯罪が増加している、という。かつて犯罪は多かれすくなかれ、社会関係や集団から疎外された者たちの痴情や怨恨といったルサンチマンを動機としていた。そのかぎりで犯罪は可視的で、了解しやすいものだった。そこにしだいに、欲望や打算といった主題が交錯するようになり、現在ではさらに、対象・動機・背景が拡散して、無差別な衝動的攻撃として不特定の他者たちにさしむけられる傾向が強くなっている。日本中の街角のいたるところにばら撒かれた毒入り缶ジュースほど、偏在する悪意の匿名性・無方向性を象徴的にしめすものはない。加害者と被害者との関わりが稀薄で、その背景(コンテクスト)がただちには了解しがたい不透明な通り魔犯罪こそが、わたしたちの時代を鮮やかにいろどる固有な光景のひとつといえるにちがいない。

ここに、一枚の新聞記事の切り抜きがある。横浜で高校生四人を殺傷した犯人が精神鑑定で精神分裂病と診断され、心神喪失を理由に不起訴になったことをつたえる記事である。通り魔事件のひとつの典型ともいえるものだ。

事例(1)　一九八四・横浜

横浜市鶴見区東寺尾の路上で今年三月、下校途中の高校生四人が車にはねられたうえナイフで刺され、一人が死亡、三人が重傷を負った事件を調べている横浜地検は、犯人の同市鶴見区、無職A(二六)が精神分裂病であり、犯行時、心神喪失状態であったと判断、十四日、Aを不起訴処分にし、同市内の精神病院に措置入院させた。同地検はAが精神病院への通院歴があったことや、訳のわからない供述を繰り返していたことから、事件後、逸見武光東大教授と福島章上智大教授に精神鑑定を依頼。両教授とも、「Aは、現在および犯行当時は、破瓜(はか)型の精神分裂病に罹患(りかん)しており、自分の行為を制御する能力がなかった」との鑑定結果を出した。同地検は、この鑑定を参考にして、Aの犯行動機、供述内容などを総合判断した結果、犯行当時、心神喪失状態で、責任能力はなかった、と断定した。

(『朝日新聞』一九八四・七・一四)

犯罪は古代には、秩序に生じた傷であり裂けめであったという。それに応じて、刑罰もまた、犯罪によって生じた秩序の裂けめを埋め傷をいやす贖罪の供犠であった。いかなる儀礼によっても浄化しがたい、怖ろしい罪＝穢れをおびた犯罪者は「聖なるもの」

と認定され、秩序のかなたや国境のそとへと追放された。わたしたちの時代には、犯罪が秩序に生じた傷や裂けめとして説明されることはない。刑罰も贖罪の供犠ではありえず、犯罪という行為にたいする倫理・道徳的な非難として科せられるものだ。

ところで、犯罪→精神鑑定→措置入院（＝強制入院）というプロセスを踏んで、市民社会の表層ないし枠組そのものから排除される、ある種の犯罪者たちがいる。これら動機なき犯罪者たちは、まるで接触そのものを忌避され、国境外へと逐（お）われた古代の犯罪者＝聖なるものにも似て、刑法体系からは免責されつつ、わたしたちの日常意識にとっては牢獄であり彼岸である精神病院へと封じこめられる。かれらはたいてい、精神分裂病という黒い称号を授けられることになる。

精神鑑定とは、端的にいえば、その被告人ないし被疑者の精神状態がどのようなカテゴリー（精神病・異常性格あるいは正常など）に属するかを、精神医学的に診断することである。精神鑑定は裁判のプロセスで、適当な精神科医に依頼されておこなわれるが、鑑定をつうじて刑事責任能力の有無にかんする判定に必要な医学的所見が提供される。

近代法の理念のもとでは、刑罰が道義的非難の意味をもっていることには触れた。刑罰は犯罪行為者の名誉を失墜させ、その社会的地位を低下させる。したがって、その犯罪について行為者を道義的に非難できない、つまり責任を問えない場合には、論理的帰結として刑罰を科すことが不可能となる。十四歳未満の子どもが刑罰の対象からはずされるのは、そのためである。

刑法第三十九条には、「①心神喪失者ノ行為ハ之ヲ罰セス。②心神耗弱者ノ行為ハ其刑ヲ軽減ス」とある。心神喪失や心神耗弱が具体的にどのような状態をさすのかについての規定が刑法にはないが、通例、大審院判例にしたがって、精神の障害のために理非善悪を弁識する能力がないか、またはこの弁識によって行動する能力がない状態を心神喪失、そうした能力が著しく減退している状態を心神耗弱と称している。心神喪失者は無罪、心神耗弱者は刑を軽減される。事例⑴の、四人の高校生を殺傷した男は、精神鑑定(正確には、この場合は起訴鑑定)によって精神分裂病と診断され、それを受けた地検は、犯行時には心神喪失の状態にあり責任能力はなかったとみなし、不起訴処分の決定をくだしている。

とはいえ、刑罰上は免責されるが、むろんそのまま釈放されるわけではなく、刑務所のかわりに精神病院へ強制入院させられる。これがはたして人道主義的な処遇であるのかいなか、判断はむずかしい。入院それゆえ収容の期間がどの程度のものになるかは、裁判をつうじて科せられる刑罰とは異なり一定ではない。二、三年の刑期ですむはずの犯罪が、十年や二十年にもわたる精神病院生活を結果するかもしれないし、死刑を科せられるべき罪を犯した男が、精神病の治癒いかんによってはほんの数年間の入院で、社会に出てくる可能性がある。それがいわば不定期刑であることにくわえて、精神病院が病者の治療のための施設であるとはとうていいえない状況がある。精神病院が刑務所と同様に、社会から排除された人々の収容と監禁のための施設となっていることは、否定しがたい。後述するライシャワー事件の少年の場合などは、それを明瞭にものがたっている。

事例(2)　一九八四・那覇

七月二十九日午後、那覇の市営団地で、果物ナイフをもった若い男が、幼児や女子中学生をふくむ住民七人を路上などで次々に刺した。一人死亡。男は同じ団地に住む無職B(二二)で、駆けつけた警察官に現行犯逮捕された。調べに対し、Bは「テレビが自分を馬鹿にしていると思った。だから、だれかを殺さなければならないと思った」と自供している。Bは四年前から精神分裂病にかかり、いくつかの精神病院に入院したほか、現在も通院治療中であるという。

（『朝日新聞』一九八四・七・三〇）

事例(3)　一九八五・下関

九月十九日早朝、下関市郊外の閑静な団地で、農業をいとなむC(三七)が母親を殺したあと、日本刀をもって付近の住宅に押し入ったり、通行人に切りつけたりして三人を刺殺し、八人に重軽傷を負わせた。Cは少年時代は成績優秀だったが、大学入学のころから頭がしびれると訴えはじめ、十年ほど前には、病院で精神分裂病と診断され、投薬治療をうけている。「昭和二十八年ごろ自分は仏様から脳を悪くされた。つねづね、自分がやらなければやられると思っていた」「母親や地区の人に冷たくされるのを恨んでやった」などと供述している。犯行順序や切りつけた回数は正確に記憶しているが、言動におかしいところがあり、鑑定留置中。不起訴の見通しが強い。

(『朝日新聞』一九八五・九・一九、『読売新聞』同一〇・二三)

この二つの事例は、いくつかのたいへん興味深い共通点をもつ。衝動的な無差別大量殺人であること・犯人が分裂病者とされること・未婚の男である(らしい)こと・舞台が団地であること・馬鹿にされたとか冷たくされたことを動機として語っていること、などである。そして、じつはこれらの事件は、ランニング・アモクと称される精神病理学的な現象に酷似している点において、いっそうわたしたちの関心を惹きつけるようにおもわれる。

アモクは従来、マレーシア・インドネシア・フィリピンの回教徒にかぎってみいだされる、まったく動機のない爆発的な殺人衝動と説明されてきた。アモク・ランナーはアモクの症状以外には、精神病的な症状も身体的な症状もいっさいしめさず、恢復後はその記憶をまったく欠落させている。これにたいして、パプア・ニューギニアで精神科臨床にしたがうバートン＝ブラッドレーはその著『石器時代の危機』のなかで、アモクを特殊な文化圏にのみみられる精神病としてではなく、心因性の精神病(反応性文化結合症候群)としておさえつつ、アモクの前段階に、本人にとっては救われがたい侮辱と感じられるできごとが起こっていること、記憶喪失がさほど完全なものではないことを指摘している。

アモクは重大な辱(はずか)しめをうけた者に、その感情のはけ口もしくは状況からの脱出法として用意されているありふれた情緒反応のかたちであり、共同社会からもいわばその合理性を承認されている。アモクを絶望から立ち直るための避けがたい行為とみなす人々は、それゆえ、ひとりのアモク・ランナーの青年が村人たちを斧や槍で次々に襲ったすえに、石で打たれ力尽きて警官にひき渡されたできごとについて、そこにはすこしも挑発的なものはなく、友好的な雰囲気があるだけだったと語る。この青年は拒食状態におちいり精神病院に入院させられ、治療をうけ、やがて退院する。なんら精神疾患はみいだされず、青年はただぼんやりした記憶しか残っていないと主張する。かれはふたたび、共同社会に場所をかえて統合される。こうしてアモクは耐えがたい恥辱をこうむった男をめぐる、ひとつの伝統にねざした物語(＝解釈装置)として受容されているようにみえる。人はときにこの物語にいだかれながら、殺人をもふくむ攻撃衝動を爆発させることを許されているのである。

古典的なアモクの背景としては、均質かつ小規模の対面的な定住社会であること、また血縁を基礎とした人と人との強い絆が存在することがあげられるが、さきの二つの日本の事例にも、それはある程度該当するようにおもわれる。ただ、過疎地帯のムラ的結びつきの色濃く残っている場所ではなく、あらたに団地という居住様式のもとに再編成された人間関係を基盤とした地域社会が舞台であることは、注意されてよい。そこには、共同体の絆や血縁関係による責務の重圧といったものはないが、均質かつ小規模な対面状況の強いてくる、ある特有な息苦しい閉塞感は存在したはずである。事例(2)では、それは「テレビが自分を馬鹿にしている」と妄想的に抽象化して表現され、事例(3)の場合にはより直接的に、「母親や地区の人に冷たくされるのを恨んで」と語られる。そうした言葉の裏側には、あきらかにアモクの前段階にあった耐えがたい恥辱の体験に似たものが予想される。かれらは独身であり、定職にもつかずブラブラしている、しかも分裂病という称号を背負った男たちである。かれらを眺める小さな団地の住民たちの眼差しが好意的であったはずもなく、その疎外感は「馬鹿にされる」「冷たい」といった怨み(ルサンチマン)つらみとして鬱積せざるをえない。

追いつめられた男たちはルサンチマンを爆発させて、無差別の大量殺人事件をひきおこす。当然のことながら、そこにはかれらの絶望的な試みを承認し、アモクとして友好的な雰囲気のうちに包容してくれるような共同社会は存在しない。アモクという物語ないし解釈装置のかわりに、分裂病とよばれる物語ないし解釈装置がここにはある。わたしたちは二つの事例を、たとえばアモクと通り魔との中間的＝過渡的形態のようなものとして把握することができるかもしれない。

事例(4)　一九八五・札幌

九月二日の夕方、札幌のショッピングセンター入り口の踊り場付近で、買物帰りの女子中学生が通りがかりの男にポシェットを奪われそうになり、抵抗したところ、胸や腹を庖丁でメッタ突きにされ、即死した。五日夜逮捕された無職Ｄ(四二)は、少女とは面識がなく、「だれでもよかった」と通り魔殺人を認める供述をしている。「宇宙のことを考えていたら、だれかが電波を出し、頭に突き刺さった。弱い者でも殺せば腹いせになると思った」。犯行後は、「恐ろしいこと、悪いこと、かわいそうなことをしたと思い、人に会うのがこわくなり、自宅にカギをかけて閉じこもっていた」と、断片的にのべている。Ｄは二十年前、精神分裂病を発病、二回入院し、犯行当時も通院をつづけていた。鑑定留置中で起訴は微妙。

(『読売新聞』一九八五・一〇・二三)

この事例ではもはや、攻撃衝動は近親者や顔見知りの隣人・地域の人々にはむけられない。血縁的な紐帯もなく、対面状況的な触れあいや関係もすっかり壊れてしまっているのかもしれない。攻撃はより高度に抽象化して、街の雑踏のなかですれ違う見ず知らずの他人がその対象にえらばれる。だれでもよかった……。この不可視の、不意の暴力の噴出としか人々の眼に映らない無差別の衝動殺人は、通り魔とよばれることになる。

怨恨(ルサンチマン)はあきらかな対象を喪失し、あてどなく虚空をさまよう。世の中に馬鹿にされつづけたひとりの浮浪者は、ある日、「なめやがって」と怒号しつつバスの車中にガソリンをまいて放火する(二十人死傷)。年の暮れ、解雇された三十八歳の男はメッキ工場に忍びこんで、塩素ガスタンクのバルブを開ける(目やのどを痛めた者数百人)。同じ年の暮れ、やはり解雇された腹いせに、四十四歳の男がマンションにガソリンをまいて放火する(犯人をふくめ三人死亡)。これらの犯罪における、原因/結果もしくは動機/対象とを隔てる距離には、しばし呆然とせざるをえない。

たとえば古典的なアモクにあっては、その動機がすくなくとも共同社会の内部にあるかぎり了解可能であり、それゆえ人々はかれらの文化的伝統にねざした物語の文法にしたがってそれを受容することができた。アモクは非日常的な事件ではありえても、異常な犯罪ではない。アモクに走る者は一時的な錯乱がおさまれば、精神的にも肉体的にも健常者としてあつかわれる。事例(2)・(3)は現象的にはアモクとほとんど同型のできごととして生起しながら、それを許容する物語の文法が欠けているがゆえに、日常からは隔絶した怖るべき犯罪とみなされる。さらに抽象化の度合いを高め、攻撃衝動が拡散してゆくとき、事例(4)にみられるような通り魔犯罪として現象することになる。そうした動機や背景が不透明な、日常的な了解の地平からはるかに逸脱する犯罪は、分裂病という物語によって覆い尽くされてゆく。

たまたま精神分裂病にかかわる事例がならんだが、実際のところ、通り魔と分裂病の関係にはきわめて濃密なものがある。むしろ、日常的了解のコードに違背する社会現象としての通り魔と、意味無縁な了解しがたい心的現象としての精神分裂病とは、相互補完的に結ばれているとかんがえたほうがよい。そこには、日常世界にとっての二つの外部性＝カオスが重なりあい、ある了解の地平を形成しているかにみえる。むろん、通り魔犯罪が理解しがたいのは、それが精神病ことに分裂病に冒された異常者による、動機や意味のコンテクストから切断された行為であるからだ、という解釈＝物語である。

外部としての精神分裂病

一九六四年三月二十四日、米国駐日大使E・O・ライシャワーは、大使館に侵入したひとりの少年に左大腿部を刺されて重傷を負った。このライシャワー大使の傷害事件は、内外に大きな衝撃をあたえたが、まもなく少年が精神分裂病者であり、その犯行も政治・外交問題とはまったく無関係で、奇矯な妄想にもとづくものであることが明らかにされた。「精神病者を野放しにするな」という政治社会的なキャンペーンが大がかりに演出され、翌年、精神障害者による重大犯罪の発生を未然にふせぐことを目的として、精神衛生法は改正された。精神障害のために自傷他害の怖れがあると認められた者を、予防拘禁的に精神科病棟へ送りこむことのできる現行のシステムはこうして確立した。ライシャワー事件が日本の精神障害者をめぐる状況にもたらした影響は、きわめて深刻なものだったことがわかる。そして、この事件はまた、動機なき犯罪と分裂病との相互補完的ともいえる関係にかんする、ひとつの原型をなす事件でもあった。

少年にたいしては、二回の精神鑑定がおこなわれている。その鑑定は二つながら、少年が重い精神分裂病にかかっていること・犯行時は刑事責任無能力の状態にあったこと・今後長期にわたる入院治療を要すること・社会復帰の見込みはうすいこと、などの点で完全に一致した結論を出している。わたしたちは『日本の精神鑑定』によって、第一回の、東京大学医学部教授・秋元波留夫による鑑定の全容を知ることができる。ここでは、この秋元鑑定をテクストとして、犯罪と分裂病をめぐる主題に光を射しかけてみたい。

秋元鑑定は、「精神分裂病と犯罪」と題した一節で、以下のようにのべている。

精神分裂病者はしばしば分裂病の症状として反社会的行動を行なう。被害的な妄想や幻覚に支配されて、殺人放火などの重大な犯罪を犯したり、異常に興奮して器物を破壊したり、衝動的に家出逃走したり、その他種々の脱線行為を行なう。あるいはまた人間関係が保てなくなり、社会的適応性を失って、浮浪、売春、機会的な窃盗、無銭飲食、遺失物横領などに陥ることも少なくない。

犯罪や反社会的行動・逸脱行為など、市民社会のあらゆる悪が精神分裂病に帰せられているようにみえる。しかも、それは分裂病の症状とされるのだ。分裂病者はもはや、犯罪の主体の座からは追放され、病いをいれる容器に還元されてしまっている。そこでは犯罪をおかすのは病いであって、分裂病者自身ではない。

犯罪という悪を病いに還元する方法はおそらく、人間だれしもが避けがたく抱えこんでいる悪への可能性、そのあらわれとしての犯罪、それを病いという了解しやすい文脈のなかにおきかえ、犯罪そのものの無気味さ・わけのわからなさを無化しようとする試みである。犯罪が病いのあらわれ＝症状にすぎないとすれば、犯罪はけっしてメッセージないし意味ある行為として解読されることがない。犯罪という鏡のおもてに映しだされる、人間という不可解な存在の昏がりを覗きこむ作業は、周到に回避される。

しかし、あらためて問われねばならない。人は分裂病だから、あるいはノイローゼやアルコール中毒症だから、見知らぬ他人を刺し殺したり放火したりといった犯罪をおかすのか。そうしたノイローゼや分裂病を犯罪の主体とみなす司法精神医学的な了解に寄り添い、身をゆだねるわけにはいかない。そこにはあきらかに、わたしたちを幻惑する詐術がひそんでいる。犯罪が精神障害(妄想・幻覚など)によるなんらかの影響をこうむっていることは認めるとしても、病いが犯罪という社会現象の原因であり、主体であるなどとはかんがえられない。せいぜいのところ、それは犯罪の契機なり背景なりの一部をなすにすぎないはずだ。

たとえば、ひとりのアル中患者が通りすがりの主婦とその子どもを殺害する。妄想に支配されての犯行と認められれば、かれは刑罰を免責されるか軽減される。しかし、アルコール中毒症という病いもまた、結局はかれがえらびとっているみずからの場所(アイデンティティ)ではないのか。殺人がアル中にもとづく妄想に直接は起因するのだとしても、また、仮りにそれを記憶のうちからまったく喪失しているのだとしても、妄想を生きてある主体としてのかれは、依然として殺人行為の主体でもあるはずだ。心神喪失者として無罪を宣告され、あるいは心神耗弱者として刑を減じられるとき、人はみずからのアイデンティティを根こそぎ剥奪される危機にさらされることになる。

日本の代表的な精神医学者として数々の精神鑑定を手がけている中田修によれば、精神分裂病やうつ病のような、いわゆる内因性精神病のあきらかな証明があれば、その初期の段階であっても、疾病と行為との関連性を考慮することなく、ただちに責任無能力とすべきであり、この原則はシュナイダー学派だけではなく、広く一般に支配的なものであるという。分裂病と診断されることは、それゆえ、精神科医という絶対的権威にもとづき、おまえはおまえの行為＝犯罪にたいして責任をとる能力が欠如している、と宣告されたことを意味する。分裂病者の行為であるならば、それはあらゆる意味の連鎖から解き放たれた無・意味（ノンセンス）ででたらめな病理現象である、という認識が前提となっているのである。

　秋元鑑定は分裂病の了解不能性について、つぎのようにのべている。

> 精神分裂病は知・情・意の全面にわたって、すなわち人格全体が核心から障害される病気であり、この病気が現在進行中である限りどんな軽症であっても、患者の全人格は病的変化の力の支配下にあるものである。そしてこの時患者の心の動きは、正常な心理をもってしては了解できない部分がある。この了解不能性こそが分裂病を診断する重要な根拠であって、精神科医が分裂病と診断したということは、その患者の心理は根本的に了解不能であることを示しているのである。この了解が不能であるということは、その心の動きについては予測することができないということ

である。すなわち、患者には正常な動機に従って正常に意志を決定することは期待できないのである。

分裂病はその病いゆえに、人格そのものを核心から侵され、まったく病いの非合理な力の支配下におかれている。そのため、かれらは「正常」な心理・動機・意志からはかけ離れた衝動的行為におよぶことがしばしばであり、それは「正常」な人格のありようとはおよそ疎遠なものである、という。了解不能性こそ分裂病を診断する重要な根拠であり、精神科医が分裂病と診断したということは、その患者の心理や行為は根本的に了解不能である――、おそらくこの同義反復(トートロジー)こそが、分裂病という病いにむける精神医学的な眼差しの隠された基層をなしている。

精神分裂病⇅了解不能性⇅動機なき犯罪

このトートロジーの連鎖のうえに、たとえば分裂病患者の犯罪には殺人・放火などの重大犯罪が多いといった、司法精神医学の好んでする定型的な解釈は成立している。ある犯罪が動機も背景も不透明で、了解が困難であれば、そこには分裂病の秘められた病的プロセスの存在が予想される。動機の不明な重大犯罪のケースでは、まず精神分裂病、ことにその前駆期を疑って慎重に診断をしなければならないという原則が、鑑定にたずさわる精神科医たちの常識になっているといわれる。犯罪行為者の過去に、かすかな分裂病の影でもみいだされれば、そのほかのいっさいの条件は度外視して犯罪は分裂病に直結される。分裂病→了解不能性→犯罪という解釈装置に包摂されることによって、犯罪のもつ外部性＝カオスの力はかろうじて無化され、わたしたちはそれを日常意識の内側に囲いこむことができる。

当然のことながら、犯罪→了解不能性→分裂病、という逆方向の了解の地平も成立する。内向的で目立たない青年が、ある日世間の耳目をおどろかす大事件をひきおこす。その動機が了解しがたいものであれば、まず分裂病の前駆期ないし病初期をかんがえ精密な精神鑑定が必要である、というウィルスマン以来の原則が導入されるだろう。動機なき犯罪者の過去に分裂病の影をみいだせず、犯行時にも分裂病の兆候を認めることが困難な場合ですら、分裂病を想定しつつ精神鑑定をすすめる必要性が語られている。ある種の犯罪と精神分裂病とは、こうして了解不能性という共通項に媒介されて、ひとつの現象(できごと)の表裏をなす光景とみなされるにいたるのだ。

ところで、このような司法精神医学的な了解の地平がじつは、いまだ証明されたことのない内因性をめぐる神話的仮説に基礎をおいていることは、十分注目されてよい。内因性の神話とは簡単にいえば、分裂病はなんらかの遺伝的素因にもとづき、なんらかの大脳の器質的変化ないし生化学的変化のために発現してくる病いである、という仮説である。この仮説のもとで、あたかも進行麻痺とよばれる精神病の原因が梅毒の病原体スピロヘータであったように、分裂病の場合にもいまだ発見されてはいないが、なにか身体に生じる病的変化が原因として隠されているものと信じられている。十九世紀のすえに分裂病が発見されて以来、やがて分裂病の生物学的研究がすすめば、たとえば脳内の代謝異常などの生化学的病変があきらかになるにちがいないという自然科学的オプティミズムが、内因性の神話をささえてきた。こうした仮説の域を脱していない内因説が神話めいた呪縛力をおびつつ、近代の刑法体系に接ぎ木されたとき、それは分裂病者の責任無能力論として流布されてゆくことになったといえる。

さて、秋元鑑定はその末尾近くで、被疑少年の責任能力について以下のようにのべている。

被疑者の行為は分裂病の所産である。したがって被疑者に医療と保護を与えることが被疑者のためにも、あるいは社会防衛上ももっとも有意義な処置と考える。被疑者は分裂病のため、正しい感受性を喪失しており、また事物を正当に評価する精神機能も欠けているので、刑罰の意義を理解し、刑の効果を受け入れる精神的能力はないと判断される。被疑者の治療のためには精神病院への入院を必要とする。その分裂病が将来において良好な寛解をみる可能性は少ないので、長期間にわたり病院での保護を要するものと思われる。

この秋元鑑定によって分裂病と診断され、心神喪失を認められた少年は不起訴となり、都内の病院に措置入院させられた。こうした処置が人道主義的な外観とは裏腹に、なにより社会防衛上の配慮にしたがって要請されたものであることは明白である。ことに、この事件の場合、裁判における少年の言動いかんによっては、日米関係その他の政治外交上の問題に微妙な波紋を投げかねないことが予想された。少年を精神病者として抹殺することが、おそらく想定される最良の策であった。少年の分裂病の治癒可能性を否定し、長期にわたる病院での保護＝収容の必要性を説く秋元鑑定が、「被疑者のために」などといった発想をひとかけすら持ち合わせていないこともまた、明白といえる。

少年は秋元鑑定に抗うかのように、入院数年をへてしだいに軽快にむかう。閉鎖病棟から開放病棟にうつり、休まず熱心に作業療法にしたがうなど、やがて社会復帰する可能性もみえはじめた。たった六十三日間の鑑定をつうじて、秋元波留夫という精神医学界の最高権威はなにを根拠に、少年の分裂病が「将来において良好な寛解をみる可能性は少ない」などと断定しえたのであろうか。ところが、ここで少年にとってはあまりに不幸な、予測しがたい事件が起こった。アメリカ大使館で放火事件があり、たまたまその時刻に無断外出中であった少年が嫌疑をかけられ、警察の事情聴取をうけたのである。嫌疑は翌日には晴れたが、少年はふたたび閉鎖病棟にうつされ、屋外の作業療法も中断された。この小さな事件が少年のうえにどのような影を落としたのか、それはあきらかではない。いずれであれ、事件ののち少年の軽快にむかっていた病勢は一転、悪化の方向にすすむことになる。いっそう自閉傾向が深まり、人格は荒廃の一途をたどったのである。

　そして、ある明け方、少年は病棟の便所のなかで縊死して果てる。ライシャワー大使刺傷事件以来七年の歳月が流れ、少年（かれ）はすでに少年とよばれる年齢ではなかった。享年二十六歳。自殺の動機は不明である、という。

　心神喪失者として無罪を宣告された少年は、みずからがなぜアメリカ大使館に侵入し、ライシャワー大使の大腿を刺したのかを、法廷という公開の場でものがたる機会を奪われ、精神病棟の奥深くに幽閉された。殺害が目的ではなかったことを少年は明言している。残念なことに、わたしたちは秋元鑑定をつうじてしか、少年の発するメッセージを傍受することができない。司法と精神医学のないまぜになった言葉の靄（もや）のなかに、少年のメッセージは病的妄想として沈められている。少年の行為はいずれ、精神鑑定という密室の作業をつうじて、分裂病という病いの力の所産と認定されたのだ。少年はかれ自身の、不幸にも犯罪とよばれることになった行為の主体であることを否定され、意味不明の、了解不可能な世界を彷徨する外部の人へと堕とされたのである。

こうして精神鑑定に媒介されることによって、犯罪という表現は犯罪という病理へと変換させられる。心神喪失者と宣告されるとき、人はみずからのアイデンティティを根こそぎ剥奪される危機にさらされている。いわば制度としての精神鑑定とは、わたしたち市民から合法的に主体(アイデンティティ)を剝ぎとるイデオロギー装置といえるかもしれない。

負の物語の産出メカニズム

たまたま手にした昭和九年発行の犯罪心理学の著作に、こんな一節があった――〝一般に身体並に精神が健全であり、円満な生活をしている人は、特殊の場合を除いては、犯罪を為すことは殆どない。これを換言すると犯罪者の多数は、何れも精神の異常に基くものが多いのである〟(小南又一郎『実例犯罪心理講話』)。犯罪者と精神異常者をほとんど等価につなぐ、このような犯罪観がこれほど露わに語られることは、現在ではあるまい。

犯罪学の草分けであるイタリアのロンブローゾという精神科医の唱えた、生来性犯罪者説(犯罪者のなかには、一定の身体的・精神的特徴によって見わけのつく特殊な人種がいるという説)は否定されたが、のちに、それをうけた犯罪生物学は、犯罪者とくに常習犯罪者の多くは、好ましくない遺伝素質をもった人間＝異常性格者（精神病質者）であると主張するようになった。生来性の犯罪者のかわりに、犯罪者になりやすい素質をもった人間類型があらたに発見されたのである。犯罪と精神医学の接点では、この異常性格ないし精神病質の問題がもっとも鋭い論争テーマであることはよく知られている。

ところで、犯罪者は疑いもなく異人である。健全な日常生活をいとなむ市民の対極に位置づけられる、犯罪者という名の異人。とはいえ、それは犯罪者の多くが精神病質者で、生来的に犯罪に親和性があるなどといおうとしているわけではない。多くの場合、犯罪者が異人化されるのは犯罪の以後であって、以前ではない。

わたしたちは犯罪という結果からさかのぼって、かれがつねに・すでに犯罪へと宿命づけられた異人であったことを発見する。非日常的できごととしての犯罪は、そうして物語の定型に包摂され、日常意識の彼岸に逐い放たれる。マスコミの流布する大方の犯罪報道はまさに、この過剰な物語への欲望に支配され方向をさだめられている。負の理想像（イマーゴ）の強迫によって、犯罪者はいっそう犯罪者らしく造型されねばならない。

そうした犯罪者の異人化のプロセスはやはり、供犠それゆえ第三項排除の構造につらぬかれている。供犠の生け贄が絶対的差異化をこうむるのは、排除とともに、または排除ののちにである。あらかじめ予定調和的に存在する排除記号といったものは、本来存在しえない。同様のことは、犯罪者に関してもいえる。犯罪の了解にむけて仮構される異常性格や精神病質という名の絶対的差異＝スティグマは、犯罪のはるか前段階から存在したわけではない。犯罪をめぐるマスコミ報道や裁判と並行するかたちで、排除そのものを合理化する絶対的差異は発見され、しだいに鮮明に輪郭をととのえてゆく。

精神鑑定は往々にして、この犯罪者の絶対的差異化を隠された役割として担わされているようにみえる。血縁関係・家族歴・生育歴などの徹底した洗いだしをつうじて、負性をおびた差異ないしスティグマがおびただしく発見される。その際、精神病の影や異常の徴候（しるし）がもっとも周到に掘りかえされるのは、ことの性質上当然といえる。親・兄弟をはじめ親類縁者のなかに、精神病者・精神薄弱者・異常性格者、また自殺者や犯罪者はいないか。被告人本人の出生から現在にいたる個体史のなかに、精神病や異常の影はみいだされないか。犯罪に親和性があるとみなされている精神分裂病が、もっとも説得力に富んだスティグマであることはいうまでもない。精神鑑定はそうして精神医学の装いのもとに、発見された差異＝スティグマを因果の連鎖のうえに積み重ねつつ、ひとつの犯罪をめぐる物語を産出する。

たとえば、放火犯として逮捕されたボンド吸入の常習者であるひとりの少年に関する精神鑑定を取りあげてみよう。その総括部分では以下のようにのべられている。鑑定者はすでに触れた中田修である。

被告人は好ましくない遺伝負因を有し、好ましくない家庭環境に生育し、祖父母の死を契機として一層家庭内で孤立し、学業生活においても遅れをとり、将来への希望を絶たれて非行仲間に入り、有機溶剤吸入による酩酊の魅力にとらわれ、生活態度を大きく乱すとともに非行・犯罪を犯すようになった。被告人は、小学校時代に既に、著しい自己中心性・非協調性と意志薄弱な傾向をみせていた。これには生来の劣悪な素質と共に、幼年時代の劣悪な家庭環境(教育、躾け、愛情の欠如)が大きく関与しているわけであるが、性格的には意志薄弱型、自己顕示型、爆発型、無情型などの類型を複合する著しい異常性を認め、更に虚言、欺瞞的傾向と被影響性、被暗示性の亢進が著しい。

(佐藤友之『ドキュメント精神鑑定』)

中田鑑定は被告少年の「好ましくない遺伝負因」とはなにか、いっさい明らかにしない。「好ましくない家庭環境」についての記述もまた、ごく平凡な家族関係のなかから拾われた負性をおびる点景を連ねてつくりだされた、危うげなフィクションにすぎない。鑑定は母親について、「人間的な感情、暖かみ、いわゆる母親らしさに乏しい性格」と決めつけているが、二十人の従業員を使いこなし、店を切り回さねばならぬ商家の主婦が男まさりの激しい気性で、一般的な通念としての母親らしさを演じきれなかったとしても、むしろ当然のことだ。祖父母の権威がきわめて強く、父母がそれぞれに自身の家庭内での役割を担いきれなかった、と中田鑑定はのべる。被告少年の実家は、代々手広く商売をいとなむ素封家であり、母方祖父は市会議員を何期かつとめている。おそらくイエ意識の残るこの家族のなかで、祖父母の立場が強大で、婿養子の父親がいわゆる父親らしく振る舞えなかったことも、驚くにはあたらない。「家庭はその成員間に暖かい人間的な交流や親密さ、連帯感に欠けていた面もある」と、中田鑑定は断定する。少年とのたった数回の問診によって得られた、以上のような家族像がたんなる印象批評の域を出ないことは、明白といってよい。「好ましくない」「劣悪な」とくりかえしレッテルを貼られ、裁かれた少年の家庭環境が、わたしたちのそれと遠く隔たった劣悪なものであるとは、とうていおもえない。結局、鑑定者の極私的(プライベート)な家族や母親についての先験的なイメージをゆいいつの規準にして、被告とその家族は裁かれたのである。裁判官によってではない、精神科医によって、だ。

また、被告少年は「意志薄弱型、自己顕示型、爆発型、無情型などの類型を複合する」異常性格者と認定されたが、中田鑑定はこの判断にあたっての充分な根拠をしめしていない。ことに、爆発型と無情型についてはそれを暗示する記述さえみられない、という。しかも異常性格者という判断は鑑定全体のなかではまったく役立てられず、ただ少年の犯罪者イメージを掻きたてる小道具の役割のみを果たしている。

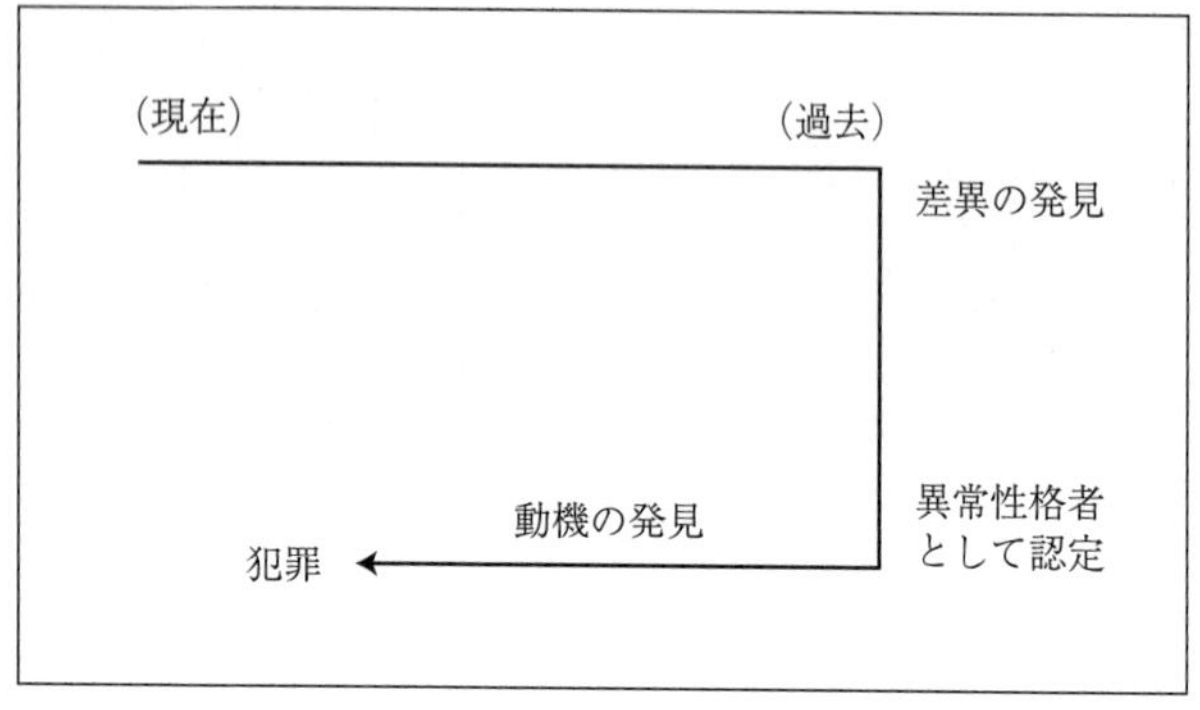

精神鑑定による物語産出のプロセス

さらに、中田鑑定は被告少年の犯罪にいたる動機とプロセスを以下のようにのべている。家庭環境と生育歴の分析をつうじて、犯罪をおかしやすい生来的な素質(「好ましくない遺伝負因」とはこれを意味しているらしい)をもつ、異常性格者と認定された少年の前に、六件の放火事件にむけて、一直線に物語のレールが敷かれてゆく――。

犯行の動機についてはこれまで被告人が警察調書及び検察調書に於てくり返し述べている、「気分が荒れていた」、「親と社会に反抗していた」、「放火魔だと馬鹿にされた」、「ボンドを吸っていて、ふといやなことを考えたりすると火をつけたくなる」、「家庭内が面白くない、母が自分に、当たりちらすので、うさばらしに放火するようになった」等の説明がみられるが、〈略〉これらは、被告人の犯行当時の生活状況の乱れ、及び被告人の性格傾向より了解可能なものであり、被告人が、家庭の不和、勉学の行きづまり、対人関係の困難、自己の性格の弱点に悩みながら、この葛藤状況から逃がれようとして、ボンド吸入に逃避し、ボンド酩酊によって、その判断力、意志の制御を乱し、その結果、被告人は不満を発散させるための放火を行なったとみなしてもよいものとおもわれる。

（西山詮「精神鑑定書の鑑定」『精神医療』23）

被告少年はじつは、警察における供述では犯行を自白したが、検察での供述の際にこれをくつがえして以降、鑑定時も裁判の過程でも一貫して放火したことを否認しつづけていた。したがって、鑑定の段階にはいまだ、少年の「犯罪事実」は起訴状のなかでのみ事実だったのであり、少年自身はこの「犯罪事実」をみずからに生起したできごととして容認することを拒み、それと戦う姿勢をしめしていたわけである。これにたいして、中田鑑定は裁判で結着のつけられていない少年の「犯罪事実」を自明の前提として、動機から犯行へといたる、貧しげな物語を組みたてている。精神科医は裁判官ではない。当たり前のことだ。にもかかわらず、ここでの鑑定者＝精神科医は、あきらかに被告の「犯罪事実」をめぐる裁判もおこなっているのだ。弁護人が不在の、検察と判事を兼ねた精神科医による人格裁判……、しかも、それはまるでそれとして自覚されていない。

「犯罪事実」という不確かな結果を前提として、過去にさかのぼりつつ発見された絶対的差異（劣悪な遺伝負因と家庭環境・異常性格）と動機（不満の鬱積）を起点に、マイナスカードの切り貼り的構成をつうじて犯罪への軌跡がたどられる。負の物語を産出するメカニズム、としての精神鑑定。たとえば、「犯罪事実」が事実として崩されたとき、この負の物語はみずからの砂上の楼閣性をむきだしにしつつ瓦解する。そのとき、ただ「犯罪事実」に奉仕するためにのみ発見され組織された、絶対的差異も動機も異常性格もすべてが物語の呪縛から解き放たれ、ごくありふれた平凡な日常の貌を恢復するにちがいない。精神鑑定とは何か、鑑定にしたがう精神科医とは何者なのか。

物語を拒む犯罪者たち

たとえばアリエナシオン aliénation やデメンス démence、さらにインサニティ insanity といった、狂気や精神錯乱をあらわす西欧語がいずれも、法律用語として主体概念と対をなすかたちで歴史的には生成してくるらしいことは興味深くおもわれる。アリエナシオンは元来、譲渡・割譲を意味し、法的な権利主体を他者にゆずりわたすこと（譲渡→狂気）をさしていたし、デメンスは宗教・市民生活・裁判における公的な行為を禁じられ、資格を奪われた人々の状態をしめす用語であった。インサニティもまた、医学用語ではなく純粋に法律概念であり、犯罪者の行為にたいする刑事責任を免除する精神障害の程度を意味していた、といわれる。

端的にいえば、そこでの狂気とは、刑法体系の外部にくり出されたカテゴリーをさす法制用語であった。近代の刑法は、その前提に理性的存在としての人間つまり理非弁別をわきまえた責任ある主体としての人間をおいている。刑罰が道義的非難として科せられるものであることには触れたが、道義的責任を問えない者、たとえば子どもや自分の行為を理解できない精神薄弱者や精神病者などは、当然の帰結として刑罰の対象外に逐われることになった。犯罪は行為者の自由な決定能力のもとにおこなわれるときにのみ、責任があり、処罰されるべきものとみなされる。刑法体系のそとに排除された心神喪失者すなわち責任無能力者の象徴ともいえるのが、精神分裂病者であることはくりかえすまでもあるまい。

こうして近代の刑法体系が例外規定として、子どもや精神病者を刑罰から免責されるべき人々とみなしたことは、おそらく本質的な意味をはらんでいたはずである。あらゆる閉ざされた体系的秩序は、その外部に排除される第三項によって裏側からささえられている、という根源的な場所にたちかえれば、近代刑法はその外部にある子どもや精神病者らによってはじめて、理非弁別をわきまえた責任ある主体としての人間という観念（イデオロギー）を維持しえている、といってよい。それゆえ、責任無能力とみなされた人々にた

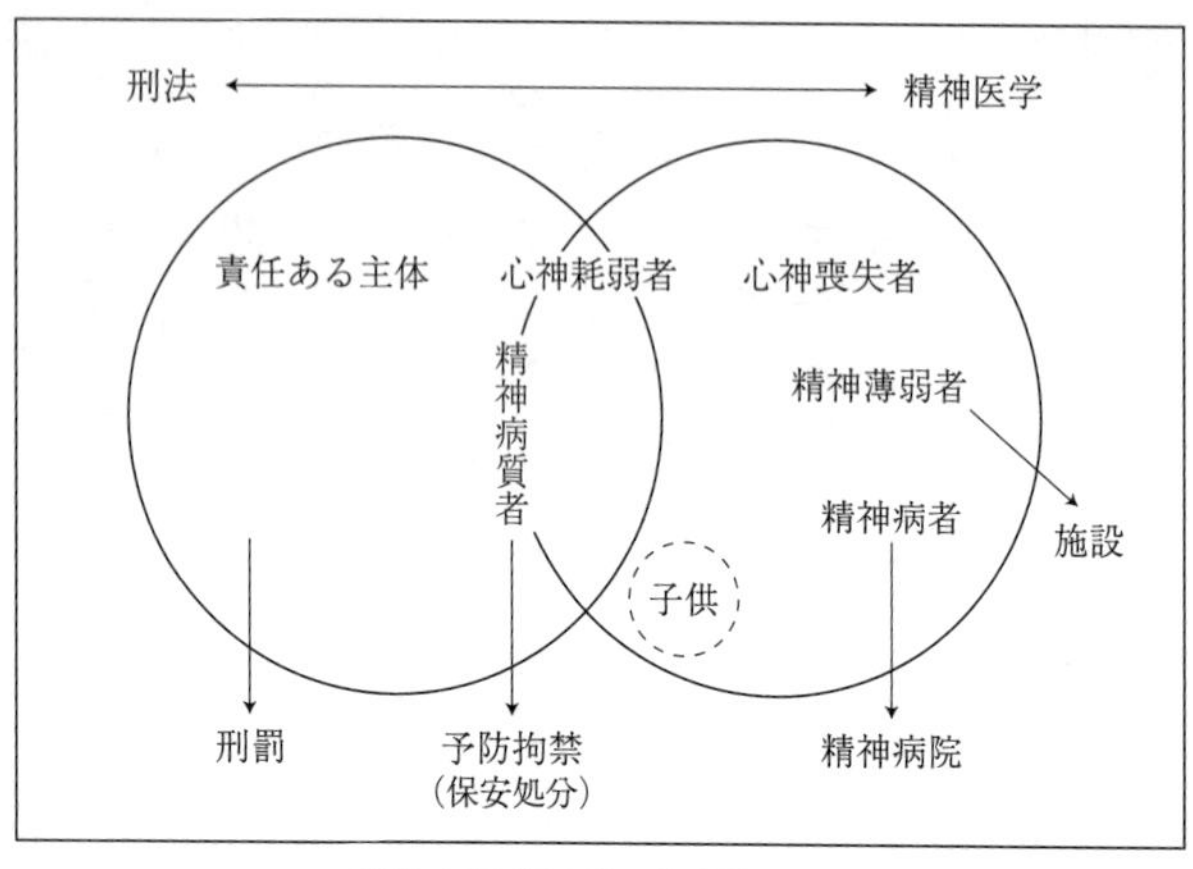

刑法と精神医学の相補的関係

いする刑罰の免責ないし軽減とは、法＝国家のがわがかれらにたいする刑罰権を有するにもかかわらず、この権限の行使を人道主義的に猶予するといったことを意味するわけではない。

換言すれば、近代刑法は責任無能力者をたえまなく分泌することなしには、存立自体が許されない。理性的な存在という近代の人間観が存立しえない、といっても同じことだ。法＝国家のがわにはもはや、みずから外部に抛り棄てた人々に刑罰権を行使する資格ないし根拠がない。それら排除される異人たちのために、刑法体系とは位相を異にする精神医学の体系が要請され、収容と拘禁にむけた途がひらかれる。この地点にあっては、精神医学が刑法体系の補完装置と化していることは否定しがたい。

法＝国家の外部としての子どもないし精神病者、という主題。それはくりかえすが、権利のにない手・認識する個人・道義的責任を負うべき主体としての近代的人間というイデオロギーを裏側から補完している、陰画的な異人たちの風景である。この責任無能力者をめぐる負の物語の成立なしには、近代の刑法体系、さらにいって近代の人間観そのものが不可能であったといえるにちがいない。

＊

ところで、わたしたちはこれまで、精神鑑定が犯罪者の絶対的差異化のための物語をつくりあげることで、市民から合法的に主体（アイデンティティ）を剝奪するイデオロギー装置として機能しうることをみてきた。心神喪失や心神耗弱の主張はしばしば、被告・弁護側からの無罪もしくは刑の軽減をめざした法廷戦術としてえらばれる。刑法体系がその存在のために不可欠なものとして分泌した外部、この外部へとみずからの場所をずらすことによって刑罰の対象外へと脱出することが、そこでの目的であった。それはいわば、第三項排除のための負の物語の主人公へとみずからを投げかける企てであったともいえる。

ごくまれにではあるが、このような負の物語の受容を拒む犯罪者たちも存在する。たとえば、新宿バス放火事件の被告Mがその例外的ケースにあたる。

一九八〇年八月十九日、Mは新宿駅西口に停車中のバスの車内に火のついた新聞紙を投げいれ、ガソリンをまいて放火・炎上させた。六人の乗客が死亡、十四人が重軽傷を負った。被告・弁護側はバスに放火した事実を認めたが、犯行時は心神喪失状態にあり、是非善悪の判断能力を欠いていたとして無罪を主張したのにたいし、検察側は正常な判断能力を有していたと死刑を求刑した。裁判の最大の争点は、犯行時のMの責任能力の有無にしぼられていたわけである。

弁護側の組みたてた無罪弁論書によれば、Mにはバスの車中に人が存在するかもしれないとの認識はなく、殺意はなかった。バスの存在は認識していたが、放火の際、心神喪失の状態にあって責任能力はなかった。それを裏付けるものとして、「福祉」がMを追いつめいやがらせを続けた、という被害妄想の形成を強調した。「だれか、福祉の人が私をおちょくるようにさせている」。しかし、早く裁判をおえたい、と判決の行方にはほとんど関心をしめさなくなっていたM被告は、最終弁論公判において、この無罪弁論書の朗読を拒んだ。福祉には、いまも自分は妻子の面倒を見てもらい世話になっている、福祉の悪口はいえない――、被告自身による物語の拒絶だった(『朝日新聞』一九八四・二・二七)。

二カ月後に出された判決は、精神鑑定の結果――「精神分裂病によるものではないが、犯行時、被害妄想〈略〉があり、善悪の判断能力・行動制御能力が著しく低下していた」――をうけて、M被告が犯行のとき心神耗弱状態にあったと認定した。法の規定にしたがって刑を軽減し、無期懲役が言い渡された（『朝日新聞』一九八四・四・二四）。

Mが仮りに、事件のおよそ七年前に精神病院に四カ月入院した病歴（精神分裂病の疑い）を過大評価されて、裁判以前に心神喪失者などと認定され不起訴になっていたとしたら、かれはついに、みずからの犯罪の意味を了解することもなく、どこか精神病院の閉鎖病棟の奥深くに廃人同然に身を沈めるほかなかったにちがいない。被害者の遺族をふくめた世間にむけて、「おわびさしてください」と叫ぶことはなかっただろうし、放火されたバスに乗りあわせて重傷を負った女性に、たどたどしい謝罪の返事を書く機会もまたなかっただろう。

裁判がどれほどフィクショナルな、限界や欺瞞にみちた制度であろうとも、ひとりの犯罪者がみずからのなした行為を主体を賭けてひきうけ、法制度のレヴェルではなく、いわば存在論的なレヴェルにおける責任をとるための機会を、可能性としてではあれあたえられることは、たぶん幸福なことであるにちがいない。予断と偏見にみちた貧しい物語作者の手によって、心神喪失者などと断定され、精神病院に幽閉されたならば、犯罪者はまさに自己の行為＝表現から疎外され、埋めようもない記憶の闇をうちに抱えこんで生きてゆくほかはない。

おそらく、ライシャワー事件の犯人の少年の不幸とは、そうした性質のものであったはずだ。ひとりの人間が心神喪失者と名付けられ、自身の行為・身振り・発語の主体の座から逐われることは、人道主義的なものであるどころか、かぎりなく残酷な処遇であるようにおもわれる。それはたしかに、聖なるものと命名され、国境のかなたへと追放されたいにしえの犯罪者たちを想起させる。わたしたちはけっしてそれを人道主義的とはいわない。かれらが贖罪の供犠の生け贄であったように、心神喪失者たちもまた、祀り棄てられるべき生け贄の位相をはらんでいる。わたしたちの市民的日常の秩序をまもるために、了解不能の烙印を押された犯罪の行為者たちは、みずからおかした犯罪との距離を縮める作業も許されぬままに、精神病院という市民社会の外部へと放逐されるのだから。

ライシャワー大使の大腿を刺した少年は、ついにかれ自身の犯罪の意味をいかなるかたちでも了解しえぬままに、病棟の便所で縊死をとげた。「全くの無為自閉、孤立、寡言、寡動状態、食事などの必要時以外には自室にこもりきり」とカルテの最後に記された少年、いや二十六歳の男の自死は、他者たちのだれによっても了解されることなく、深い闇の底に没してゆき、永劫に忘却された。

第六章　前世／遅れてきたかぐや姫たちの夢
——1/2の少女マンガを読む

めぐるめぐるよ　時代は巡る
別れと出逢いを　くり返し
今日は倒れた　旅人たちも
生まれ変わって　歩きだすよ
（中島みゆき「時代」『中島みゆき全歌集』）

ここではない、どこか

わたしたちは誰しも、ここではない、どこかと呼ぶほかない世界への憧れに、一度や二度は身を焦がしたことがあるはずだ。ここか／あそこか、ではなく、ここか／ここではないどこか、という絶体絶命の、ほとんど言葉にならぬ悲鳴にも似た問いかけだ。そんな二者択一をひたすらに迫る問いの裏側には、いま・ここに自分が在ることへの、つらく、切ない拒絶の意志が透けてみえる。

ここではないどこか、への旅。

たとえば、死への道行きをたどること。それが、ここではないどこかへの旅の究極のメニューだ。

かつて、都心のビルの屋上から、大空むけて飛んだアイドル歌手のあとを追って、死という名の、ここではないどこかへの道行きをたどった、一群の少年や少女がいた。その事件を素材にした、山崎哲の戯曲『1|2の少女』のなかに、こんな一節がある。

でも、あいつは……、ヒロコはどういうわけか、じぶんをひどくダメな人間だと思っていました。そして、じぶんがダメなのはチカラや昔の記憶が目覚めてないからだって……。ヒロコというのはかりの名で、じぶんは本当はジャネットなんだって……。

少女は地震を待つ。世界が滅ぶほどに大きな地震が来る日を、そのときこそ、みずからの超能力が目覚める日と信じて、待つ。けれども、地震はやって来ない。少女は都営アパートの屋上から、飛び降りる。自分がいやになったからではない。超能力を目覚めさせるために、死のなかに生きるために、だ。……少女のチカラと昔の記憶が、はたして目覚めたのかいなか、わたしは知らない。

昔の記憶とは、たとえば、幼年期の無邪気な日々といったものではない。おそらく、そこにいう昔は、現世の時空をまたぎ越えたもうひとつの世界、前世をさしている。少女たちが恢復せんと願ったのは、超能力と、前世の記憶であったはずだ。むろん、戯曲のなかの話である。そして、みずからの前世を覗きみるために、奇妙な自殺ごっこを演じる少女たちがついに出現したことを、わたしたちは知っている。その少女たちが、みずからの前世の姿を垣間見ることができたのかいなかは、やはり知るべくもない。

前世とはたぶん、少女らにとっての、ここではないどこか、その、ある凝縮されたイメージの拠点であったにちがいない。わたしたちの時代には、もはや、ここではないどこかへと、空間をこえて到達することは不可能と化した。ここ／あそこを分かつ敷居が、壁が、裂け目が、河が、……境界が、この世界からは失われた。ここを越えていった向こうには、ここととそっくり同じ貌(かお)をしたあそこがあることを、誰もが知っている。だからこそ、少女らは時間(とき)を駈け、前世という名の異世界へといたる旅に出立してゆこうとするのだ、という気がする。

痛ましさと、いとおしさと……、しかし、それもまた、ここではないどこかへの命がけの旅であることは、否定しがたい。ここではないどこかを、西洋の中世びとはユートピアと名づけた、という。死と、前世への旅は、いかにもわたしたちの世紀末にふさわしいユートピアであるのかもしれない。ユートピアがひとかけらの逆説に堕ちてしまった時代、と呟いてみる。わたしたちは不幸か、それとも……。

前世への旅または自殺ごっこ

何年か前の夏、徳島の三人の少女が演じてみせた、前世を覗きみるための奇妙な自殺ごっこは、わたしたちに深い驚きと戸惑いをあたえた。自分たちは古代の王女の生まれ変わりで、死の寸前までゆけば、前世が覗けると信じて、少女たちはみずから自殺ごっこのシナリオを作ったらしい。三人は解熱剤をそれぞれ八錠／一錠／零錠飲み、その場で意識不明になる／一一九番したあと倒れる／最後に助けをもとめて叫んだあと気を失う、という役割分担を決めていた。

前世における少女らの王女としての名は、「エリナ」「ミルシャー」など西洋風のものであった。中学生二人は同じ部に属し、小学生も同じ校区に住んでおり、顔馴染みだったといい、「たがいに知り合えたのも前世があったから」と話していたらしい。少女らの通う中学校の校長は、幼児期の遊びがいまだに続いている、体や頭に比べて、心の成長がどこかで止まっているのではないか、と語ったという。たしかに、そう思いたくなるのも無理はない。現代っ子の少女たちと、前世などという古めかしい「迷信」とがワンセットで登場してくるなど、大方の大人にとっては思いも寄らぬことであったはずだから。

この日、三人の少女は徳島市内で買物をし、アニメ映画『魔女の宅急便』を見たあと、薬局で解熱剤を買った。そして、少女たちは一冊のマンガをかかえて、自転車専用道に倒れていたのだった。みずき健という若手マンガ家の、デビュー作品集である『シークエンス』が、少女らの前世への旅の同行者だった。

『魔女の宅急便』と『シークエンス』の取りあわせに関心を惹かれるが、いまは『シークエンス』に収められた同名の作品に、とりわけ眼をこらしてみることにしよう。「シークエンス」のあらすじは以下のようなものだ。少女らの前世への旅を理解するための手掛かりが、いくつか得られそうな気がする。すこし長くなるが、全体像が浮かびあがるようにたどってみる。

六歳のとき事故で記憶を失った少年・俊明がいる。そこに、かつて隣に住んでいた少年・司があらわれる。生まれてから六年間の記憶の空白をかかえる俊明とは逆に、司は前世の記憶をもっている。俊明が夢のなかで、司の前世における名前(大蜡)を口にしたことから、二人の前世が交錯しはじめる。校舎の壁が崩れおちる事故が起こり、俊明のテレパスによってPK(念動力)を呼びおこされた司は、前世ではなく未来である二十三世紀の記憶をとりもどし、俊明(前世＝来世名は歳蘭)に来世の記憶を語って聴かせる。

そのとき不意に、航時機(マシン)の事故で、二十三世紀の俊明の恋人である華羅が姿をあらわす。俊明は、自分＝歳蘭がタイム・マシンの爆発で一九七九年に飛ばされ、その爆発事故に巻きこまれて死んだ六歳の少年の身体にはいり、同時に、すべての記憶を失ったことを思いだす。俊明は六歳で死んでいる……、俊明の六年間の記憶はもう二度と甦らない！ それでも……、都築俊明は十六年間生きている、ああ、そうだ、足りなかった六年間を補うための想い……、なくした想いはもどらないけれど、かわりに生まれる想いがある——。追ってきた二十三世紀の人々との小さな戦いがあって、二人は現代に残り、作品は幕を閉じる。

この、前世の記憶をめぐって展開される作品「シークエンス」は、いかにも荒唐無稽なものだが、けっして孤立した作品ではない。じつは、ほとんど大同小異の定型をもった一群の少女マンガが、八十年代には多くの読者の熱狂的な支持を得てきたのである。

のちに、あらためて触れることとして、ここでは「シークエンス」にみいだされる定型的要素をいくつか指摘しておくことにする。前世の記憶を失い、あるいは甦らせるきっかけとしての事故、夢がはたす大きな役割、前世ないし来世の名前にみられるエキゾシズム、前世の記憶と超能力との分かちがたい結びつき、共同作業としての前世や来世の記憶の甦り、ごく身近にいる前世を共有する者、意識と身体の二元論などを、とりあえず抽出することができる。おそらく、徳島の少女らの自殺ごっこには、こうした先行する定型的な物語が色濃く影を落としているはずだ。

ダライ・ラマの転生

伝統的な生まれ変わり信仰は、アジアには古くより存在したが、近年になって西欧社会にも広くみいだされるようになった。前世を知っている（と称する）人々の話が、さまざまなメディアをつうじて流布されることによって、天国／地獄というキリスト教的な来世観を信じてきた西洋人のあいだにも、生まれ変わりにたいする関心や信仰が急速に広まっていった。女優のシャーリー・マクレーンのような、生まれ変わり信仰の伝道者まで出現している。

日本の若者たち、ことに思春期の少女たちのなかに、唐突に生まれ変わり＝転生にたいする関心が浮上してきたのは、八十年代の初めのことである。転生と超能力を中心的なテーマにもつSF小説や少女マンガが、そこで果たした役割はおそらく、わたしたちが想像しているよりもはるかに大きかったようにおもわれる。徳島の少女たちが『シークエンス』という転生マンガを携えていたのは、だから、あきらかに偶然ではなかったのだ。

こうしたマス・メディアに媒介された生まれ変わり＝転生への関心のひろがりは、伝統的な、たとえば仏教の輪廻転生観といったものとは直接の繋がりをもたない、むしろ欧米型に近いものといえそうな気がする。すくなくともそれは、伝統的な習俗のなかにしばしばみられる、新生児を最近亡くなったばかりの親族、たとえば祖父母や夭折した兄・姉などの生まれ変わりとみるたぐいの転生観とは、断絶があることは否定しがたい。たとえば、ひとつの例を『遠野物語拾遺』から引くことにしよう。

生れ変るということも屡々(しばしば)あることだと謂う。先年上郷村の某家に生れた児は、久しい間手を握った儘(まま)開かなかった。家人が強いて開かせて見ると北上の田尻の太郎爺の生れ変りだという意味を書いた紙片を堅く握って居た。此(この)ことを太郎爺の家族の者が聞くと、俺の爺様どは、死んでから一年も経たずに生れ変ったじと言って、喜んだと謂うことである。また墓場の土に柳や其他の樹木が自然に生えることがあると、其墓の主はもう何処(どこ)かに生れ変ったのだと謂われる。

こうした転生譚は、民俗社会においてはごくありふれたものであった。生まれてきた子どもが、その掌のなかに前世の人格を暗示するものを握っていたことを語る民譚は、古代ないし中世の仏教説話集をひもとけば、すでに早く、ある定型的な物語として存在したことがたやすく知られるはずだ。仏教的であるかいなかはおくが、そうした生まれ変わりの信仰が、いわば民俗社会において生きられてあった大きな世界＝宇宙観に包まれ、その一部として(のみ)存在したことを記憶しておくべきだろう。

あるいは、伝統的な転生信仰のよく知られた例としては、チベットのダライ・ラマの転生がただちに思い浮かぶ。チベットでは、霊性の高い僧侶はみずからの来世を自在に変えることができ、生まれ変わってのち、前世の自分をあきらかにする手掛かりをしめすと信じられている。この信仰自体はさほど古いものではなく、成立は十一世紀から十五世紀までのあいだといわれる。

ダライ・ラマは慈悲の仏陀・観音菩薩の化身であり、死後ひとりの小児に化身転生すると信じられている。ダライ・ラマの死去とともに、転生者探しが開始される。たとえば、第十四世ダライ・ラマの自伝『チベットわが祖国』によって、転生者探しのプロセスをたどってみれば、以下のようなものだ。

まず、摂政が国民議会によって任命され、昔ながらの習慣と伝統にしたがって、神託を告げる人と学識ある高僧があつめられた。首都ラサから見て東北の空にあらわれた奇妙なかたちの雲、また、遺体を座らせてあった聖堂の東北側の木の柱に、突然生えてきた星形の大きなキノコが、どの方角に新しいダライ・ラマを探しもとめるべきかをしめしていた。翌年、摂政はラモイ・ラツォという聖なる湖にゆき、湖畔で祈りと黙想のうちに数日間をすごした。水面(みなも)に見えたチベット文字の幻影や、寺と瓦葺きの家の風景は、極秘に書きとめられた。さらに、この翌年、聖なる湖の水面に映った場所を探すために、高僧や高官たちがチベット全土に派遣された。

東に向かった賢者たちが、ついに秘密によく合致する家を見つけ、そこに二歳になる男の子がいることを確認する。変装した高僧たちが訪れ、男の子とのあいだに問答をかわし、いくつものテストを重ねた。チベット文字の幻影の謎も解かれ、捜索隊は転生者を発見したと全面的に信ずるにいたった。男の子はやがて輿に乗り大キャラバンに守られて、聖なる都ラサに向かった。通り過ぎるあらゆる村や町では、僧俗を問わず、大勢の人々が笛・太鼓を鳴らして歓迎し、喜びの涙を流した。ラサでは、荘厳な即位式がおこなわれた。四歳半の男の子はこうして、チベットの宗教界と世俗界の支配者である第十四世ダライ・ラマとして承認されたのである。このあと、徹底的な教育がほどこされ、道徳と知識の両面において文字通りにすぐれた神聖王が作りあげられることになる。

いずれにせよ、聖俗にまたがる強大な権力をもってチベットを支配する王ダライ・ラマは、化身転生をめぐる伝統的な信仰を背景として誕生するわけだ。それはチベットの人々が疑いの余地もなしに共同化している信仰＝物語であり、聖なる王はその物語にいだかれながら、しかも幼年期からあたえられる最高の教育をつうじて、はじめてチベット全体の運命を託された権力者となるのだ。ある意味ではこれは、たいへん合理的に組みたてられた神聖王誕生のプロセスであるといってよい。

文化人類学者のG・バランディエが王の誕生についてこう書いていることが想起され

る、すなわち、王位に就くことは変身である、王は作られるのだ――と（『舞台の上の権力』）。のちに触れるが、少女たちの紡ぐ転生の物語のなかで、彼女らはしばしば自身の前世の人格が戦士・巫女・天使あるいは王女であったことを語る。しかし、伝統的な転生信仰のもとでは、子どもがみずから物語る前世の記憶は、それをささえつつ現実に架橋してゆく幻想の共同体なしには意味をなさなかった。王が作られるように、戦士・巫女・天使そして王女もまた作られるのだ。むろん、転生の物語を抱いた幻想の共同体によって。

誰も生まれながらに、王や王女や戦士であったわけではない。そこには視えざる幻想の共同体が、ある種の媒介者として存在したのだ。そして、もはやわたしたちの時代には、この媒介者は永遠に失われた。現代の少女たちはだから、独りぼっちで戦士や王女に生まれ変わらねばならない、いや、戦士や王女であった前世を実証しなければならない。真っ白な繭玉に包まれて、少女らの紡ぐ前世の夢は、民俗社会やチベットの転生譚からははるかに遠い。

定型としての転生の物語

何年か前に邦訳の出た、イアン・スティーヴンソンの『前世を記憶する子どもたち』

という本は、前世や生まれ変わりについてかんがえる際には、なかなか興味深い内容を含んでいる。著者の立場は、周到に留保されているとはいえ、生まれ変わり信仰にたいして肯定的である。この、アメリカ超心理学会の会長をつとめたこともある精神科教授の一連の仕事は、むしろ端的に、前世や生まれ変わりが「真実」であることを証明せんとする執拗な意志によってささえられているかにみえる。

スティーヴンソンは著書のなかで、意図的に前世の記憶を掘り起こそうとした成人の例よりも、偶発的に発生する幼児の例を重視している。スティーヴンソンによれば、人間の心は成人に達するまでに、たくさんの情報源から得られたさまざまな知識で満たされてしまう。こうした知識の多くは、心の奥底にひっそりと収められ、当の本人がその知識をもっているのを知らないことすらある。無意識の奥底に蓄えられた誕生以後の記憶は、前世の記憶を意図的に引きだそうとするときに、知らぬ間に利用されやすい。誕生ののちに、さまざまなメディア(テレビ・映画・本など)をつうじて得た知識が、前世という物語のために総動員されるのである。そうした例にはこと欠かない。

成人になってから前世の記憶を語りはじめる場合、多くは人の前世を見たり言い当てたりすることができると称する人物、あるいは催眠・夢・薬物などが、重要なきっかけや仲介者となっている。そこでものがたられる前世は、かならずといってよいほど、歴史上の大きな事件の真っただ中にあって、本人もまた歴史的に重要な役割を演じたとされるのがつねだ。欧米人の前世をめぐる物語のなかには、十字軍の遠征やフランス革命、アメリカの南北戦争、イエス・キリストの磔刑などのできごとがくりかえし登場する。前世の自分はいわば、そうした大きな物語とともに、その歴史的な主人公（のひとり）として存在したと語られるわけだ。

スティーヴンソンはそれら成人の例を生まれ変わりの証拠としては採用せず、考察の対象からはずしたうえで、前世を記憶する子どもたちの十二の典型例について詳述している。個々の事例に触れている余裕はない。むしろここでは、スティーヴンソンが生まれ変わりの「完全型」と呼ぶ事例にみられる五つの特徴を、とりあえず検証しておけば足りるだろう。

(1) 予言――ひとりの人物Aが、死後にもう一度この世に生まれ変わると予言するところから始まる。

(2) 予告夢――その人物Aの死後、ほかのだれかBが、ある家族のもとにAが生まれ変わる夢を見る。

(3) スティグマ――生まれてきた子どもCには、故人Aの身体についていた傷などと一致する母斑や先天的な欠損がある。

(4) 物語り――子どもCは口がきけるようになると間もなく、Aの生涯をはじめは断片的に、しだいに詳細に物語るようになる。

(5) 奇行――子どもCがAのしめした行動と符合するような、風変わりな振る舞いをすることを、情報提供者Dが証言する。

これら五つの特徴をすべてそなえた事例はほとんどないし、〈予言〉はまれであるという。とはいえ、生まれ変わり＝転生の物語の定型的な要素として、〈予言〉〈予告夢〉〈スティグマ〉〈物語り〉〈奇行〉の五つをあげることは可能だ。しかも、登場人物は複数であり、物語はとにかく周囲の他者にむけて開かれている。死者Aと子どもCとをつなぐ媒介者であるBやDの存在なしには、転生の物語は不可能なのだ。あきらかなのは、それが子どもの孤立した、たとえば作話症のような行為とは一線を劃される、子どもをとりまく家族や親族がみなで共同化している物語であり、現象であるということだ。

ほかに、わたしたちの関心に沿って、いくつかの転生の物語にまつわる興味深い特徴を指摘しておくことにする。

第一に、インドやチベットなどの例では、前世を物語りはじめるのは二〜五歳であり、記憶が消滅するのは五〜八歳、遅くとも十歳である。スティーヴンソンによれば、前世の記憶を喪失する五〜八歳という年齢の段階は、言葉が急速にすすみ、それにともなって視覚的イメージがしだいに失われる時期と一致する。視覚的に形作られていた前世のイメージは、獲得された言葉そのものによって逆に消され忘却されるのではないか、そう、『前世を記憶する子どもたち』の著者はかんがえているらしい。

第二に、「夢のなかで」という例外をいくつか除けば、前世の記憶があらわれるのは、大半が覚醒状態のときである。また、これから眠ろうとしていたり、すでに浅い眠りに入っているときや、目を醒ました直後などに、前世の話をしやすい子どもが少数例みられるという。いわゆる入眠幻覚の状態であろうか。いずれであれ、夢のなかで前世を垣間見るという事例が、むしろ例外的とされることは意外でもあり、なかなか興味深い。

さらに第三に、子どもの記憶は前世における「最期の日」の近辺でおこったできごとに集中する傾向がみられる。前世の自分の死の状況をおぼえていると語る子どもが、四分の三近くを占めるという。子どもはほかに、前世の人格の名前や家族・友人・仇敵の一部の名前を知っているのが、普通である。

第四に、前世とは異なる社会的階層におかれている子どもらは、変わった行動をはっきりとしめす場合が多い。現在は貧しい家庭の子どもだが、前世には上流階級に属し裕福な暮らしを送っていたと語る子どもの例が、ことにインドには数多くみられ、その場合には今の両親を本当の親ではないと拒絶する者が珍しくない（次頁にしめす表を参照のこと）。あるいは、前世ではいまとは逆の性別であったと語る子どもは、前世の性別にふさわしい服装・言葉遣い・遊びなどを好んでおこなう、という。

子供	親の素性	主張している以前の生活
プラカシュ	泥の家に住む	裕福な店主の家庭
		レンガ造りの家に住む
ジャスビル	下級カーストの農民	上級カーストのブラーマン
スクラ	鉄道労働者	裕福で有名な一族
ゴパル・グプタ	ガソリンスタンド店	億万長者の息子
スニル	貧乏で、しばしば職にあぶれる小売商人	非常に裕福な工場主
ビシェン・チャンド	鉄道員	裕福な地主
ドロン・ミトラ	卑しい養鶏業者	大金持ちの家族
ルビー・クスマ	貧しい野菜売り	裕福な地主
インディカ	貧しい小作人	裕福な建設業者

（イアン・ウィルソン『死後体験』〔池上良正・冨美子訳〕による。スティーヴンソンの著書をもとに作製されたもの）

異界と交信する彼岸の人

徳島の少女たちが前世への旅の同行者として、『シークエンス』という転生を主題とした少女マンガを携えていたことには触れた。シャーリー・マクレーンの『アウト・オン・ア・リム』が、近年の欧米における生まれ変わり＝転生信仰のもっとも有力な伝道の書であったとすると、日本では転生と超能力を描く一群の少女マンガこそが、その役割をになったといえるかもしれない。

正直に書いておけば、わたしにとって少女という存在も、少女マンガの世界もともに未知なる異次元世界に属している。言葉が届かぬ部分があることは、はなから承知のうえで、わたしは不慣れな言葉たちを怖るおそる繰りだそうとしている。いっそのこと、みずから「マニーでオタッキーなアニマーの一人」を名乗る、ようやく少女期を了えたばかりの知り合いの女子学生Oさんに援軍を頼むことにしようか。

Oさんはアニメや少女マンガについての、評論家やマスコミによる大衆向けの解説にも、別冊宝島の『おたくの本』にも、当事者たちからみればどうにもピントがずれていたり偏りがあると、すくなからず遺憾の意を表明する。パロディ同人誌の発行者にして、「M君も参加した狂的マニアの祭典」コミケットの常連でもあるらしい、このOさんによれば、少女マンガ家たちの提供する作品が現代の少女たちのバイブルになっているのだ、という。

しばらくOさんの言葉に耳を傾けることにしよう。――怖れとともにではあるが、少女にはだれしも、神秘的なるものと交通する能力を秘かに誇りにおもう時期がある。これが高じると、少女マンガ家によくみられるように、「うちには座敷童子がいる」ということになる。少女マンガ家には、心霊体験がある人、自宅に人間以外のものを棲まわせていたり、霊界への入り口があると語る人が、じつに多い。これは、普通の少女が大人の女性になってゆくにつれて異界との交信能力を失ってしまう、または興味をもたなくなってしまうのにたいして、彼女たちが職業柄とはいえ、依然として少女の感性をもちつづけていることの現われ、もしくはそれを強調するための逸話である。

そして、アニメやマンガのパロディ版、つまり同人誌は、異界との交信手段であるという。二次元世界の向こう側の異界は、本来ならば手を触れることのできない世界であり、そこで活躍するキャラクターに接する手段も当然ながら、ない。が、みずからの手で描いてしまえば、その異界に入りこむことは容易だし、異界の人物たちを自由自在にあやつることも可能だ。そうした既成の作品をパロディ化する少女たちが異界との交信者であるとすれば、オリジナル作品を提供する少女マンガ家は、さしずめ異界の創造者といったところだ、という。Oさんは「彼岸の人」について、こんなことを語っている。

面白いことに、そうした架空の作品や人物に、あまりに深く傾倒した人にたいして、「彼岸の人」という呼び名があたえられる。日常的な世界、つまり現世からはみ出してしまった人のことである。その呼び方には、揶揄とともに一種の羨望がこめられているし、呼ばれるほうも多少の誇りをもって受け入れる。「彼岸の人」は異界と現世とのあいだの往来を可能とする人であり、異界の住人とコンタクトの取れる人である。

Oさんのこうした言葉は、じつは「自分の経験と想像の範囲内でしか意見を述べられないのですが」といった、控えめな留保をつけて語られたものであることを、断わっておく必要を感じる。少女マンガと異界の関わりや、「彼岸の人」についての彼女の話は、たいへん興味深いものだが、それが少女の内側ないし少女にちかい場所から発せられた言葉（メッセージ）である点で、余計に関心を増幅される気がするのだ。

さて、Oさんに導かれつつかんがえてみると、『シークエンス』の作者と自殺ごっこの少女たちとの関係が、まさに異界の創造者と、その誘（いざな）いによって異界との交信をはかろうとする少女たちとの、ある種持ちつ持たれつの「共犯関係」であったのだと知られる。『シークエンス』に先行する、転生マンガ『ぼくの地球を守って』（『花とゆめ』に一九八六年から連載）の作者・日渡早紀（ひわたりさき）は、単行本『ぼくの地球を守って〈8〉』のなかで、徳島の事件を意識してであろうか、以下のように書いていた。

いいですか？　心して下さい。きっぱりハッキリ明記しますからねっ。『ぼくの地球を守って』というマンガは、始めから最後まで、間違いなくバリバリの日渡の頭の中だけで組み立てられているフィクションです。実際に在る話をドラマ化したわけでも何でもありません。フィクションの中だから展開出来るお話なんです!!『何当たり前のこと書いてんだよっ』と思われた方もいらっさると思いますが…。ああ! ついに書いてしまった。こんなこと…本当は終わるまでは敢えて避けて通るつもりでいたのに…! 夢がなぁ———い!!

作者はこの巻のコラム「わずか1/4のたわごと」の大半を費やして、自分の作品があくまでフィクションであり、物語であることを、作品のインパクトが弱まることも辞さずにくりかえし書きつけている。直接には、『ぼくの地球を守って』という前世と超能力をテーマとする物語の世界に刺戟されて、実際にも体験できるかもしれない……といった、ちょっとアブない思い込みの手紙が、作者のもとに殺到したことが、そうしたフィクションの強調につながったらしい。

ある意味では、これは痛ましくも滑稽な一場の光景である。異界の創造者にして提供者であるはずの少女マンガ家が、実際に異界との交信をマジにはじめてしまった少女たちをまえに驚きあわてて、「彼岸の人」になってはいけない!——と叫んでいる図なのだから。逆に、透けてみえることがある。少女らのなかには、疑いもなく「神隠しに遭いやすき気質」(柳田国男)を濃密にもった者たちがいる。彼女らの神秘的なるものへの嗜好と偏愛にもたれかかりながら、少女マンガ家は意図してかあらずか、少女らを現実/

物語の境をこえて彼岸へ旅立つようにと誘いつづけるのだ。そこに、少女マンガがバイブルとなる、この時代の少女たちをとりまく現実の一端が覗けているはずだ。

それにしても、日渡早紀という作者は、なぜ種明かしをしなければならなかったのだろうか。少女らのバイブルの描き手という場所（アイデンティティ）を守るためには、種明かしをするべきではないし、みずからの紡ぎだす物語に憑依しつづける、少なくともその振りだけは装いつづけるべきであることくらい、この人は承知していたはずである。にもかかわらず、禁は破られ、伝道者の仮面はあっさり捨てられた。彼女のある誠実さの証しだろうか。あるいはむしろ、少女たちの現実がそれほどまでに切迫していることを、『ぼくの地球を守って』という転生と超能力を描く少女マンガの作者の、どこか場違いな悲鳴にも似た「これはフィクションです！」の叫びは、したたかに暗示しているのだろうか。はっきりしているのは、すでに異界は壊れているということだ。それはもはや、少女マンガという物語のなかにしか存在しない。

少女らの転生譚のはてに

少女らの現実らしきものに目を凝らすことにしよう。来たるべきハルマゲドン（最終戦争）の同志や、前世における仲間をもとめて、『ムー』や『トワイライトゾーン』といったオカルト雑誌の文通欄に、不思議な手紙を書き送る少女たちがいる。その転生少女たちに関しては、「オカルト雑誌を恐怖に震わせた謎の投稿少女たち!」(別冊宝島92『うわさの本』)と題した、浅羽通明の周到にしてたしかな報告と考察がある。彼女らをとりまいている状況については、浅羽の論考に譲ることにしよう。

オカルト雑誌の投稿欄から、現代の転生譚の片鱗がうかがえる、いくつかの実際の投稿文を引いてみる。

(1)仲間をさがしています!
雲風、涼(鈴)風、明風、白羽の名におぼえのある方か、私を仲間と感じる方、助けてください! 私はひとりぼっちです。また、フェーディア、イディス、レオーラ、ファーミユ、フレード、リユッシエ、ティアンという言葉(または名前)について、何か知っていたらおしえて下さい。それと戦士の方、どうか私に最終戦争の事をくわしくおしえてください。(中三女子)

(2)最終戦争の戦士の方!
私は三歳の時に運命を告げられ、着実に超能力は伸ばしてきた戦士の一人です。他人とは、かなり違う超能力を持っています。同じ戦士の方、かなり強いエスパーの方、一緒に最終戦争に備えませんか？　また、エイ、レイ、ユー、スナジ（スナーゼ）という名に憶えのある方は御一報下さい。私は六十八年二月〈略〉生まれで水瓶座、A型。オーラは紫。神託を受ける巫女でもあります。勿論、他人の守護霊や、前世、オーラの色などもわかります。（特に訓練はしていません。）殆ど知られていない神話も、選ばれた方にお教えします。（看護婦の卵）

（3）人類史はじまって以来の重要な使命をもつ私です。今の私はエスパーでもないし、戦士ではもちろんありません。私が目覚めるのは、一九九〇、一、一。私の使命を知りたい人、私の能力開花の手助けをして下さるESP戦士の方、文通をしましょう。目覚めた時の私の名は「インフィナテイ」、意味は「無限」です。〈略〉重要すぎる使命ですので、からかい、遊び半分、興味ほんいの方には、返事をしない事もあります。悪しからず。（子持ちの主婦）

けっして特異な内容のものをえらんだわけではない。大同小異の、定型をそなえた投稿文がほとんどである。こうした、かぎりなく精神病理の世界に近接するかにみえる、幻想的な物語世界に浸る少女ないし若い女性たちをまえにして、わたしは言葉を失う。彼女らがみずからの寄る辺なき孤独を癒してくれる、遠い未知なる仲間を欲望しているらしいことは、たしかに窺える。その孤独は意外なほどに深い。それがいったいどこからやって来るのか、いまは定かにしがたいとはいえ、その暗い穴ぼこの底から聴こえてくる悲鳴には胸を衝かれる思いがする。

これはやはり、たんなる文通相手をもとめる投稿ではありえない。オカルト雑誌という特異な、閉ざされたメディアが舞台であることを捨象するわけにはいかない。メディアの発信者の側の思惑をはるかにこえて疾走した、少女らの過激なアジテーションは、ついに投稿欄から追放されたともいう。若い世代に最近顕著な、オカルトや神秘主義にたいする関心の根っこには、あるいは深い孤独とそれゆえの癒しへの欲望が、また逆に、何者かへの鋭い拒絶の意志が横たわっているのかもしれない。

オカルト雑誌の片隅につかの間淋しい木霊(こだま)を交わしあい、怖れをいだいた者らによって忌みもののごとくに逐(お)い放たれた、一群の異形の叫び声……。前世と超能力をめぐる幻想の共同性を生きてある少女らの、それはいわば投稿という形式を借りた、物語世界への参加の表明であったのだという気がする。物語論の視座からの、ささやかなアプローチを試みることにしよう。

物語のモチーフとして転生の問題をかんがえるかぎり、その果たしている役割はたいへんみえやすいものだ。一般に、ジャンルを問わず物語的な作品では、登場人物はだれであれ、物語ゆえの宿命＝定型を無意識のうちに反復する。かれらはみずからが物語の捕囚であることに、たいていは無自覚である。視えざる神＝作者、登場人物、そして読者のあいだに取り交わされる定型との抗い／戯れこそが、物語的な作品の基層に埋めこまれた風景の核となるものだ。

これにたいして、転生と超能力を主題とした少女マンガの場合には、登場人物のほとんどは物語ゆえの宿命＝定型を自覚的に反復する。たとえば、冬木るりかの『アリーズ』はギリシア神話を祖型として、その神々が現代の日本に転生し、ある高校を舞台に愛憎のドラマをくりひろげるといった作品である。ここでの転生モチーフは、物語の宿命＝定型をかぎりなく無邪気に受容し、かぎりなく凡庸に反復するための、侵しがたい根拠である。登場人物と定型との交わりからは、いっさいの葛藤やズレがあらかじめ排除されている。抗い／戯れは存在しない、定型はあくまで自明なものとしてあたえられているのだ。

少女らの前に転がっているのは、いつだってかぎりなく物語＝ドラマ性の稀薄な日常にすぎない。それでも神秘的なるものに憧れる少女たちは、ひたすら異界からの呼び声に耳を傾ける。全宇宙を舞台とした神々や英雄たちや異星人らの活躍する、懐かしい、しかし失われたはずの大きな物語が、きわめて狭い日常の空間、たとえば学校や隣近所などのごく身近な場所に移しかえられ、そんな彼女らに提供される。干からびた日常や現実に、いわば一瞬にして息を吹きこみ、そのままに救済するための呪的（マジカル）な装置として、少女マンガのなかに転生と超能力のモチーフが挿入されるのだ。

これは疑いもなく、物語の専制としかよぶほかないものであるが、じつはとりたてて論じるべきことがらではない。状況はもう半回転ほどよじれて、少女らの現実が物語に身をすり寄せるところへと突き進んでいる。少女マンガの世界を現実と混同しているわけではない、むしろ、現実をそのままに物語と化すために、少女たちは必死の賭けをしているのかもしれない。しかも、その賭けの裏側には、とても小さな幻想の共同体への志向ないし欲望が覗けている気がするのだ。残念ながらいまは、そんな貧しい想像を巡らしてみることができるだけだ。

ここでの関心は、少女らの紡ぐ転生の物語のモチーフと構造である。すでに触れた『前世を記憶する子どもたち』で論じられている転生の物語（転生譚Ⅰ）との比較をつうじて、現在の少女らの物語（転生譚Ⅱ）の特質を浮き彫りにしてゆくことにしよう。

いくつかのあきらかな違いがある。スティーヴンソンの取りあげている事例が、前世の記憶がものがたられる年齢を二～八歳のあいだの数年間と限定していたのにたいし、こちらは圧倒的に思春期である。転生譚Ⅰと転生譚Ⅱとのあいだには、物語のにない手に決定的な差異がみいだされるのである。スティーヴンソンによって、生まれ変わり＝転生を証拠だてる実例として採用することを拒まれた側に、少女らの転生譚Ⅱが含まれることはあきらかであろう。

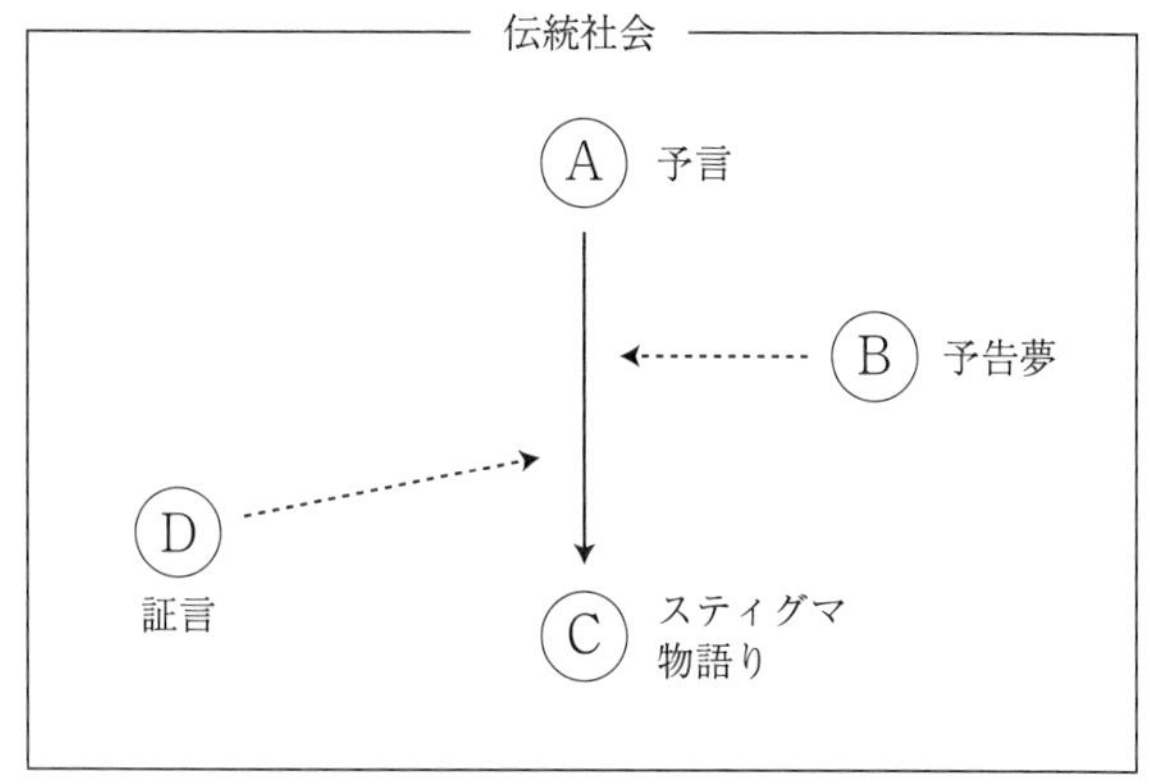

転生譚Ⅰ（伝統社会の生まれ変わり信仰）

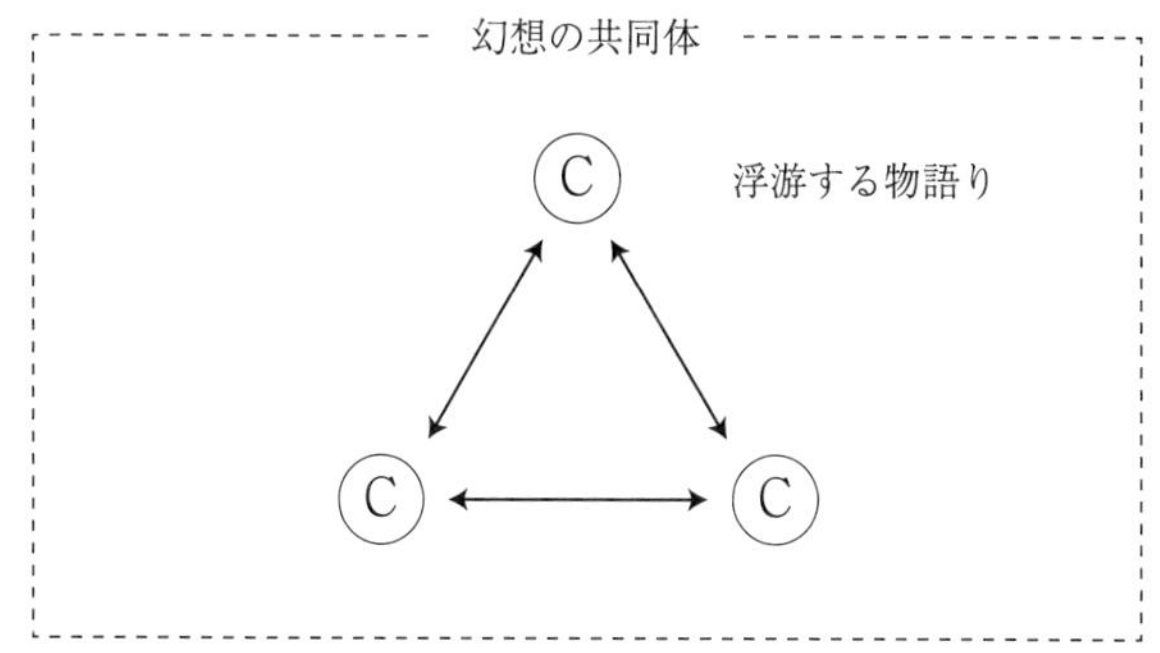

転生譚Ⅱ（現代の少女たちの転生をめぐる物語）

わたしたちは転生譚Ⅰにおける定型的な要素を、〈予言〉〈予告夢〉〈スティグマ〉〈物語り〉〈奇行〉という、五つの側面から抽出してみた。ここには転生譚Ⅱとの和解しがたい断絶があることに注意したい。

少女らの転生譚Ⅱには、ただ〈物語り〉のみがあって、ほかの要素が抜け落ちているということだ。同一の物語へと収斂されてゆく物語のかけらを帯びた、複数の前世を記憶する者たちのあいだで、前世の人格との対応が確認され、同一化が果たされる。〈予告夢〉を見るBも、前世の人格Aを実際に知っていて〈奇行〉の意味を解いてみせるDも、ともにいない。いわば、子どもCの〈物語り〉を外側から補完する役割をになう他者が存在しないのだ。つまり、〈物語り〉をする複数のCの集まりの内側に、少女らの転生の物語はあらかじめ封じこめられているのである。

それは別の角度から眺めてみれば、こういうことだ。転生譚Ⅱの複数のCのあいだには、前世の記憶をめぐる秘密が共有され、そこにある種の幻想の共同性がかろうじて成立している。むしろ、この幻想の共同性をつくり維持してゆくためにこそ、前世の記憶というアブなかしい秘密が必要とされているかにみえる。ところが、転生譚Ⅰの場合には対照的に、幻想の共同性は自明のものであって、開かれた複数の他者たちのあいだの共同作業としてのみ、物語は生成を遂げる。前世の記憶は秘密ではない。逆に、より多くの他者の参加を得ることで、物語の確からしさと信憑性は高められるのである。

また、前世の人格とされるのが、転生譚Ⅰでは家族の内／外の比較的に近くにいる、あまり時間的にも遠くない実在の人物であるケースがほとんどである。前世は歴史上の事件やできごととは、関わりをもたない。それにたいして、転生譚Ⅱでは、前世の舞台は日本以外のどこか遠い異国か、アトランティス大陸や月世界あるいは太陽系外の異星といった、いまのところはSF小説や『ムー』の読者層のなかにのみ実在する異界である。前世の人格Aをそこまで無限遠のかなたに設定することは、いったい何を意味するのか。それは逆の意味で、少女らがじつは物語／現実をきちんと分節化できていることを窺わせる気がするのだが、定かではない。

たそがれのかぐや姫たち

さらに、転生譚をささえる心的な基盤に眼を凝らさねばならない。転生譚Ⅰの場合には、大きく三つの主題が見え隠れしている。第一に、身分的・経済的な上昇の主題であり、第二には性の転換の主題、第三には愛と死の主題である。現在よりも裕福な家庭に生まれたかった、あるいはいまとは異なる性に生まれたかった……という欠損や違和の意識、つまり現在における欲望の過去世への投射が、第一と第二の主題の底に垣間見えている。第三の愛と死の主題は、生まれ変わり信仰をもたない文化圏に多いものだ。失われた恋人や肉親(たいていは夭折した子ども)への断ちがたい愛と渇望が、生まれてきた子どもと死者との同一化を、ほかならぬ転生譚として実現するのである。

少女らの転生譚Ⅱの背後にも、ある欲望の過去世への投射のメカニズムがひそんでいるような気はする。彼女らは好んで、前世の自己を戦士・巫女・王女などになぞらえて物語を紡ぐ。少女はだれしもが、転生した貴種(=選ばれし者)であり、それぞれに世界を救済するための使命を帯びているのだ。この世に身をやつし流離していた貴種=戦士が、時をへて覚醒し、やがてハルマゲドン(最終戦争)のために起ち上がろうとしているというイメージであろうか。『風の谷のナウシカ』という少女救世主の美しい物語をもった、わたしたちの時代には、それもまた、あながち奇想天外な夢物語としてのみ片付けることはできないのかもしれない。

だが、それにしても、主題そのものは少女救世主へと装いを変えているとはいえ、これはまさに、国文学者の永井和子が「かぐや姫体験」と名づけたものだ。『寝覚物語』の主人公である中の君は楽才に恵まれ、美しさもたぐいなく、ときの太政大臣の秘蔵の姫君であった。十三歳と十四歳の八月十五夜、その夢に天人がくだり、琵琶の秘曲を教え、苦難多き宿世を予言して去った。中の君はそれを啓示ないし原体験として受けとり、生涯にわたって縛られることになる。この、夢であるのかいなかも、実現するのかいなかもわからない、ひどく中途半端な異能性・異質性の自覚を、永井は「かぐや姫体験」

とよんでいる。自分はこの世に存在しているが、じつは別の国(＝異界)から啓示を受ける、この世の人間とはやや異なる人間かもしれないという、存在の不安に揺れる感覚や体験である。「かぐや姫体験」は多くの女性に共有されている、普遍的なひとつの体験ではないか、と永井はいう。

『竹取物語』の主人公・かぐや姫は、月世界という異界から罪の犯しのために追放され、つかの間地上に暮らし、やがてときが到ると月世界へ還ってゆく。いうまでもなく、貴種流離譚のひとつの原型をなすものである。『寝覚物語』の中の君は天人降下の夢を信じ、かぐや姫として、つまり、この世に異界から流離してきた貴種として生きることを願いながら、現実それ自体によってくりかえし侵され、結局は生身の女としての生涯を送らねばならない。かぐや姫とは異なり、中の君には出生の確固たる前提も根拠も存在しない。あるのはただ、思春期の八月十五夜にみた天人降下の夢ばかりで、欲望／現実のはざまに人知れず翻弄されつづけるほかはない。「かぐや姫体験」には、いつだって挫折の二文字が貼りついていることを、『寝覚物語』はみごとにものがたっているのだ。

あるいは、精神医学の教科書を一度でもひもといたことのある者ならば、おそらくもらい児妄想や来歴否認症候群といった病理の一タイプを頭に浮かべるはずだ。多くは思春期に固有にみられる、現実の親や家族を偽りのものとして拒み、みずからの出自や来歴を否認する妄想の一群であるが、たしかに少女らの前世の物語を病理現象とみなすならば、まさにこれはもらい児妄想や来歴否認症候群にかぎりなく近接するものだ。

とはいえ、そうした古い妄想タイプとは異なり、現代の転生譚には、具体的な、生々しい親や家族そして来歴にたいする嫌悪・拒絶・否認の意志といったものは、どこか稀薄である。少女救世主なる仮面もしくは衣装を剝いでみれば、それは「かぐや姫体験」という、一過性の、ありふれた思春期体験に属するものだ。むろん、一過性には終わらぬ「かぐや姫症候群」も、いずれ登場することがあるのかもしれない。それがいかなる経路を縫って、病理の世界に入りこんでゆくのか、いまは追跡する手段(てだて)はなく、また関心の域外に逸脱するテーマでもある。

それにしても、異界からの音ずれも間遠になり、神秘的なるものからもしだいに遠ざけられ、少女という季節の黄昏を生きてある者らの焦燥はかぎりなく深い。どう足掻いたところで、干からびた現実しか手に入れることのかなわぬ少女らは、たぶん物語的な跳躍によってしか、日常からの大いなる離脱を果たすことができないのだと、どこかでしたたかに気付いている、そんな気がする。少女という季節の終わりに狂い咲きする、前世と超能力を語る＝騙るモノガタリの一群よ……、モウ、異界ナンテモノハコノ世ニ存在シナイ。

終章　失われたヒーロー伝説

肢体不自由者にのみ固有な世界は、依然としてかれの身体の〈不具〉・〈障害〉・〈病気〉が、かれ自身の心身の直接性の世界であるか、あるいはかれ自身に属する心身の自己関係づけと自己了解の世界に存在している。この世界は、肢体健全者のうかがいしれない固有な王者の世界であり、また乞食の世界である。

（吉本隆明「心的現象論」『試行』第三十四号）

丁稚どんはどこへ行ったのか

いつのことであったか、記憶は定かではない。「笑っていいとも！」という昼のテレビ番組を見るともなく見ていたときのことだ。その日のお喋りのゲストは、俳優の大村崑だった。大村崑といえば、テレビがまだ珍しかった時代の人気番組「番頭はんと丁稚どん」の主人公役、名前も忘れてしまったが、坊主頭にまあるい禿げのある、すこし頭の足りない少年を演じていた姿が思い浮かぶ。関西のドタバタ喜劇の舞台を、そのままテレビの番組に仕立てたものだったかとおもう。少年は番頭さんや仲間たちのからかいの対象でありながら、疑いもなく愛すべき道化として、「番頭はんと丁稚どん」という喜劇の欠かしえぬ、いやたったひとりの主人公であった。

　当然のように、大村とタモリとのあいだでは、「番頭はんと丁稚どん」の少年役のことがひとしきり話題になった。その終わり近くであったか、たいへん印象深い会話が交わされた。すでに記憶は曖昧なのだが、大村はたしか、いくらか淋しげな表情でこんなことをふと洩らした、でも、いまはもう、あの役を演(や)るのは無理ですねぇ、と。タモリはそれにたいして、そうですねぇ……と短く応じた。そして、二人はどこか感に堪えぬといった風情でうなずきあったのだ。ほんの十秒足らずの時間であったはずだが、テレビというメディアが思いがけず晒けだしてみせた素顔として、あるいは、みずからの秘せられた歴史を言葉少なにものがたったひと齣(こま)として、わたしのなかには奇妙に尾を曳いて残った。

　大村崑という俳優にとっては、「番頭はんと丁稚どん」の少年役は俳優として自他ともに認知された、忘れがたい当たり役であったにちがいない。大村は俳優として、あの役柄にすくなからず誇りを抱いているはずだ。にもかかわらず、三十年という歳月を経て、それがもはや演じることを許されぬ異形の役柄となってしまったことを、ある切ない痛みとともに自覚している。そんなことを、わたしは勝手に想像した。当たっているのかいなか、むろん確認する術はない。

　頭の足りない、知恵遅れ、知能障害……、なんと呼ぶべきなのか言葉を探しあぐねるが、とにかくちょっとした障害をもち側頭部にまあるい禿げのある少年は、そのとき愛すべき主人公（ヒーロー）であった。三十年足らずの昔のことだ。時代は大きく変わった。「ええ、毎度、馬鹿馬鹿しいお笑いを」という冒頭の切り口上が、馬鹿な人たちに悪いとかで敬遠され、テレビで古典落語を放送するのがむずかしくなりつつあり、つい最近では、「世の中、馬鹿が多くて疲れませんか？」と桃井かおりが呟くＣＭに、やはり馬鹿な人に申し訳ないと抗議電話が殺到して放映中止になってしまうという、この不思議の時代には、たしかに、あの頭の足りない無垢なる少年が輝かしい主人公の座を保つことはできそうにない。主人公の座どころの話ではない。落語のヨタローも「番頭はんと丁稚どん」の少年も、テレビという日常の地平から永久追放されてしまったのだ。

　かれらの愛すべき姿は、わたしたちの視界のそとに、人々のヒューマニズムあふれる善意によって真綿にくるまれ、丁重に追いたてられた。わたしたちはもはや、誰ひとり、すくなくとも表向きはかれらをいじめたり石つぶてを投げたりはしない。子どもだって、それがいけないことだというくらい承知している。と同時に、かれらはもはや、いかなる場合であれ主人公（ヒーロー）ではありえないし、子どもらの愉快な仲間や隣人ではない。

「番頭はんと丁稚どん」から三十年の年月が流れた。その間にいったい何が変わったのか。かれら異形のヒーローの末裔たちは、何を獲得し、何を喪失したのか。たやすく答えが見つかるはずもない。わたしにできるのはただ、頭の足りない丁稚どんがどこへ行ったのか、それを探すための小さな旅に赴くことだけだ。

異形のヒーローたちの黄昏

何年か前のことだが、深夜テレビで『丹下左膳』を何週か連続放映していた。別に、これといって特別な関心があったわけではなく、眠気ざましにつけたところが、たまたま『丹下左膳／妖刀濡れ燕』という六十年代はじめの映画をやっていたのだった。眠気はたちまち吹っ飛んで、引きこまれ、最後までテレビの前に釘づけにされた。何が面白かったのか、うまく言葉が見つからない。途中から観たせいもあり、敵味方入り乱れてのドタバタ活劇の全貌が、きちんと摑みきれぬままに終わったが、よくできた物語が読み手や観客にあたえる心地よいカタルシスが、わたしのなかにかすかな余韻とともに残った。思いがけず、これはなかなかの映画ではないかと、ほくそ笑んだのであった。

そこで、翌週に放映された『丹下左膳／濡れ燕一刀流』をビデオにとり、数日後に観た。『妖刀濡れ燕』を観たときの、あの、なんとも言葉にしがたい興奮は湧きおこらなかった。映画自身の問題なのか、わたしのほうの問題なのか、判断はつかない。

心地よい興奮のかわりに、ざらざらした苛立ちが残った。映画そのものにたいしてではなく、テレビ版として、原作者＝監督の意志とはかかわりのない場所で編集し直された映画にたいしてである。呆れたことに、音声の中断が数十カ所にはいった。テレビ画面に大写しにされた顔が、唐突に、なんの断わりもなしに、酸欠の水槽のなかの金魚のように口をパクパクしはじめる図は、ひどくもの哀しく、もの憂く、そしてやり場のない苛立ちを誘った。勝手に消去されたのは、いわゆる「放送禁止用語」と称される哀れな言葉たちであった(らしいが、むろん確認はできない)。

少女「うちのお姉ちゃん、眼が見えないんだもの」
少年「なんだ、(音声中断)」
左膳「ちょび安！　(音声中断)」
娘「いいんです、わたし、慣れてますから、でも、(音声中断)、ちょっと悲しくなること(音声中断)」
左膳「そ、そうでもねえや、俺なんざ、(音声中断)」

この、いまからちょうど三十年前に作られた映画にほどこされた暴力的処置は、『丹下左膳』という映画にとってはほとんど致命的なものにみえる。作品の存立基盤にむけての全否定であるからだ。『丹下左膳』はもはや、許されざる作品なのである。わたしたちの眼前から、異形のヒーローたちが根絶やしに追放されようとしている、ということだ。

丹下左膳はいうまでもなく身体障害者である。左膳には眼がひとつ、腕が一本しかない。神話や伝説の世界のヒーローたちのなかに、しばしば心身に障害・欠損・疾病を負った者らの姿がみいだされるが、左膳は疑いもなく、そうした神話的ヒーローの系譜につらなる主人公のひとりである。そこでは、障害や欠損はスティグマ＝聖痕であり、かれらはそれを聖なるものに刻まれた徴（しるし）として、神話的なヒーローへと劇的に成りあがるのである。

たしかに、二十年か三十年か前には、丹下左膳という片目・片腕の剣の達人は、異形のヒーローであった。くりかえすが、左膳はその身体に負わされた欠損ないし異形ゆえにこそ、神話的なヒーローでありえた。ところが、わたしたちの時代はいま、左膳の異形の身体がはらむ背理のダイナミズムを否定する。まるで片目・片腕であることなど、気紛れな偶然であるかのように。しかし、片目・片腕はたんなる偶然の設定といったものではない、欠かしえぬヒーローの条件であった。

音声の中断という隠微で滑稽な検閲の暴力は、実のところ、古典の域に移行しつつある作品のなかの「差別語」の摘発にはとどまらず、異形の主人公という作品の基層に埋めこまれた現実それ自体を否定しているのだ。深夜という時間帯ですら、『丹下左膳』が放映を許されなくなる日は、すぐそこまで来ているのかもしれない。「番頭はんと丁稚どん」や古典落語のヨタローと同様に、視界のそとに祀り棄てられようとしている、ということだ。

『妖刀濡れ燕』には、こんな忘れがたいシーンがあった。一目惚れした女を窮地から救いだした左膳が、眠りつづける女の美しさに感動し、片方しかない大きな眼に無垢なる涙をあふれさせている。やがて女が目を覚ます。美しい女は左膳をみとめると、「化け物！（音声中断）」と悲鳴をあげながら、後ずさって逃げだす。たしか、そんな場面であったかとおもう。「差別語」はそれが吐かれた瞬間に、すべてを剝きだしに露呈させる。この場面で、わたしたち観客にかぎりない無垢（イノセンス）と美を感じさせるのは、だれか。顔が美しいだけの女ではない、片目・片腕のいかつい顔をした左膳である。異形の身体が輝かしき聖性の光を放って観客の眼を射抜くのは、むろんこの瞬間（とき）である。すくなくとも物語の世界において、それだけが唯一の現実であることは否定すべくもない。

図式的にすぎるとはいえ、『丹下左膳』という作品がはらみもつ思想は、そこに鮮やかに覗けているはずだ。異形や欠損こそが、かぎりない美・無垢・聖性を分泌しささえる母胎となる、その、したたかに残酷なる象徴のダイナミズムを、『丹下左膳』のものがたる思想(のひとつ)としてとりだすことは可能だろうか。そして、あきらかにいま、この丹下左膳という名の異形のヒーローの時代は、暴力的に葬り去られようとしている。当然ながら、訣れを惜しんでいるわけでは、ない。ただ、時代の変容の跡を、何が生まれ、何が捨てられたのかをきちんと見届けたいと願うだけだ。

乞食と祭りの失われた都市にて

わたしは以前に、ある雑誌の依頼に応じて、以下のようなエッセイを書いたことがあった。「日本的な神々の系譜──ほかいびとの末裔」というタイトルであるが、わたしの予定していた原題には、乞食なる言葉が含まれていた。編集部の要請にしたがって、タイトルを上記のように変更したうえで、わたしは締切り間際にようやく十数枚の原稿を書きあげ、編集者に渡した。

そのときのオリジナルの原稿を、試みにいま、全文そのままに引用する。

＊

〈1〉

かつて、乞食は神であった。すくなくとも訪れる乞食を、聖なる者として敬意をもって受容する宗教的な態度なり心情なりが、疑いもなく存在した。わたしたちの眼にはいささか奇異なものに映るとしても、ある位相にあっては、卑しい乞食は聖なる神であったのだ。

その乞食も、いつしかわたしたちの前から消えてしまった。わたしたちがときおり、駅の地下道や公園のベンチに寝転んでいるのを見かけるのは、「浮浪者」であって乞食ではない。乞食は食を乞う者である。食を乞うために、かれらは家々の門に立った。そのとき、不思議な光景がほんのつかの間、乞う者と乞われる者とのあいだに成立した。幻影のように過（よぎ）ったのである。

〈賤〉や〈穢〉の〈聖〉への転換。

鎌倉時代のある文献には、日頃は卑賤視されている散所の乞食法師が正月には、千秋万歳と称し、仙人の装束をまね、小松を手に捧げ、祝言を唱えつつ門口に立った様子が描かれている。ある、さだめられたコンテクストの転換を経るとき、卑しい乞食がそのままに聖なる来訪者へと、象徴的かつ儀礼的に姿を変じることができた。

乞食は「おもらい」ともよばれるが、もらいは酒盛りのもりから来ている。祭りの中心は神人共食、すなわち神と人とがともにする饗宴であったのだが、いわば、その場に神の資格で参加する者が酒食をもらわれたのである。参加する側からいえば、もらいということになる。

物をただもらう資格のある者として、乞食は特殊視される。しかし、この特殊視はたとえば「浮浪者」にたいするものとは、決定的に異なっている。卑しめていながら同時に畏怖する気持ちが、その根底にはあったのであり、神の資格で祭りの庭に出てくる者に由来していたのである。卑しめられる身分の者であったからこそ、逆に、神聖なるものに変身しうる社会的な約束が成立していたのであるし、また、神聖なるものに変身しうる者として物をもらうがゆえに卑しめられたのである。そう、戸井田道三は『能――神と乞食の芸術』のなかで書いている。

〈2〉

あるいは、柳田国男によれば、乞食は古くはホイトとよばれた。ホイトはホギヒト(寿ぎ人)であり、さらにその源流へとさかのぼれば、万葉の時代のホカイビトにいたる。ホグもホカイもともに、祝うこと、寿詞(ほぎごと)(縁起のよい文句)をのべることを意味する。そうした文脈にたって、柳田はホイト＝乞食の職業をある種のしきたりのうえに成り立つ交易であるとした。

七軒乞食という、七軒の家をめぐって米・餅・銭などをもらう、物もらいの方式がかつてみられた。四国遍路の場合にも、七軒の家で乞食(こつじき)をすることが、一人前の遍路のつとめとかんがえられていた、という。七軒の家から平等に物をもらうことは、ある特定の家との縁関係をとりむすぶことを避ける意味をもっていた、と想像される。乞食と共同体に定住する人々との交易は、あくまで対等なもので、そこには現世的な支配や従属の関係が持ち込まれてはならなかったのである。

乞食はあきらかに、共同体とその外なる世界とをつなぐ媒介者であり、人々に救済と贖罪のおおいなる機会をあたえる、宗教的な回路のひとつであった。言葉をかえれば、乞食は共同体に外部の力を導きいれるためのメカニズムでもあった。乞食との交易をつうじて、共同体に定住する人々は幸福・健康・安全といったものを手に入れたが、それは外部の力によってこそ保証されるものであったのだ。

わたしたちはホイト＝乞食の、いっそう古いかたちとして、『万葉集』にかすかに姿をとどめているホカイビトをあげることができる。折口信夫によれば、そうした山の幸・海の幸による寿歌（ほぎうた）を歌ってあるいたホカイビトこそ、漂泊の芸能者の初源的な姿であった。折口はかれらを巡遊伶人と名付けた。いわば最古の旅芸人であり、門付け芸人であった。

ホカイビトは多くが、亡命または零落した村々の神人であり、共同体のきずなを解かれ、浮浪の境涯に身を投じた人々であった。それら共同体の外なる世界を漂泊する者たちが、共同体とそこに定住する人々のためのホカイ＝寿祝をなりわいとし、神を背負い、神の資格をもって訪れきたる者として歓待されたのである。そこには、排除と歓待の構図が鮮やかに覗けているが、乞食とはこのひき裂かれた宿命をもっとも劇的に、つねに体現しつづけてきた存在であった。

そして、わたしたちの時代からは、もはやそうした乞食と神々をめぐる、不可思議な風景はことごとく根絶やしに失われた。家々の門にたって、食べ物や金銭を乞いもとめることを禁じられた、現代のホカイビトの末裔たちは「浮浪者」に名を変え、都市のうす昏がりにうずくまっているばかりだ。

〈3〉

かつて、劇作家の別役実は、「お祭りと乞食」と題する短いエッセイのなかで、こんなふうに語ったことがあった。

――お祭りのたびに、どこから現われたのだろうと思うような多くの乞食が、神社の境内を埋めた。かれらは物乞いをし、われわれは与えた。かれらの不幸や不潔さにたいする優越感が、そうさせたのだということは否定できない。しかし、われわれがいま不幸な、不潔な人々に出会ったときのような戸惑いは、そこにはなかったのであり、たとえそこに差別があったとしても、それはいわば「健康な差別」であったのだ。共同体が不幸な人々を乞食として許容し、人々がかれらに同情でき、かれらに金銭を与えることになんの疑いも持ちえないとすれば、それは共同体が健康なせいである、と。

あたかも市民社会の倫理を逆撫でするごとき、この一文はもちろん、差別主義者の心情吐露といったものとはまったく無縁だ。別役があえて踏み込み、揺さぶりをかけようとしたのは、わたしたちの市民的な日常の奥深くにひそむ「不健康な差別」ともいうべきものであった。

別役はまた、乞食のいない都市（まち）からはいっさいの祭りが失われた、と語った。わたしたちの時代からは、そして都市からは、乞食が姿を消し、傷つき欠けたる者らを隠された主人公として載く祭りの風景もまた、はるかに遠ざかった。欠如や障害や不幸が、さらにいって〈賤〉や〈穢〉が、プラスの意味、それゆえ〈聖〉の側に転換する、あの不可思議な象徴回路は、たぶん永遠に失われてしまったのだ。乞食のいない都市からは祭りが失われた、という別役の言葉を、仮りにこんなふうに読んだとしても誤まりではないだろう。

それにしても、わたしたちが現代を覆い尽くした「不健康な差別」に、どれほど深い苛立ちと窮屈さを覚えるにせよ、乞食も祭りも失われた都市という現実に、いっさいの変更はきかない。「フリークスの復権」なる知的遊戯を真似て、わたしたちは乞食の「復権」を語るべきだろうか。あるいは、都市における祭りの「復興」に希望を託すべきだろうか。いずれの方法にも、未来はない。わたしたちはただ、乞食も祭りも不可能な時代を生きてある、というたったひとつの現実を足場にして、そこから出発するほかはない。

〈4〉

乞食という名の神の存在しない時代に、たとえば物語が根底から変容をこうむりつつある、といえば、いささか奇異に聴こえるだろうか。乞食は外部の力を共同体に導きいれる媒介者であり、宗教的な回路である、と書いた。乞食に象徴されるものの不在は、だから、共同体とその外なる世界との関係の構造的な変質という、あたらしい事件(できごと)の訪れをこそ物語っているともいえるのだ。

もっとも原型的な物語を想像するとすれば、それは世界をこちら側(＝内部)とあちら側(＝外部)とに分かったうえで、その境界付近に生起する、さまざまな異人との交通、つまり排除／受容の風景を定型的な主題として語りだすものであるはずだ。乞食とはこの異人の別名詞でなければならない。いわば、共同体の内部(うち)／外部(そと)の分節化をめぐる交通の物語の、秘められた主人公のひとりが、ほかならぬ乞食であったということだ。

さらにいえば、あらゆる物語はそのたったひとりの共同体を逐(お)われる乞食によって、また、かれの体現する排除の構造によってこそ支えられている。物語世界がもっとも光り輝くとき、その足下には、おそらくひとりの乞食の屍が横たわっているにちがいない。

物語の主人公という、栄光と悲惨を一身に背負いつづけてきた乞食＝異人が、やわらかい禁忌につつまれて姿を消し、あらゆる排除や差別の風景が社会のオモテから失われてゆく、この時代には、古さびた一群の物語たちもまた、魔力や毒や輝きを奪われ、やがて、その使命を了えようとしているのかもしれない。

乞食と祭りの失われた都市には、古い物語は似合わない、そんな気がする。ふっと、奇妙な想念にとらえられる。わたしたちのだれもが見たことも聞いたこともない、なにかあたらしい一群の物語が、すでに、この無気味に増殖をつづける巨大都市の細胞分裂の末端部に、異形の身体を覗かせつつあるのではないか……と。たとえば、情報メディアのみえない昏がりを駆ける、都市伝説や民話のなかに。物語はたぶん、いま幼年期の終わりにさしかかろうとしている。

＊

ここに全文を引いたオリジナル原稿のなかの、傍線を付した部分は、じつは雑誌には掲載されなかった。編集部によって削除されたのである。理由はけっして明確な言葉で示されることはなかったが、編集部の困惑や怯えは十分に伝わってきた。これをそのまま載せたら問題が起こる、という暗黙の了解が、鼻先にぶら下がっていた。むろん、編集部と書き手であるわたしとのあいだには、やりとりがあった。

わたしははじめ、原稿を取り下げることを申し出た。しかし、目次も刷りあがり、四ページ分空けてあるのだから、それは困る、〈3〉の部分を全文削除させてくれないか、そう、間接的に編集長の意向が伝えられた。文脈が寸断されてしまう、そんな改編に応じるわけにはいかない、とわたしは答えた。

編集部がもっとも怖れていたのは、〈3〉の別役実のエッセイからの引用箇所であった。別役のその挑発的な一文の、まったく同じ箇所を、わたしは『排除の現象学』の初版の「浮浪者/ドッペルゲンガー殺しの風景」(本書・第二章)のなかでも引用していた。過激(ラディカル)な挑発であることはたしかだが、たとえば差別主義者の発言であるかいなかといった問題など、そこには入りこむ余地がない。わたしは別役のアイロニカルな挑発を自分なりに、なんとか引き受けたいとかんがえてきた。編集部は別役の仕掛けた、その、あくまで文学的なものである挑発に心底怯えたようであった。おもえばそれは、SFという文学の一ジャンルを専門とする雑誌であったことは、皮肉なことではある。

結果として、わたしは別役のエッセイからの引用とそれに続くコメントを全文削除することで、妥協した。ついでに、編集部は「傷つき欠けたる者ら」と「欠如や障害や不幸」という箇所も削るように求めた。わたしはそれにも応じた。自分の妥協が正しいものであったなどとは、そのときも現在もおもってはいない。しかし、同時に、数万部も発行されている雑誌の四ページ分を空白のまま出すように要求するだけの、確固たる信念も傲慢さも持ちあわせていない以上、仕方のないことだとおもう。

似たり寄ったりのことは、ほかのいくつかの雑誌でも体験している。あの雑誌が特異だったわけではない。これはひとつの素材にすぎない。いずれであれ、編集部がひたすら怖れていたのは、それが問題として発見され、非難や告発の対象にされやしないかというレヴェルのことである。おそらくは別役はおろかわたし程度にも、乞食という問題、差別という問題について思考を巡らしたことはなかったはずだ。それがどれほど深く物語や文学の根幹にかかわる問題であるかを、いくらかなりと理解していたとすれば、別役の文章に畏れをなし、欠如や障害や不幸といった避けがたく現実に転がっているできごとを、とにかく眼前から祓い棄てることだけに心を砕くこともなかったにちがいない。

物語は差別の構造を下敷きにすることなしに、はたしてよく輝くか。人は差別なしによくカタルシスを得るか、と言い換えても同じことだ。これがたぶん、現在さまざまな表現の現場に突きつけられている、もっとも本質的な課題のひとつであるとわたしは感じている。欠如や障害や不幸にまつわる言葉たちに烙印を押し、それを闇雲に、視界のそとへ祀り棄てたところで、差別という問題が解決しないことくらい誰だって気付いている。ただ別役のいう〝不健康な差別〟が、隠微に蔓延してゆくだけのことだ。

もとより〝健康な差別〟を復権させよ、などとは別役は言っていないし、そんなことはシャレにもなりはしない。この時代には〝健康な差別〟などありえない、それは自明である。しかし、わたしは別役とともに〝不健康な差別〟にたいする苛立ちを共有する。

たとえ、苛立ちの指し向けられる方位がやや異なるとしても……。〝不健康な差別〟とはたとえば、わたしたちが差別という現実から巧妙に逃れ、それとじかに対峙しないですむ心理的な安全弁のようなものだといえば、すこしは了解がしやすいだろうか。この安全弁を作りだしているのが、差別する側／差別される側をともに巻きこんだ、善意を錦の御旗にかかげる不可視の共同体であるらしいことが、問題を幾重にもがんじがらめに呪縛しているのではないかと、わたしはひそかに想像している。

シンちゃんをめぐる風景

かつて小さな学習塾で教えていた頃、「シンちゃん」という奇妙な言葉を何度か耳にしたことがある。子どもたちが何気ない会話のなかで洩らした、その言葉を、わたしははじめ固有名詞と勝手に誤解しつつ聞き流していたのだが、やがてその意味するところを知って、愕然とした。お喋りの文脈からいって、たんなる仲間や知り合いの愛称といったものではない。子どもらの顔には、あえていってみれば、あの、人が人を差別するときの暗い愉悦の表情があくまで乾いたものではあれ、たしかに貼りついているのだった。「シンちゃん」とは実は、身体障害者のことである。子どもらは通学の行き帰りにすれ違う、ひとりの身体にハンディを背負った青年のことを、隠語のように「シンちゃん」と呼びならわし、かれが必死に歩く姿をジョークの種にしていたのだった。

かぎりなく残酷な光景である。笑われているのは、「いざり」でも「びっこ」でも「ちんば」でも「かたわ」でも「不具者」……でもなく、「身体障害者」ですらなく、いかにも親しげな身振りとともに名指される「シンちゃん」である。「いざり」や「びっこ」といった蔑称なら、それが発せられた瞬間に、世界を怒りと憎しみと悲しみとで固く凍てつかせ、他者にその蔑称を投げつけた人間の全人格の負性を剝きだしに露出させてくれるだろう。しかし、「シンちゃん」はそうではない、「シンちゃん」は親しみをこめた愛称なのだ。

子どもたちは差別はいけないことだと知っている、「いざり」や「びっこ」を嘲笑したりすれば、親か先生かだれか大人に叱られることをよく知っている。だからこそ、「シンちゃん」なのだ。「シンちゃん」は悪意を散らしてくれる、嘲笑を親愛の身振りに変じてくれる、差別／被差別という酷たらしい関係を曖昧に溶かしてくれる。子どもたちは言うだろう、ボクはあのお兄ちゃんをいじめたり、からかったりしたことないよ、ただ、ときどき道で出会ったとき、ちょっとお喋りしたり、いっしょにふざけっこしたりしたくらいさ、それがどうしていけないの、かわいそうな人には親切にしてあげなさいって、教えてくれたじゃないか……といった具合に。「シンちゃん」には反撃する術がない。悪意のない、無邪気な子ども（を演じる子ども）に向かって、まさか怒りをぶつけるわけにはゆかないから。

「シンちゃん」はたとえば、「番頭はんと丁稚どん」のあの愛すべき少年のように、丹下左膳のように、そして、祭りの晩の乞食のように主人公（ヒーロー）になることを、けっして許されない存在である。異形にたいする畏怖や崇敬が、所詮は酷たらしい差別や賤視の裏返しにすぎないのだとしても、そこにはかれらが物語のヒーローへと、聖なるものへと成りあがる社会的な回路が用意されていた。「シンちゃん」には何もない。障害や欠損や異形は、もはやどこまでも無機的な負の事実にすぎず、思いがけぬ世界への扉を開いてくれることなどありえない。「シンちゃん」は剝きだしの差別の暴力性から解放されたかわりに、今度は、かわいそうなだけの弱者にされてしまったのだ。

「シンちゃん」をめぐるよじれた風景の裏側に、別役のいう〝不健康な差別〟が貌（かお）を覗かせている。それは剝きだしの〝健康な差別〟よりも、直接的な暴力性を稀薄にしかもたないだけに、すこしは良質（マシ）ではあるにちがいない。しかし、そこに埋めこまれた差別の構造ははるかに隠微に屈折して、視（み）えにくくなっている分だけ、よほど性質（タチ）が悪いともいえるかもしれない。なにより、そこでは誰も差別という現実とじかに対峙しあう必要がない、そうして問題が無限に先送りされてゆく仕組みになっている。「シンちゃん」という名の透明な悪意の偏在を前にしては、表層の言葉狩りがどれほど無力かということに、そろそろ気付くべきときが来ているのではないか、そう、わたしはおもう。

補章　『童夢』を読みなおす

〈1〉

『排除の現象学』には、二つの序章が存在する。一九八六年の初版の「いま、暮れなずむ黄昏の異人たち」と、一九九一年の新編の「さらば、寅次郎の青春」である。新編には、「いま、暮れなずむ黄昏の異人たち」は収録されていない。なぜ、序文を差し替えたのか、よく覚えていない。この岩波現代文庫版を編むにあたって、それを「はじめに」として再録し、あらためて「さらば、寅次郎の青春」を「序章」として位置づけなおした。ずっと気がかりだったのである。「いま、暮れなずむ黄昏の異人たち」という文章を冒頭に置くことによって、この、わたしにとっての二冊目の著書が、その一年前に刊行された『異人論序説』の姉妹編であったことを、あきらかに思い返すことができる。そこに、書き手としてのわたし自身の立ち位置が真っすぐに示されていた、と感じている。

じつは、現代文庫版からは、初版の「いま、暮れなずむ黄昏の異人たち」にあった挿絵が省略されている。大友克洋の『童夢』(双葉社、一九八三)からの引用である。団地のなかの遊園地で、老人と子どもたちが対峙するコマ割りであるが、作品のフィナーレといっていい。そこに書き添えられてあった、わたしの短い文章は以下のようなものだ。

転勤していった娘一家に置き去りにされたボケ老人のチョウさんは、団地の部屋にありとあらゆるガラクタを収集している。超能力によって、団地の住民や刑事らをつぎつぎと自殺や殺人に追いこみ、パニックをひき起こす。疎外され、棄てられた老人の怖るべき復讐。超能力少女との戦いに破れて、最期は公園のベンチに息絶える。何しに来たんだ、今まで僕ひとりで遊んでたのに……、殺人ゲームをとがめる少女にむかって、まるで子供のようにチョウさんは叫ぶ。ここにも、奇妙にリアルに描かれた老人と子供のいる風景がある。

『童夢』のほんの粗筋にすぎないが、わたし自身の関心の在り処はうかがえる。老人が主役であり、その視点から流れが押さえられている。しかし、作品そのものは多声的に組み立てられており、つねに複数のだれのものとも知れぬ声がこだましているから、それほど単線的(リニア)に展開するわけではない。そして、この初版の冒頭に置かれた「いま、暮れなずむ黄昏の異人たち」という文章は、はっきり『童夢』を底に沈めて書かれていたにもかかわらず、本文中にはまったくそれが明示されず、痕跡が見いだされなかった。ずっと気づかずにいた。ゲラ直しのときに見つけて、すこしだけ戸惑いを覚えた。この現代文庫版からは、挿絵が省略されているから、結果的に大友の名前も『童夢』という書名も、わたし自身の紹介文も消去される形になっている。編集上の意図といったものはない。お蔭で、わたしはあらためて、『童夢』にきちんと触れておきたいという思いに駆られたのだった。

さて、『童夢』の舞台は、どこか高層アパートが立ち並ぶ堤団地である。そこでは、この三年あまりのあいだに自殺・変死・事故死が相次いで起こっていた。物語のはじまりには、だれの声とも知れぬ声が低く響いている。

タケシ君の持ってるボーシ　すごいんだ　横ントコロにこう羽根が付いててさ——
その羽根が銀色なんだ　こういう風にふたつね……　でもタケシ君はバカだからさ
あのボーシにジャイアンツのバッチなんかつけてんだぜ……
それにタケシ君　ヘタなんだ　ローラースケート　いつも転んでばっかりなんだ……
だからさ……

その帽子をかぶった中年の男、上野さんが団地の鍵穴の錆びついたドアを抜け、屋上に出て、飛び降りた。スーパーの仕入れ部長だった。目撃者の女が、声をかけても、上野さんは黙ったまま、ボヤーッと遠くを見ているみたいな変な感じだった、と証言する。それにしても、あの声はだれのものだったのか。語り手の声ではない。秘せられた主人公の声か。羽根付きの帽子が気に入っている、タケシ君のことを知っていて、その帽子がバカなタケシ君には似合わないと感じている、だから、それは……。帽子はいつの間にか、タケシ君の家からなくなっていた。

警察の捜査が始まり、刑事たちが聞き込みを重ねている。その捜査関係者のなかからも被害者が出てくる。制服の巡査に、子どもらが付きまとい、ピストルを見せるようにせがんでいる。それを、老人がベンチに座って眺めている。夜の巡回をしていた巡査が、建物の屋上から飛び降りた。拳銃が消えていた。あるいは、捜査部長の山川が見知らぬ声に誘われて、夜の屋上にたどり着く。闇のなかに、あの帽子をかぶり、無数のガラクタを身にまとい、拳銃を紐でぶら下げて、老人がぽっかり浮かんでいた。ベンチのボケ老人、チョウさんだ。山川部長も飛び降りて、死んだ。自殺・変死・事故死で、すでに二十九人が死んでいた。新しい部長の岡村は、山川の幻影を見た、「来るな」という威嚇の声を聞いた。この幻影はいたるところに姿を見せる。捜査会議では、団地の住人たちが一連の事件以来、夜の外出を避けており、事件のことはほとんどタブーのように口にしない、と報告がある。聞き込みのなかでは、ひとりの主婦が住んでいる団地について、「ホントに気味が悪いんですよ」と洩らしていた。

当然ながら、団地内の不審人物の洗い出しが進められている。管理事務所の管理人が、刑事に問われて、徴付き(しるし)の住人について語るのだ。事務所に持ち込まれたトラブル以前の案件をもとにして、情報提供がなされるが、あくまで管理人のかぎられた見聞である。さらに膨大な、噂のネタとなっている不審人物の群れがいたはずだ。それはさだめなく霧状に浮遊している。現代の情報環境であれば、それは何者かによって不審者リストの形でまとめられて、どこかで、ひそかに閲覧されているにちがいない。

八号棟の七階の奥さんたちがやって来て、七八三号の手塚さんの奥さんが「気味が悪い」と訴えていた。噂ではあるが、流産したらしい、その子どもというのが胞状奇胎だったらしい、という。ノイローゼで入院していたのは本当らしい、ともいう。子守り唄を歌いながら、空っぽのベビーカーを押しているのを目撃されている。

二号棟の五階に、母親と住んでいる藤山良夫は、みなからヨッちゃんと呼ばれている。いかにも愚鈍そうな巨体の男である。女の子にいたずらしようとしたとかしないとかで、事務所に連れて来られた。頭は子どもだが、体は「男」だから、気を付けるようにはしている、と管理人はいう。

三号棟の四一一号に住んでいる吉川という男は、アル中で、以前はトラックの運転手をしていたが、交通事故で片足が駄目になった。酒を飲むとなにをするかわからない。庖丁持って、奥さんと大ゲンカして、警察沙汰になり、逃げられた。いかにも粗暴そうな目つきの男だ。その酒乱の父と暮らしているのが吉川ヒロシくんで、まさにネグレクト状態にある。子どもらは「付き合うな」と母親に言われ、ヒロシくんを避けている。遊び仲間に入れてもらえない。ろくな食事もしていない。

ベンチには離れて、吉川とチョウさんが座っている。そういえば、この広場の長いベンチは昔風のもので、横になれないように仕切られてはいない。チョウさんの特等席であり、いつもそこに座って、子どもたちをひっそり眺めている。この老人こそが、堤団地を舞台とした大量殺人事件の主役であった。読者には隠されずに、しだいに明らかにされてゆくが、作中ではそれとして気づかれることのない主役である。警察の捜査網は最後まで、この背を丸めた小柄な老人と巨大な災厄とを繋げることができない。

チョウさんはひとり暮らしをしている。三号棟の六〇八号の内田長二郎、六十五歳である。以前は、いっしょに暮らしていた娘一家が、転勤でいなくなった。体のいい厄介払い(てい)であった。表札からは、娘夫婦と子どもの名前が線で消され、その脇に「へのへのもへじ」の落書きが見える。チョウさんの部屋は、外で拾い集めた玩具や何やらのガラクタでいっぱいだった。淋しい老人の収集したコレクションのなかには、特にお気に入りの帽子があり、拳銃があった。

わたしはここで、いささか唐突に、柳田国男が関心を寄せた「異常人物」へと連想を跳ばしたくなる。柳田はなぜ、採集手帳の調査項目のひとつに、この異常人物を加えたのか。たぶん、その真意を跡づけることはむずかしい。とはいえ、たとえば柳田国男監修の『民俗学辞典』に見える「異常人物」の記述からは、その意図の一端程度は推測できるかもしれない。

常民の社会では尋常平凡が支配し、わずかな異常も衆人の注目を引くことが多かった。民俗学で異常人物というのも、かかる意味でなんらかの竝(なみ)はずれの人として常民社会の注目を浴びる人物の意である。われわれはかかる異常性に注目することによって、常民社会の人間観や世界観を具体的に把握することに、近づいてゆけると思っている。すなわち如何なる人物が異常に観られたか、また彼等が村落社会において有する地位・特質・血統・信仰は如何なる様相であったか、またその異常性が何に由来するものとされ、さらにそれへの村人の批評は如何なるものであったか等の諸点が考察の対象となる。

いわば、柳田民俗学にいうところの異常人物とは、精神医学的な意味合いでの病気とはかかわりがなく、正常と異常という二元論的な価値観にも根ざしていない。それはむしろ、ささやかな異常や逸脱と見なされるものを手がかりとして、その社会の人間と世界についての観念やイメージを浮き彫りにすることをめざす、いわば方法的な立場を示唆している。とりわけ、噂や世間話のなかに見え隠れしている「村人の批評」が、重要な異常人物の指標となるらしいことには、関心をそそられる。村のなかで、いったいだれが内なる異人として徴付けされるのか、その曖昧にして透明な暴力の磁場にこそ眼を凝らさねばならない。

たとえば、『遠野物語』第九十六話などは、常民社会の内なる異人の肖像画として秀逸なものではなかったか。

> 遠野の町に芳公（よしこう）馬鹿とて三十五、六なる男、白痴にて一昨年まで生きてありき。この男の癖は路上にて木の切れ塵（ちり）などを拾い、これを捻（ひね）りてつくづくと見つめまたはこれを嗅ぐこととなり。人の家に行きては柱などをこすりてその手を嗅ぎ、何物にても眼の先まで取り上げ、にこにことしておりおりこれを嗅ぐなり。この男往来をあるきながら急に立ちどまり、石などを拾い上げてこれをあたりの人家に打ち付け、けたたましく火事だ火事だと叫ぶことあり。かくすればその晩か次の日か物を投げ付けられたる家火を発せざることなし。同じこと幾度となくあれば、後にはその家々も注意して予防をなすといえども、ついに火事を免れたる家は一軒もなしとい

えり。

団地の内なる異人であるヨッちゃんなど、もうひとりの芳公馬鹿と呼ばれるべき存在ではなかったか。しかし、芳公馬鹿にはかすかに認められていた聖なるものの面影が、そこにはかけらも見いだされない。はたして、それだけのただ哀れな存在にすぎなかったのか。異常や欠損や過剰を抱えこんだ者たちのゆくえに眼を凝らさねばならない。あらためて触れる。

むろん、『童夢』では、村や常民の社会ならぬ、団地という都市近郊の「移植都市（ニュータウン）」が舞台となっている。この団地の内なる異人たちが、まさしく物語の主人公となる。不審人物として監視されながら、ひそかな疎外と排除の対象とされてきた団地の内なる異常人物たちが、しだいに物語の磁場に招（お）ぎ寄せられてゆく。そうして、負の祝祭の現場が立ち現われるのだ。かれら異形の者たちこそが、祭りの主催者にして演出家なのである。

そのカタストロフィの手前であった。アル中の父親を持つがゆえに仲間はずれにされているヒロシくん、団地に引っ越してきたばかりの女の子のエッちゃん、そして、知恵遅れの大男のヨッちゃんが、つかの間の邂逅を果たす。ボールが仲立ちとなって出会うのだが、大男のヨッちゃんとエッちゃんがはじめて向かいあう、緊張感をはらんだ場面が、とてもいい。性的不審者とひそかに噂され、警戒されている大男が、女の子に拾ったボールを差しだしている。その二ページ先には、三人がなんともぶきっちょに、楽しそうに、ボール遊びに興じている場面がある。「村人の批評」がやわらかく無化され、拒絶されている。三人がそれぞれに異形や逸脱を刻印された、ささやかな異常人物であったことは、むろん偶然ではありえない。祝祭の前夜であった。

〈2〉

さて、『童夢』の読み解きの後半である。なにか直感に促されて、高山という若い刑事が、どこか大学の宗教人類学を専攻する金子教授を訪ねてゆく。その教授は日本のシャーマンの研究もしており、「憑霊と超自然現象について」という論文を発表している。刑事は堤団地の事件が、シャーマニズムや憑霊現象とかかわりがあるかもしれない、と考えたのである。この刑事だけが、惨劇の主人公がチョウさんであることに気づいたが、物証といったものはなく、追及はできずに終わっている。

教授はある霊媒師を紹介してくれた。警察の捜査はお手上げの状態であった。それにつけ込んで、お札を売りつける者や得体の知れない祈禱師などが、次々に出現した。霊媒師の女は、刑事とともに団地を訪れるが、なにか異常な気配を感じて早々に退散する。

はじめての体験だった。恐怖を覚えた、とても自分になどの手に負えるものではない。「今まで何人死んだか知らないけど　そんなもんじゃないわ／まだまだ死ぬわ　10人20人……／子供よ　子供に気をつけなさい」と、女霊媒師は怯えながら、刑事に伝えた。

霊媒師はただひとり、気づいたのである。そこでは、見えない命懸けの戦いが行なわれていることに。エッちゃんという女の子とチョウさんと呼ばれる老人の見えない戦いの物語が、だれに気づかれることもなく展開されていたのだった。すでに早く、ふたりの戦いは始まっていた。公園のベンチに座るチョウさんが、フンフンと愉快そうに、「まっかなトマトになっちゃいな……」と呟いている。団地の上層階から、赤ん坊が落ちてくる。しかし、それはピタッと地上数十センチで止まった。エッちゃんが近づいてきて、「何がトマトよ／あんなコトしたら　赤ちゃんが死んじゃうでしょ／なんていたずらっ子なのかしら」と、チョウさんにまるで説教でもするように語りかける。ボケ老人の、無邪気そうな憎悪にまみれた暴力が、赤ん坊を死に追いやるのを、女の子の力が防いだのである。女の子と老人のあいだでは、超能力を駆使しての戦いが演じられていたのだ。

戦いの第二章。チョウさんはあらたな攻撃をエッちゃんに差し向ける。自治会の役員をしている佐々木さんの息子の勉は、三浪中の受験生である。夜、親たちが寝静まると、プラモデルの飛行機作りに熱中している。その背後から、ぼっかり浮かんだチョウさんが覗きこんでいる。それから、チョウさんに操られて、勉がカッターナイフを手にして、エッちゃんを狙った。エレベーターの前で、勉はカッターナイフで自分の首を切り、血まみれになりながら、「やめてェ」と叫ぶエッちゃんに迫ってくる。勉のからだが破裂する。

ベンチに座ったチョウさんが、ヨッちゃんとヒロシくんを観察している。かれらがエッちゃんの仲間であることを確認したのだ。戦いの第三章である。ベンチに座って、はあっはあっ、と息を切らしているチョウさんを、エッちゃんが団地の診療所の病室の窓から見下ろしている。その現場を、先ほどの女霊媒師は目撃したのである。惨劇はさらに広がってゆく、子どもに気をつけるように、そう、刑事に伝えて、霊媒師はそそくさと離れていった。

そのとき、すでに大きな惨劇は幕を開けていたのである。アル中の吉川には、「もっといい物あげようか」という声が聞こえた。拳銃が宙に浮かんでいた。その拳銃で、吉川は通りかかった少年を撃ち殺した。さらに、チョウさんに操られて、診療所へと向かった。「隠れたってダメだよーい」と、今度はパジャマ姿のエッちゃんに拳銃を向けた。そこに、ヒロシくんとヨッちゃんが現われる。吉川はヨッちゃんを撃った。さらに、息子のヒロシくんを撃った。ヨッちゃんが腹から血を流しながら、吉川を殴り倒し、惨殺する。そこに、手塚さんが現われる、子守り唄を口ずさんでいる。ヨッちゃんは機動隊員を蹴散らして、エッちゃんの救出に向かった。手塚さんが、ベビーカーに傷ついたヒロシくんを乗せて、現われる。そのとき、大爆発が起こった。手塚さんは笑いながら、瓦礫に押しつぶされ、ヨッちゃんはヒロシくんを空中で抱きとめ、そのまま落下していった。

くりかえすが、ヨッちゃんはもうひとりの芳公馬鹿であった。とはいえ、聖なるものの影は射していない。ヨッちゃんはそれでも、巨大な惨劇のなかで、拳銃を持った吉川や警官たちを蹴散らすだろう。手塚さんの押すベビーカーに、父親に撃ち殺されたヒロシくんの姿を認めた瞬間、はっきりと正気の眼に戻って、悲しい咆哮の声をあげた。そして、崩れてゆく瓦礫のなか、友だちのヒロシくんを抱いて死の淵へと落ちてゆくのだ。まさしく荒ぶる巨神のように。ヨッちゃんの悲しみと怒りの顔は、聖性の暗い輝きに満ちていた。芳公馬鹿が放ついまわのきわの光芒を、大友克洋という漫画家はみごとに描き切ったのではなかったか。

そのかたわらでは、チョウさんとエッちゃんの熾烈な戦いが行なわれていた。「なんて子なの　ヨッちゃんにまで　あんな事して」「べぇえーっ」「待ちなさい」「ヒャッホーッ」。その戦いの様子を、団地のベランダから子どもたちが凝視している。「君は自分が何をやってるのか　判らないの」「べェ——だ」「ヨッちゃんや吉川くんにまで　あんなを事して」「お前なんかァ　お前なんか　嫌いだ」「きゃあぁ」「何しに来たんだ　今

迄　僕一人で遊んでたのに」。攻防の末に、ガス爆発が起こった。高層アパートが崩れてゆく。エッちゃんがチョウさんを追いつめ、殺そうとした。チョウさんは混乱のなか、なんとか逃げ延びる。エッちゃんは母親を見つけて、女の子に戻り、破壊をやめる。

　チョウさんはその後の取り調べにたいして、ついに正体を隠し通した。おもちゃの車で遊んで見せた。ボケてしまって、もうガキといっしょだ。そう、捜査部長らはみな、騙されてしまう。しかし、刑事の高山は気づいた。霊媒師の「子供よ　子供に気をつけなさい」という言葉を思いだした。それは、殺された子どものことではなかった。養老院へと逃げおおせる寸前に、エッちゃんが現われ、ブランコを漕ぎながら、ベンチに座るチョウさんに静かな攻撃を仕掛ける。四人の子どもたちに囲まれて、逃げられずに、ついにチョウさんは息絶える。

　これはいわば、現代、いや一九八〇年代の大都市郊外の高層団地を舞台とした、大量殺人事件の顚末を描いた、もうひとつの『犬神家の一族』の物語であったことに、いまになって気づかされた。ただし、これは血族の怨念の物語ではない。すなわち、内なる異人としての老人のルサンチマンは、血と縁で繫がれた村人たちに向かうのではなく、たまたま同じ団地に隣りあって暮らすことになっただけの住民たちに向かったのである。みずからを棄てた家族への、団地への、社会への、チョウさんの怒りと憎しみが、大量殺人事件を惹き起こした。それは弱きものとしてのボケ老人による、見えない反撃と復譬のドラマだった。

作中に、あらかじめ補助線でも引くかのように、シャーマニズムや憑霊現象への言及ないし参照が見られたことを想起しておくのもいい。前代には、村を舞台とする大量殺人事件などが起これば、憑き物信仰が真っ先に疑われたのではなかったか。わたしはふと、『山の人生』に見える、柳田国男の呟くような言葉を思いださずにはいられない。柳田は狐憑きに触れて、「要するに双方の相持ちで、もしこれを精神病の一つとするならば、患者は決して病人一人ではないのだ」と述べていた。

いずれであれ、老人と子どもの見えない戦いがあった。女の子によって、ボケ老人はあやすべきいたずらっ子として扱われていた。ただ快楽原則に身をゆだねながら、欲しいものばかり収集して、とりわけお気に入りの羽根付き帽子や拳銃などを使って遊んでいると、次々に人が死んでゆく。そんなひとり遊びを邪魔する警官や、女の子は敵だ。だから、説教したり立ち塞がる女の子に、お前なんか嫌いだ、なにしに来たんだ、いままで、僕ひとりで遊んでいたのに……、と叫ばずにはいられない。老人がおもちゃの車を転がし、幼児言葉で駄々をこねる姿のかたわらには、子どもという擬態を演じる、もうひとつの老人の姿が隠されていた。子どもよ、子どもに気をつけなさい、そう、霊媒師は忠告したのだった。子どもとはいったい、だれか。

まったく『童夢』という漫画は、予知夢のごとき傑作ではなかったか。それはやがて訪れるはずの、無垢なる悪意が惹き起こす〈事件〉にかかわるデッサンであったかもしれない。惨劇の主人公はきっと、子どもと老人、そして弱きものや頼りなきものたちであることを、作者はたしかに知っていたのである。そうして、無垢なる憎しみや悪意がはじけて、闇の祝祭がひそやかに幕を開ける。『童夢』は来たるべき明日の〈事件〉を描いている。

〈3〉

東日本大震災の翌年であったか、しばらくぶりに多摩ニュータウンを訪ねたことがあった。開発から三十年、四十年が過ぎて、高齢化や荒廃が進んでいるというニュースに触れていたので、実情を知りたいと思った。わたしは子ども時代を多摩で過ごした。住んでいたのは平屋の都営住宅であったから、巨大な団地が立ち並ぶ多摩ニュータウンというのは、とてもモダンな新しい暮らしの風景のように感じられていた。ほとんど否定的なイメージは持たなかった。

広大な多摩丘陵を切り崩して、突如出現した団地群は、高度経済成長期のつかの間の夢か幻にすぎなかったのか。そんな問いをかかえて、多摩ニュータウンのなかでもっとも古いという諏訪地区を歩いた。先入観は気持ちよくひっくり返された。団地のなかは、とても清潔に保たれていて、暮らす人々がきちんとした意志を持って生活していることが感じられた。若いお母さんと子どもたちの姿をたくさん見かけた。極端な少子高齢化が進んでいるというイメージもまた、疑ったほうがいい。居住空間もむしろ多様化しつつあり、画一的とか均質というイメージも当てはまらない。新陳代謝が進んでいるようだ。多摩ニュータウンという壮大な実験は終わっていないのだな、と感じた。人口が右肩上がりの時代にデザインされた空間を、やわらかく時代に合わせて変えてゆく実験の場にもなっているようだ。

土地の起伏と緑の多さも印象的であった。団地のかたわらに、うっそうとした雑木林が残っていた。宗教的な匂いは感じられない。おそらく、それはいまだ鎮守の森ではない。いま、人に化けていたタヌキたちが元の姿に戻ろうとしているのではないか、そう、唐突に思った。団地の森からタヌキが夜の街を見下ろしている。それがやがて未来への言伝てになる、とだけ書いておく。

どこかに載せた旧稿を見つけて、その一節をこんな風に引用してみたくなったのは、『童夢』に描かれた予知夢が、けっして変更のきかない未来予想図ではないことを、確認しておきたいと思ったからだ。移植された都市は、はじまりの住民たちが子育てを終えて、高齢化してゆくなかで、やがて大きな分岐点に立たされる。鳩山ニュータウンも堤団地も、多摩ニュータウンも、つねに大いなる変容(メタモルフォーゼ)の途上にあって、ひとしなみに語ることはできない。置き去りにされた老人たちがわずかに暮らす廃墟のようなニュータウンもあれば、外国籍の人々が集まって住む居留地か租界のようなニュータウンもあり、新陳代謝をくりかえしながら、年齢も出身も国籍も異なる雑多な人々が身を寄せあうように暮らすニュータウンもあるだろう。

それにしても、『排除の現象学』の元になる「異人たちの肖像」と題したノートを書き継いでいたとき、わたしは大友克洋の『童夢』に出会った。初版の刊行は一九八三年である。その物語の惨劇の舞台として択ばれたのが、高層団地が立ち並ぶニュータウンであったことに、あらためて驚きを覚えている。そこはまだ、誕生してからさほどの時間も経っていなかったはずで、棄てられた老人による反乱の舞台になることを予感する者は、ほとんどいなかったにちがいない。漫画や小説といった表現メディアはときに、それぞれの時代の最前線で起こりつつある〈事件〉の早すぎた証言者となる。『童夢』は、その、ささやかな一例といえるのかもしれない。

あとがき

一冊の書物とは、著者にとっては小さな分身であり、揺れ動く思索の刈りこまれたひと筋の軌跡である。それが書物として公刊されるころ、著者はすでに、描かれたブルーの軌跡のはるかな延長上をいずこへとも知れず歩み去っている。ふと振りかえると、懐しい、だがどこかしら違和を漂わせる貌（かお）をして、著者の分身は昏がりにぼーっと立ち竦（すく）んでいる。そのとき、しだいに他者と変じてゆくみずからの分身であるはずの書物との対話が、著者その人によっても開始されるのかもしれない。

いま、わたしのささやかな分身が、ちょっとした難産の末に産声をあげようとしている。しかし、わたしにはまだ、分身との対話は苦痛にすぎるようだ。

前著『異人論序説』と同様、この本の原型となっているのは、同人誌（『座標』の後進である『ておりあ』）に連載した論稿（ノート）である。その、「異人たちの肖像」と題したノート（一九八二・一二〜八五・一）を書き継いでいた時期は、『異人論序説』がしだいに形を成していった時期にほぼ重なっている。つまり、異人をめぐる〈考古学〉的な考察をすすめるのと並行して、その現在的な展開の途を探っていたことになる。この本は『異人論序説』から間をおかずに、連続して世に問われるはずであったが、いくつかの条件が重なっておよそ一年遅れの出版となった。いささか胎内に長くとどまりすぎた弁慶のような、異形の分身という気がしないでもない。

おそらく二度と、このような〈事件〉を媒体(テキスト)として現代と切り結ぶ作業に手を染めることはないだろう、という予感はたしかなものとしてある。むろん、予感は予感にすぎないとはいえる。ただ、わたしたちの〈現在(いま)〉を語りきることの困難さをしたたかに思い知らされていることだけは、正直に告白しておこう。わたしの語る言葉は、わたしたちの生の現場のどれだけ襞(ひだ)深くにまで届いているのだろうか。

わたしの関心はたえず、〈現在〉と〈過去〉のあわいを振子のように不安げに往き来している。〈過去〉に惹かれるという性向は、たぶん癒やしがたい病いの徴候ではあるのだろう。が、〈過去〉を語ることがかえって生々しく〈現在〉を語ることであるような、一種ねじれた思考の回路といったものが存在する気がしてならない。それを〈考古学〉と名付けるとすれば、わたしの嗜好にもっとも合う知の方法はあきらかに〈考古学〉である、といってよい。

排泄物はなぜ臭いのか。それはバタイユのいうように、排泄物が悪臭を発しているから臭いのではなく、わたしたちがあらかじめ嫌悪するがゆえに臭いのではないか。嫌悪と嘔気の領域は生理的自然にねざすものとかんがえられがちだが、それは疑いもなく、ひとつの歴史的かつ社会文化的な所産である。

排泄物＝排除される第三項＝異人。

異人はその漂わせる異臭ゆえに、わたしたちの胸をむかつかせ、排除へむけての集団的な暴力を他者たちに組織させてしまうのではなく、逆に、異人は排除の対象へと貶められるがゆえに、はじめて異臭を放ちはじめるのだ。

これは、排除と異人をめぐる問題群をまえにしたときの、わたし自身のもっとも原則的な立脚点である。排泄物や異人たちの漂わせる異様な悪臭は、〈現在〉にとっては、生理的自然にねざす直接性として感じられるとしても、ひとたび〈過去〉からの視線によって照射するとき、その自然性・直接性の仮象は剝がれ落ちるかもしれない。〈考古学〉が有効性を発揮するのは、ここにおいてである。

かつて小さな同人誌に連載したノートが、いまこうして一冊の書物として世に送り出されるまでには、たくさんの方々の御世話になった。初めて「本にしたい」と電話をくださった荻原富雄氏、心ならずも氏の手を離れての出版となってしまったが、快く御了承をいただき、心より御礼申しあげる。『ておりあ』連載の折りにはつねに適切なコメントをしてくださった小浜逸郎氏、洋泉社への紹介の労をとられた石井慎二氏、そのほか、助言や励ましをいただいた多くの方々、ことに友人たちに感謝の意をささげたいとおもう。そして、厳しい批評の眼差しによって贅肉を削ぎ落とすよう求められ、結局、このようなわたし自身も満足のゆく本に仕立ててくださった洋泉社の斎藤進氏には、慎しんで御礼を申しあげたい。

一九八六・九　初秋、伊希子へ

赤坂憲雄

筑摩書房版あとがき

おそらく二度と、このような事件を媒体として現代と切り結ぶ作業に手を染めることはないだろう、という予感はたしかなものとしてある……、そう『排除の現象学』(洋泉社版)のあとがきに書いてから、およそ五年の歳月が経とうとしている。その予感は半ばは当たり、半ばは外れた。今回、新編・増補版を出すにあたって、その間にいくつかの雑誌に書き散らしてきた文章のなかから、数編をえらんで、コラージュのように書き下ろし原稿と組み合わせ編集しなおすことにした。第一章から第四章までが洋泉社版のままであるほかは、そうしたコラージュ的な構成であることをお断わりしておく。

『排除の現象学』は『異人論序説』の姉妹編として書かれた。異人論的な方法＝視座が有効性を失ったとは、依然としてかんがえていないが、すくなくともわたし自身は応用問題の解法に向かう意志はなかったし、そうした仕事もつとめて避けてきた。とはいえ、わたしの仕事の根底に、つねに異人論的な方法＝視座が横たわっていることは否定しがたい。境界論・供犠論・王権論・結社論……といったテーマは、異人論のそれぞれの変奏であるといえばいえる。いずれであれ、わたしは自身のフィールドをほぼ全面的に、考古学的な領域に移行させてきたし、その傾向はさらに強まってゆくだろう。当然ながら、現代に生起する事件の周辺で応用問題を解くような仕事からは、いよいよ遠ざかることになるはずだ。『排除の現象学』の新編・増補版をいま出すことの、私的な事情の一端はそのあたりにある。ここで、ひとまずの区切りをつけておきたいということだ。

近代は終わった、ポスト・モダンの時代がはじまった、と声高に叫ばれている。けれども、逆説に聴こえるかもしれないが、近代はおろか前近代すらいまだ終わっていない、とわたしはおもう。近代とは、それ以前の古い世界を支えてきた人と人のきずな、人と共同体のきずな、人と自然のきずな……などが、なし崩しに壊れていった過渡の時間であり、わたしたちはいま、打ち捨てられてきた前近代という時間が演じる、最期の抵抗の場面に立ち会っているのではないか。近代はただ、それ以前の時間を、古びたもの・否定されるべきもの・非合理なもの……として抑圧し、曖昧に葬り去ろうとしてきただけではないのか。わたしたちの現在を問うことは、日本の近代がきちんと引き受けてこなかった、そうした前近代とは何であったのか、という問いを、いま／ここで引き受けなおすことでもあるはずだ、とわたしはかんがえる。

あたらしげな流行の衣装をまとった古めかしい思想や観念が、大手を振るってまかりとおる、この時代には、何が来たるべき時代の予兆をなし、何が埋葬されるべき時代の遺物なのかをたしかに腑分けすることは、意外なほどに困難をともなう作業である。あたらしげなものが古めかしく、古さびたものが新しいという逆説が、時代のめまぐるしい変転の底に横たわり、黙したままに人々の言説の真／偽を、深／浅を裁いている、そんな気がしてならない。

今回、新編・増補版をまとめるにあたり、筑摩書房の井崎正敏氏にひとかたならぬ御世話になった。事情があって初版(洋泉社刊)は絶版にした。そのまま埋もれさせてしまうか、あるいは新しく編みなおすか思い悩んだすえに、この愛着深い本の小さな運命を井崎氏の手にゆだねようと決めた。井崎氏はじつは、初版の刊行が遅れていたときに声をかけてくれた編集者のひとりであった。彷徨の果てに、ようやく落ち着くべき場所を得たのだともいえるだろうか。井崎氏には厚い感謝の意を表するとともに、初版刊行の折りに御世話になった編集者の方々に、あらためて御礼を申し上げたいとおもう。

一九九一・六・三〇

赤坂憲雄

ちくま学芸文庫版あとがき

あたらしげなものが古めかしく、古さびたものが新しいという逆説が、時代のめまぐるしい変転の底に横たわり、黙したままに人々の言説の真／偽を、深／浅を裁いている……、そう、『新編　排除の現象学』のあとがきに書きつけた頃には、いまだ〈宗教の時代〉のあだ花がそこかしこで咲き誇っていた。しかし、どうやらおよそ四年後のいま、前世やら神秘体験やら精神世界やらを玩具のようにもてあそぶ時代は、確実に息の根を止められたようだ。すくなくともメディアの表層からは、〈宗教の時代〉を煽る言説が戦犯のごとくに逐われ、宗教的なるものは地下に潜行してゆくにちがいない。そして、わたしはふっと、ある時代錯誤な欲望に囚われている自分を感じる。宗教的なるものの過去／現在／未来について、きちんと思索をめぐらせ、怖ず怖ずとではあれ、みずからの言葉を紡ぎだすべき時がやって来たのではないか。いま、この場所から、わたしは自分だけの〈宗教の時代〉を生きはじめてみたい、とひそかに思う。あたらしげなものが古めかしく、古さびたものが新しいという逆説が、そのときもっとも鋭利なかたちで浮上してくるにちがいない。

一九九五・五・一六　序幕の降りたあとで

赤坂憲雄

岩波現代文庫版あとがき

思えば、これは四度目の「あとがき」である。一九八六年に初版が刊行されてから、増補をくりかえし、版を重ねてきたが、この岩波現代文庫版を「定本」として最後の刊行となる。元になったのは、いまでは昔懐かしい響きのある同人誌に書き継いでいた、「異人たちの肖像」と題した論稿（ノート）である。三十代になって間もないころ、はじめての著書である『異人論序説』を書き下ろすかたわらで、この『排除の現象学』の執筆を手探りに進めていたのだった。だから、『異人論序説』と『排除の現象学』は姉妹編のようなものだ。

まだ物書きとしてデビューする以前である。だから、わたしには読者というものが見えていなかった、読者を意識して書くこともなかった。ほんの十人足らずの顔の見える読者がいるきりだった。たぶん、わたしは自分のために、私的な思索の覚え書きとして書き留めておきたかったのではないか。二つの本が刊行されてから、わたしははじめて読者に出会った。それから、三十五年あまりの歳月が過ぎて、それは世代を超えて、あらたな読者との出会いを重ねている。ありがたいことだ。なんだか信じられない。

くりかえすが、この『排除の現象学』の初版が刊行されたのは、一九八六年の暮れである。その「あとがき」に、わたしは書きつけていた、「おそらく二度と、このような〈事件〉を媒体(テクスト)として現代と切り結ぶ作業に手を染めることはないだろう、という予感はたしかなものとしてある」と。乱暴に言ってみれば、「事件屋」に流れることだけは避けたいと身構えていたのだった。そうして、排除や異人といった視座から〈事件〉を読みほどくような仕事には、ともあれ背を向けてきたのである。そのはずであった。しかし、二〇一一年春に東日本大震災が起こって、わたしはあまりに巨大な〈事件〉との真正面からの遭遇を強いられることになった。震災という〈事件〉のむきだしの現場を、まるで巡礼のように歩きつづけたのだった。

そもそも、〈事件〉という言葉の捉え方が、いささか的外れであったのかもしれない。いくつかの断念と想いをこめて〈考古学〉に向かうと示唆したこともあったが、こうした事件と考古学という二元論的な対比そのものが現実的ではなかったのだ、といまは感じている。

それから三十六年ほどの歳月が過ぎた。その間、日本社会に起こった〈事件〉の群れを思い浮かべるとき、いま・ここに生起している社会的な現象に寄り添おうとした『排除の現象学』のような著作は、急速に色褪せ忘れられてゆくのが当たり前だろう。それはしかも、わたし自身がその渦中を生きていた一九八〇年代前半という時代を択んで、しかも、わたし自身の日常的な関心からけっして遠くはない、東京の郊外というローカルな場所にこだわりながら執筆されたものであった。

わたしは実は、鳩山ニュータウンを半日ほど訪ね歩いたことをささやかな例外として、取材や調査といったことはまったくしていなかった。現代のようなネットで情報を集める時代でもなく、購読していた新聞と、近くの市立図書館で読むことができた週刊誌が主たる情報源であった。それに加えて、小さな塾を身過ぎの手立てとしていたために、どこからともなく聴こえてくる子どもたちの声が、大切な情報源になった。あえて隠すつもりはない。三十代になったばかりで、あらゆる組織というものから無縁であったわたしは、きわめて限られた情報と知識を手がかりとしながら、この『排除の現象学』を書いたのである。これはいわば、徹底して机上の書物であった。

だから、もし現代のようなネット環境のなかに生きていれば、まるで別種の貌をもった『排除の現象学』を書いていたにちがいない、と思う。それにもかかわらず、なにか奇妙な確信とともに、結論はたいして変わらなかったはずだ、そう、あえて言い捨てにしておきたい気がする。わたしはこの本の刊行から五、六年後には、拠点を東北というフィールドに移している。野辺歩きと野良仕事をもっぱらにする、民俗学者の端くれに身を変じていったのである。だが、それゆえにこそ、フィールドワークを唯一にして至上と見なす牧歌的な立場には、いたって懐疑的でもある。何百時間も記録映像と録音を収集したからといって、その人の、その出来事の真実が手に入るわけではない。結局のところ、あらゆる情報はその読み方によって生かされもし、殺されもするのではないか。

この時代には、ネットから得られる情報だけで〈事件〉を読みほどく仕事が、別の意味合いで可能であり、必要とされているのかもしれない。あえて極論をもてあそんでみる。ネットで集めたニュースや情報とグーグルマップだけで、その読みの作法を徹底的に鍛えあげていけば、あらゆる〈事件〉の真相らしきものにかぎりなく近づくことができるはずだ、と。わたしは現場(フィールド)に立つことの面白さは知っているつもりだが、この時代には現場が深刻なまでに不可視化されているとも感じている。たとえば、民俗学者が訪ねてゆく村は、もはや残り香のようなものにすぎない。どこか村を訪ねると古老がいて、村の暮らしや生業、歴史や風土について語り尽くしてくれる、といった時代ははるかに遠ざかった。〈事件〉とその現場はたいてい囲いこまれ、隠されている。だからこそ、見えない現場にたどり着くための方法は、かぎりなく多様であっていい。

それにしても、三多摩に育ったわたしには、これらの〈事件〉の現場はとても身近なものだった。高度経済成長期と呼ばれる時代があった。わたしの十代から二十代にかけては、まさにこの高度経済成長とともに生存環境が激変していった。ひなびた雑木林と畑と原っぱは、いまにして思えば失われてゆく武蔵野の風景そのものだった。その原野を族八人は暮らしていたのだった。長屋のような都営住宅の六畳と四畳半の二間に、わたしの家族八人は暮らしていたのだった。それから、一九八〇年代になると、高度経済成長期はやがて、つかの間、痙攣発作のごときバブル経済へと突入して、昭和の終わりを待ち受けていたかのように、数年後には破綻して、終わった。それから、阪神大震災とオウム真理教事件が重なり、風景は激変のときを迎える。八十年代はきっと、あだ花が咲き乱れながら、その後の日本という国のゆく末を予告していたのである。むろん、わたしが〈事件〉と呼んできたものこそが、その証言者であった。

さて、『排除の現象学』を岩波現代文庫に収めるに際しては、また編集部の渡部朝香さんのお世話になった。例によって、詳細なチェックをいただき、「定本」の形を整えることができたかと思う。感謝の思いをお伝えしなければならない。そして、この本の成長に、そのつど寄り添ってくれた編集者の方々に、お名前はあげませんが、あらためて御礼を申しあげたいと思う。それから、今回もまた表紙の装画をいただいた義兄の堀浩哉さんには、いつも励ましをいただき、感謝の思いでいっぱいである。

たくさんの読者の元に、この小さな本が届くことを願いながら。

二〇二三年一月七日

赤坂憲雄

『排除の現象学』は一九八六年に洋泉社から刊行された。一九九一年には『新編　排除の現象学』として筑摩書房から刊行され、一九九五年に、ちくま学芸文庫(筑摩書房)に収録された。本書はちくま学芸文庫版を底本とし、新編に未収録であった初刊掲載の論考を「はじめに」として収め、書き下ろしの補章を加えた。

なお、本文中に今日からすると不適切と見なされる表現や現在では異なる病名等があるが、執筆された当時の歴史性を考慮し、そのままとした。

排除の現象学

2023年3月15日　第1刷発行

著　者　赤坂憲雄（あかさかのりお）

発行者　坂本政謙

発行所　株式会社 岩波書店
〒101-8002 東京都千代田区一ツ橋2-5-5

案内 03-5210-4000　営業部 03-5210-4111
https://www.iwanami.co.jp/

印刷・精興社　製本・中永製本

ISBN 978-4-00-600462-0　　Printed in Japan

岩波現代文庫創刊二〇年に際して

二一世紀が始まってからすでに二〇年が経とうとしています。この間のグローバル化の急激な進行は世界のあり方を大きく変えました。世界規模で経済や情報の結びつきが強まるとともに、国境を越えた人の移動は日常の光景となり、今やどこに住んでいても、私たちの暮らしは世界中の様々な出来事と無関係ではいられません。しかし、グローバル化の中で否応なくもたらされる「他者」との出会いや交流は、新たな文化や価値観だけではなく、摩擦や衝突、そしてしばしば憎悪までをも生み出しています。グローバル化にともなう副作用は、その恩恵を遥かにこえていると言わざるを得ません。

今私たちに求められているのは、国内、国外にかかわらず、異なる歴史や経験、文化を持つ「他者」と向き合い、よりよい関係を結び直してゆくための想像力、構想力ではないでしょうか。

新世紀の到来を目前にした二〇〇〇年一月に創刊された岩波現代文庫は、この二〇年を通して、哲学や歴史、経済、自然科学から、小説やエッセイ、ルポルタージュにいたるまで幅広いジャンルの書目を刊行してきました。一〇〇〇点を超える書目には、人類が直面してきた様々な課題と、試行錯誤の営みが刻まれています。読書を通した過去の「他者」との出会いから得られる知識や経験は、私たちがよりよい社会を作り上げてゆくために大きな示唆を与えてくれるはずです。

一冊の本が世界を変える大きな力を持つことを信じ、岩波現代文庫はこれからもさらなるラインナップの充実をめざしてゆきます。

（二〇二〇年一月）